21世紀の社会契約

WHAT WE OWE EACH OTHER

A New Social Contract

ミノーシュ・シャフィク Minouche Shafik

森内薫〔訳〕

東洋経済新報社

21世紀の社会契約——目次

アダム、ハンナ、ハンス＝サイラス、ノラ、オリヴィア、
そしてラファエルに。

はじめに

「ものごとは崩れていき、中心は支えきれない……たしかに啓示が迫っている……」

W・B・イエーツがそう記したのは、第一次世界大戦の恐怖が過ぎ去って間もないころだ。彼の身重の妻は１９１８年から１９１９年にかけて世界中で流行したスペイン風邪にかかり、重い病の床にあった。この「ものごとは崩れていき」という語句は２０１６年に、かつてないほど頻繁にあちこちで引用された。[1] イエーツの詩にとらえられているのは、避けがたい変化の予兆のような感覚だ。

近年私たちは、２００８年の金融危機（リーマンショック）の経済的余波や政治の分裂の深刻化、環境問題への抗議活動やコロナウィルスの世界的流行などを経験してきた。ものごとが大きく揺らぐ時代には、社会秩序が激変する可能性がある。秩序がどんなふうに再編されるかは、どんな制度が存在し、どんなリーダーが力をもち、どんな考えが優位であるかに左右される。[2]

過去数年のあいだ私は、これまで自分の世界を形づくってきたたくさんの前提や、さらには組織や規範までもが崩壊するのを目にしてきた。私は25年にわたって国際開発の分野で働き、「貧困を過去の歴史に」という貧困撲滅キャンペーンが人々の日々の生活に大きな改善をもたらすのをじかに見てきた。その成果はじっさい、かつてないほどだった。それでもなお、世界の多くの地域で人々は失望を抱いている。そしてその思いは政治やメディアや世論に投影されてきた。怒りや不安の高まりは、人々が以前よりも大きな不安を感じていることや、未来を形成する手段や力を欠いていることに関係している。第二次世界大戦後に誕生し、私がキャリアのおおかたを過ごしてきた国際協力システムに対する支持もまた、ナショナリズムや保護主義の台頭に伴い、先細りしつつある。

２０２０年に発生した地球規模のパンデミックは、こうしたすべてを浮き彫りにした。貧しい人や不安定な職の人や医療へのアクセスをもたない人がどんな危険にさらされるかを、この病はあらわにした。「エッセンシャル・ワーカー」と呼ばれる人々の大半が最低ランクの賃金で働いており、しかし彼らがいなければ私たちの社会は機能しないことがわかり、人間がいかに相互に依存しているかも明白になった。銀行員や弁護士がいなくても人は生き延びられるが、食料品店や看護師や警備員がいなくなっては困る。パンデミックが明らかにしたのは、人間が生き延びるためにいかにたがいに依存しているかだけではない。社会的に責任ある方法でふるまうという点でも、私たちはたがいに依存しあっている。

危機の瞬間は、チャンスの瞬間でもある。危機は場合によっては、社会を良いほうに変化させる決断につながる。大恐慌に対抗するために導入されたニューディール政策しかり。第二次世界大戦後に出現した、ルール・ベースの国際秩序もしかりだ。いっぽうで、危機が新たな問題を生むこともある。たとえば、第一次世界大戦後や２００８年の金融危機後の不適切な対応と、それによって種を蒔かれたポピュリストの復権がそうだ。

コロナ禍がどんな結果をもたらすかは、まだわからない。危機が何かの改善につながるか否かは、どんな代案が登場するか、そして、そのうちのどれを選びとるべく政治が進化するかにかかっている。[3] 私は多くを読んだり、聞いたり考えたり話をしたりした結果、社会契約という概念――人間が社会の中でいかに共生するかをつかさどる政策や規範――をうまく用いれば、私たちの直面する問題への新しい解決策を理解したり定義したりできると気づいた。

社会契約のあり方

長年、世界中で社会契約についての考え方のもとになってきたアイデアの多くは、現在私が学長をつとめるロンドン・スクール・オブ・エコノミクス・アンド・ポリティカル・サイエンス（以下、ＬＳＥ）で生まれたものだ。ＬＳＥには、経済と社会の関係を考える長い伝統がある。その始まりは、フェビアン協会〔訳注　１８８４年にイギリスに設立された漸進的な社会改革を目ざす団体〕の創設者でＬＳＥの始祖でもあるベアトリスとシドニーのウェッブ夫妻だ。ベアトリスは数年がかりでロンドンの最貧地区の調査をし、困窮がもたらす影響をその目で見た。１９０９年王立救貧法委員会の一員として少数派報告を作成したベアトリスは、救貧院の過酷なシステムや、政府による断片的な困窮者支援策に異を唱えた。

報告書の中でベアトリスは、イギリスの「全国民に、性別や階級にかかわらず最低限の文化生活を確保するためには――つまり万人が十分な栄養をとることができ、若いころには教育を受け、健常なときには生活費を稼ぎ、病気のときには治療を受けられ、障がいを負ったり老いたりしたときにはつつましくとも確実に生活を送れるようにするためには」新しい社会契約が必要だと説いた。[4] それから１００年以上が過ぎた現在もなお、世界中の大半の国々にとってこれは、手が届かない目標の域にある。

ウィリアム・ベヴァリッジ（１９１９年から１９３７年までＬＳＥ学長）がのちに著した報告書（１９４２年）には、このベアトリスの主張が反映されていた。ベヴァリッジの報告書は、イギリスの現在の国民保健サービス（ＮＨＳ）制度や、最低賃金や失業保険や年金などへの包括的な取り組みを含む現代的な社会保障制度の枠組みを提示したもので、きわめて高い影響力をもった。

この革新的な「ベヴァリッジ報告書」は、過去のどんな政府文書よりも多くの部数が販売され、人々は、イギリスにおける市民の権利や責任が根本的にどう変革されるのかを理解しようと、長い列をつくってこの報告書を買い求めた。それらの変革のおおかたが実施されたのは、のちのクレメント・アトリー首相の政権下だった。アトリー首相はかつてＬＳＥで講師をつとめた人物で、選挙の勝因の一部はベヴァリッジ報告書を支持したことだった。ウェッブ夫妻とベヴァリッジの主張はどちらもイギリスに焦点をあてたものだったが、彼らの思想は欧州中に、さらにはインドやパキスタン、東アジア、アフリカ、中東など、植民地支配からの独立を果たした国々にも多大な影響を与えた。[5]

社会秩序がふたたび問われることになったときも、ＬＳＥは流れの中心にいた。それは、ウィーンからロンドンに移住してきたフリードリヒ・ハイエクによるものだ。ＬＳＥの教授にして、のちにノーベル経済学賞を受賞するハイエクは、１９４４年に『隷属への道』を発表した。ハイエクは、ベヴァリッジの奨励する国家による介入主義は、社会を全体主義へ導くと考えた。そして、個人の自由や市場の効率性を重視し、古典的な経済自由主義の根幹を築いた。

１９５０年にＬＳＥからシカゴ大学に移ったハイエクの思想はミルトン・フリードマンに影響を与え、のちに「シカゴ学派」となる思想の土台をつくった。「シカゴ学派」が標榜《ひょうぼう》するのは自由主義および自由放任主義経済であり、マーガレット・サッチャーやロナルド・レーガンの政治哲学および個人主義や自由市場重視の背後には、ハイエクのこうした思想があった。[6] ハイエクはまた、中欧および東欧にも絶大な影響力をもち、彼の著作はソビエト連邦崩壊に尽力した反体制派の人々に広く読まれることになった。

次いであらわれた「第三の道」は、フェビアン派の説く介入主義的国家でもなく、ハイエクの言う自由放任型の市場自由主義でもない、新しい社会のあり方を定義しようという試みだ。市場を利用してより平等な状態を達成する方法について、多くのアイデアがやはりＬＳＥで誕生し、１９９７年から２００３年まで同校で学長をつとめたアンソニー・ギデンズは１９９８年に著書『第三の道』を発表した。[7] これらの思想は、米国のビル・クリントンやイギリスのトニー・ブレア、ブラジルのルイス・イナシオ・ルーラ・ダ・シルヴァ、ドイツのゲアハルト・シュレーダー、南アフリカのタボ・ムベキその他の、世界中の社会民主主義的政治家によって支持された。

だが、２００８年の金融危機により、この第三の道への支持は崩壊した。金融危機の勃発後「第三の道」的な手法は信用を失い、中道主義的なリーダーたちは世界のあちこちで続々と、ポピュリストらにその座を奪われることになった。

そして、いまふたたび新しいパラダイムが必要になっている。テクノロジーや人口統計上の大きな変化により、古くからの構造は変革を迫られている。気候変動危機や地球規模のパンデミック、そしてそれが経済にいやおうなく与えた影響は、既存の社会契約がすでに機能不全に陥っていることを明白にした。本書はその根本的な原因を理解するひとつの試みであり、さらに重要なことには、21世紀の社会契約がどんな形をとるかについての新しい視点を提示するものでもある。まだ青写真とすら言えないが、議論をさかんにし、未来の政策に方向性を与えるうえで、本書がささやかな貢献になればと願う。

本書で私は、地球規模の視点からできるだけ多くの問題をとりあげようと努力した。もしかしたら、少し手を広げすぎたかもしれない。私の提起した問題の多くに例外を指摘できる読者がいるだろうことも承知している。私が深く依拠してきたのは、査読済み雑誌の学術的研究やメタ分析——時には何百にもおよぶ個々の研究を統合したもの――であり、そうした専門的な資料の大半の出典は、本書の巻末の原註に記載されている。エビデンスおよび専門知識の価値や熱心な議論の重要性を私は強く信じているが、社会の中で人々がたがいに負うものについてさまざまな国がどのような解決策を発展させてきたかについて、これらの文献が何を教えているか、私個人の考えも提示したいと思う。

政策決定が人生を左右する

それらの考えは当然ながら、私の個人的経験に根ざしており、私の家族、受けてきた教育、仕事、そして社会や国家の影響などが関連している。私が経済学に興味を抱いたのはそもそも、社会における機会のあり方を理解したいと思ったからだ。子どものころ私はしばしば、母方の実家があるエジプトの村を訪れた。そこには私とよく似た、しかし学校に行くことができず、田畑できつい労働をし、将来だれと結婚するか、何人子どもを産むかについてほとんど選択肢をもたない少女たちがいた。彼女らが手にしていない機会を私が手にしているのはたまたまであり、フェアでない気がした。もしかしたら私は彼女らだったかもしれないし、彼女らは私だったかもしれないのだ。機会に劇的な差が生じたのは、私たち家族が所有していた土地や財産のおおかたが１９６０年代にエジプト政府によって国有化されたときだ。私たち一家は、かつて父が学んだ国である米国への移住を決めた。

化学の博士号をのぞけば何ももっていなかった父にとって、教育は成功につながる唯一の道だった。「彼らはおまえからあらゆるものを奪うことができるが、教育だけは奪えない」と父は口癖のように言っていた。だが、当時アメリカ南部で私たちに開かれていた教育の機会は玉石混淆《こんこう》だった。当時は人種差別廃止運動たけなわの、混乱と緊張の時代だった。私は記憶にとどめられないほど多くの学校に通学した。すばらしい教師がいる学校もあったが、「生き延びること」が私にとって最優先事項の学校もあった。救いの場となったのは町の図書館だった。母は週末に必ず私をそこに連れていった。私は複数の図書館の会員証をつくり、毎週最大限の本を家に持ち帰り、ソファの上で長時間読書にいそしみ、世界を発見した。

教育の梯子《はしご》を上まで上った後は、機会のあり方についての好奇心から経済と開発の研究に進んだ。そして結局、世界銀行、イギリス国際開発省、国際通貨基金（以下、IMF）、イングランド銀行を渡り歩くことになった。大学を愛する私は合計で18年間を大学で過ごしたが、キャリアの大半は政策づくりに費やした。おそらく私のケースが特異なのは、南スーダンやバングラデシュなどの最貧国からイギリスやユーロ圏など世界でもっとも豊かな国々まで、多様な国家についてそれを行ったことだ。その過程で、じつにさまざまなタイプの政治家と仕事をした。イギリスにおいては労働党政権および、保守と自由民主の連立政権の両方で事務次官をつとめた。世界銀行やIMFに籍を置いたときは、想像しうるかぎりのあらゆる個性をもつ多数の政治家と渡りあってきた。政策を学ぶ学生という視点と政策の実行者としての視点はどちらも、本書の随所に行き渡っている。

25年間を国際経済機関で過ごした私は、国家間で経験を共有することがどれだけ大きな利益をもたらすかをつぶさに見てきた。もちろん、どんな国にもそれぞれの独自性はあるし、とりわけ社会契約における個人と集団のバランスについては相違が大きい。米国のような国では個人の自由に大きな重きが置かれるいっぽう、アジアの社会は個人の嗜好よりも集団の利益を重視する傾向がある。欧州はそのほぼ中間で、個人の自由と集団の利益のつり合いをうまくとろうとしている。むろん、こうした一般化の背後には多くの例外があり、それらは、異なる状況に合わせていかに解決策を調整するかを私たちに教えてくれる。唯一の正解はめったにないが、さまざまなコストや便益が絡んだ一連の選択肢やトレードオフが存在している。そこにはそれぞれの社会の価値判断が反映されている。

グローバルであることと、解決策に焦点をあてることに加えて、私が本書で心がけたのは読者に問題を自分のこととしてとらえてもらうことだ。私にとって社会契約という言葉が意味するのは、技術官僚や政策官僚だけに関わりのある抽象的な活動ではない。教育制度をいかに組織するか、医療の財源をどうするか、失業者にどう対処するかなどの政策決定は万人に多大な影響をもたらす。それこそが、私が送ってきた人生と、あの村の少女たちが送っただろう人生の相違を生む。だから私はこの本を、大半の人々が経験する人生のさまざまな――子どもを産み育て、学校に行かせ、病気になり、仕事を見つけ、老いていくなどの――局面を軸に構成した。こうした視点がこれらの大切な問題を身近なものにしてくれれば、そして私たちみながこれらの重大なものごとについて意見をもてるように、背中を押してくれれば幸いである。

第1章　社会契約とは何か？

社会とは、すべてである。私たちの多くは、ひとりで生まれてひとりで生きているようなつもりで日々を過ごしている。自分の運命は両親のおかげだと（あるいは、両親のせいだと）思っている人もいるかもしれない。だが、運命を左右するもっと大きな力について、私たちはほとんど考えることがない。それはたとえば、私たちがたまたま生を受けることになった国であり、歴史上のある瞬間に流布していた社会としての態度であり、経済や政治をつかさどる制度であり、そして、まったくの偶然による運不運だ。こうしたより大きな要因が、私たちが住む社会の姿を決定する。それらは、私たち人間がどんな経験をするかを左右する、もっとも重要なファクターだ。

社会の果たす役割がきわめて小さい場所での生活について、少し考えてみよう。２００４年に私は、エクアドルのアマゾン地域に暮らす一家としばし生活をともにした。私を迎えてくれた女性、アントニアには12人の子どもがおり、その中でいちばん年上の娘がまもなく、アントニアにとって初孫となる子どもを産もうとしていた。一家の住まいは熱帯雨林の辺境にあった。道路はなく、電気も水も通っておらず、衛生設備は皆無だ。学校はひとつあるが、とても離れた場所なので、子どもたちは稀《まれ》にしか登校しない。だが、アントニアはこの地域のヘルスワーカーであり、無線を通じて近隣の町の医師にアクセスできる。

医師は無線でアントニアや他の人々に助言を与えることができる。この（チャリティによって運営されている）サービスを別にすれば、アントニアと夫は完全に独力で生きていかなければならない。森で食べ物を集め、この環境でいかに生き抜くかを子どもたちに教える。ごく稀に、見つけられないものや自分たちでつくれないもの（料理用の鍋など）があるときには、アマゾンで砂金を採取し、カヌーで長い旅をして市場に行き、砂金を自分たちのほしい品と交換する。

あまりに遠くかけ離れた例に見えるかもしれない。だがこれは、社会の中で集団として生きることで与えられるもの――インフラや通いやすい学校、利用しやすい医療、そして人々が給料を得たり、物やサービスを手に入れたりできる市場を動かしている法律など――に私たちがいかに慣れきっているかに気づかせてくれる。アントニアとその長女は、生まれてくる子どもに私の名前をつけるという嬉しい約束をしてくれた。私は、私と同じミノーシュという名前をもつその子どもが、私とはまったく異なる社会に生まれ落ちた結果、どんな人生を生きることになるかをしばしば考えたものだ。

社会がどのように構築されているかは、そこで生きる人々の生活に、そして彼らが出会う機会のあり方に、深い影響を与えてきた。それは人々の物理的状況のみならず、幸福度や人間関係、そして人生の見通しをも左右する。社会の構造を決定するのは、政治や法のシステムなどの制度、経済、さらには家庭や共同体の生活がいかに組織されているかだ。[1]すべての社会は、何かのものごとを個人に委ね、別の何かを集団的に決定するよう選択している。そうした集団的機構のはたらきをつかさどる規範やルールを私は社会契約と呼ぶが、私はそれこそが、人がどんな人生を送るかを左右する最重要な要素のひとつだと信じている。その重要性ゆえ、そして大半の人は自分の生きる社会を簡単には去れないゆえ、社会契約には大多数の同意が必要であり、また、環境の変化に伴って定期的な再検証を必要とする。

私たちの生きるこの時代、多くの社会で人々は失望を感じている。人々は社会契約によってもたらされる生活に不満を抱いている——過去50年のあいだに世界は物質的に大きな発展を遂げ、巨大な利益をあげているにもかかわらず[2]。調査によれば、米国でも欧州でも、中国でもインドでも、そして多くの開発途上国でも5人に4人は、自分たちにとって「システム」がうまく機能していないと考えている[3]。多くの先進国において大半の人々はもはや、自分の子どもが自分たちよりも豊かな生活を送れるとは思っていない。途上国では往々にして、人々が教育や医療や仕事を切望するいっぽうで、社会がそれらを十分提供できていない。そして世界中で労働者たちが、スキルの欠如や自動化によって食い扶持《ぶち》を失うことを恐れている。

不満はさまざまな形であらわれる。田舎や小さな町の人々は「地方を犠牲にして不当に多いリソースが都会に流れたり、都会が何かと注目されたりする」と不満を言う。いくつかの国々ではもともと住んでいた人々が、「あとから来た連中のせいで社会が変わった」「対価を支払ってもいない移住者らが利益を受けている」と不平を口にする。かつて支配的だった民族のメンバーは、それ以外の民族が同等の待遇を要求することに怒りを覚えたりする。女性が新たに力をつけることやクオータ制などの政策によって、自分が不利益を被るのではないかと怯える男性もいる。若者の中には、高齢者が医療や年金などで財源をますます食いつぶすいっぽう、自分たちは負債や環境破壊などの負の遺産ばかりを押しつけられていると声高に言う人が増えている。年配の人間は、自分たちが過去に行った犠牲に対して若い世代が十分感謝していないと不満を抱いている。

本書で試みたのは、こうした不満の根底にある要素に社会契約というレンズを通して迫ることだ。これは、期待と相互依存の双方の重要性を認識し、集団的な供給やリスク共有の効率性や価値を、そして世界の変化に対応する重要性を認識したアプローチだ。市民権と社会の土台にある相互の信頼の崩壊を避けたければ、世界の変化に適合しなければならない。社会はじっさい、何をどれだけ個人に負い、個人はその代わりに何を社会に負っているのか？　そして大きな変化が起きている今、こうした相互の義務はどの程度変化する必要があるのか？　これらの問いに対する答えは、今日世界が直面する数々の、政治や経済や社会に関する困難を解決するうえで中心的位置を占めることになるだろう。

義務と期待

「私たちはたがいに何を負っているのか？」という問いにおける「私たち」とは、だれなのだろう？　私たちはだれに対して、相互の義務を感じているのか？　これは個人的要因や文化的要因、そして歴史的要因が関連する複雑な質問だ。相互の義務とは私の考えでは、同心円状の構造をしている。いちばん中心では、人々の大半は近親者や身近な友人に対して最大の義務感を抱いている。親は自分の子どものためなら多大な犠牲をいとわない。友人はたがいに支えあうために、多くのことをする。この中心円のひとつ外側にあるのが、私たちの暮らす共同体の円だ。これは往々にしてボランティアグループや宗教団体や、近所づきあいや地方自治体の構造の領域である。そのさらに外の円が国家で、その中にいる人々はたがいに、納税や法の順守や投票や社会生活への従事など、市民としての義務を負っている。

ＥＵのような地域統合プロジェクトにおいてはさらにもうひとつ外側の、ＥＵ参加国の市民で構成される輪において、「私たち」という感覚を培う試みがなされてきた。そのさらに外側の最後の輪が世界であり、そこにおいて人々が抱く義務感はさらにもっと弱くなるかもしれない。だが、人道的危機や気候変動などの地球規模の困難が生じて国際的な連帯が重要になったときには、世界に対する私たちの義務がより顕著になる。

毎日のように私たちは相互の義務をこなし、他者の面倒をみる。自分の家族だけでなく、共同体の中で、さらには国家の中で、私たちは自身の狭い利益をはるかに越えて、たがいのために何かをしている。いちばんわかりやすいのは税金だ。私たちは税金を、国のどこか別の場所にいる――場合によっては世界のどこかにいる――けっして出会うことのないだれかの利益のために支払っている。私たちがそれをするのは、よく管理された公正な社会に生きることが、より良い人生を自身が送る助けになると信じるからだ。自身の利益のためにも、自分が行うべき貢献をしようと考えるからであり、他の市民との連帯感ゆえでもある。

多くの国では、雇用主は従業員に産休や年金などの福利厚生を提供することをしばしば求められ、さらなる福利厚生をすすんで供与する雇用主も少なくない。燃料や水、輸送手段や衛生設備の提供については、人々は公のインフラに頼り、そうしたインフラを万人が利用できることを期待する。そして法に従う見返りとして、きちんとした学校や医療や、道路上の安全などを手に入れることを期待する。私たちはそうやって個人の欲望と、他者とともに集団で生きる必要性のバランスをとっている。こうした集団的連帯が世代を越えて広がるのは、長期的な投資が行われるときや、逆に現世代が資源を消費しすぎて未来の世代から可能性を奪っているときなどだ。

歴史を通じて人々は、程度の差はあれリソースをプールして、利益を享受したり、大きな集団で暮らすことに由来するリスクを管理しようとしたりしてきた。リソースのプールから生まれる利益とは、労働の専門化や相互の防衛、インフラの共有などだ。集団が家族から村へ、大都市へ、そして国家へと巨大化するにつれ、相互の義務は徐々に抽象的なものになり、往々にして制度や政治的プロセスによって仲介されるようになる。そして人々の義務は、家族や共同体に何かを「負う」というものから、ともに生きる市民への連帯感や国家に対する義務に変容する。

たとえばその昔、子どもを教育したり病人や無職の人間を世話したりするのは家庭の役目だった。今日では大半の人々はそうした世話を学校や医療機関に頼ったり、(すべての国ではないが)国から支給される失業保険に頼ったりする。だからこそ今日の人々は、生産年齢のときには公益への貢献を期待され、その代わり幼いときには教育を受け、病気になったり仕事を失ったり老いたりしたときには支援を受けられる。こうした期待の細かい内容は、文化的規範や制度や政策によって、あるいは個人と社会の双方の権利や義務を定める法律によって左右されるが、そうした期待が存在すること自体は普遍的だ。

人類の社会ができたころから、そうした期待は長きにわたり存在してきたが、時とともに大きな変化を遂げてきた。たとえば歴史の大半において、ほぼすべての社会では、子どもや高齢者の世話は女性の責務だとされてきた。いっぽう教育や医療や次世代の雇用は、現在そうであるように集団的な責任にされる傾向が強かった。おおかたの国においてはさらに、富める市民が共同体の中の貧しい者のために庇護や支援を与えるべきだというある種の期待も存在してきた。

歴史的に見て、そうした自主的な慈善の取り組みはたいていが宗教的機構によって担われてきたが、それらはけっして十分ではなく、安定的な結果を出すことはできなかった。国の豊かさが増すと市民は徐々に、国家が責任をとってより一貫した公平な基準にもとづくサービスを提供することを、そして税金を通じて必要な財源を集めることを期待するようになった。[4]

哲学者は長きにわたり、社会の中でともに生きることを自由な個人にどう納得させるか、そして何をどのくらい期待するのが妥当なのかについて議論してきた。[5] だが、この概念——言いかえれば、そうしないかぎり手に入らない利益を獲得するために自主的に相互依存すること――が社会契約として知られるようになったのは、啓蒙時代のことだった。さまざまな思想家がさまざまな種類の社会契約を唱えたが、彼らはみな初期には、当時一般的だった「君主制における個人の権利」という枠組みにおいてそれを考えていた。

トーマス・ホッブズの主張によれば、人間はたとえ利己的であっても、合理的であれば、絶対君主という権威にすすんで従う。なぜならそれこそが、粗野な自然状態〔訳注　政府が成立する前の無政府状態〕を回避する唯一の確実な道だからだ。[6] ジョン・ロックは、社会契約の目的は市民の命と自由と幸福を守ることだと考え、それゆえ、もし君主がそれらを守るのに失敗したら、市民が反乱を起こしたり新しい政治社会をつくったりするのは正当だと考えた。[7] ジャン゠ジャック・ルソーの関心は自由を守ることだった。いっぽうで彼は、人間の相互依存が徐々に増している以上、人間が良い社会で共生するには妥協が必要だと認識していた。ルソーによれば社会契約には、たとえば代表制の国会等の政治制度が必要だ。そうした制度があることで、市民は法の作成に加わることができ、そうしてできた法律に自主的に従い、それによって国家の権威に正当性を付与する。[8] これら3人の哲学者にとって、個人や国家の期待は、現在のそれに比べるとごく小さいと言っていい。その当時の社会契約は、搾取のない社会で生きるための前提条件にすぎなかったのだ。

だが、君主制が徐々に市民に権力を譲るにつれ、社会契約にまつわる議論は市民としての義務や、人々がたがいに何を負っているかという点に移行していった。現代の経済学の基礎となる思想を唱えたアダム・スミスは、著書『道徳感情論』の中で「共感の環」の必要性を論じ、それがあれば利己的な個人も他者の幸福を気遣うと主張した。[9] スミスによれば、共感に培われた社会的連帯には、道徳と政治と経済の3

つの論拠があった[10]。道徳上の論拠とは、「すべての社会において個人は、基本的な医療へのアクセスや安全を、そして社会から排除されないだけの収入や、仕事を見つけ、良識ある市民として行動するための教育を基本的に必要としており、それらを与えないのは道徳的誤りだ」ということだ。政治上の論拠とは、「民主主義を機能させるには、自分たちに共通の目的があると感じられるような共通の経験を、市民が十分に共有する必要がある」ということだ[11]。そして経済上の論拠とは「病気や失業や年金などのために多数の市民のあいだでリスクをプールするのは、個々人が自分で損失に備えるよりもより効率的だ」という考えだ。

スミスの考えでは、この「共感」にも限界がある。そして個人が期待できることにも限界がある。「悪い」ふるまいをしただれかとリスクを共有するのは嫌だという心の動きもある。それらはまさに、今現在、世界で起きていることだ。個人の過失によるものでないリスク――たとえば何かの障がいや、事故や突然の経済的打撃による失業など――であれば、おおかたの人々は一緒にそれを背負うのをいとわない。だが、喫煙や飲酒運転がもとで、あるいは仕事で成果をあげられなかった結果として何か損失が起きた場合、多くの人々は「自己責任だ」と考える。いっぽうで、「悪い」ふるまいは生まれ育ちや貧困や心の病に起因する頻度がきわめて高いと主張する人々もいる。個人のふるまいや責任にまつわる道徳的判断はしばしば、社会契約がどれだけ寛大であるべきかという問いの中心に位置する。

社会契約は公正な社会を創造する土台だと説いた20世紀の哲学者の中で、最大の影響力をもったのはジョン・ロールズだ[12]。ロールズの主張によれば、社会契約とは「無知のヴェール」の向こう側につくられるべきだ。つまり、社会の中での自身の地位がいかなるものになるかについて前知識をもたずに社会契約を設計するべきだということだ。自分が恵まれた環境で人生のスタートを切るか、あるいは貧困の中で人生を始めるかを知らなければ、私たちがつくる社会契約はおのずと公正なものになる。ロールズの唱える機会平等の原則によれば、「同じレベルの才能や能力をもち、それをすすんで用いる意思を同程度持ちあわせている者は、社会制度のどの位置に最初所属していたかにかかわらず、同程度の成功の見込みを手にするべきだ」という。[13]今日、世界中の多くの市民が抱く期待の根底には、この機会平等の概念がある。そして機会平等が欠落しているという認識は、不安や不満の重大な原因となっている。

現代社会には、より多く努力した者は運命を向上させられるという期待がある。しかし、現実は必ずしもそうなっていない。そして多くの伝統的な社会においては、人々は現存するヒエラルキーをほぼどうしようもないものとして受け入れている。それらは社会の秩序のために必要なものだと言う人さえいる。だが今日、大半の国々では社会契約の一部に社会的流動性の可能性が含まれている。それには公正さを増し、社会をひとつにまとめ、集団的な行動を可能にする効用があるからだ。貧しい人々は、自分や子どもがいずれ今より良い暮らしが送れると期待できるべきだ。いっぽう裕福な人々は、自分の子どもたちが貧しくなり、暮らし向きの悪化を心配する可能性がゼロではないのだと心配するべきだろう。そうして私たちは、共通の利益という感覚をつくらなくてはならない。

じっさい、市民に提示される機会の構造は、国ごとに大きく異なる。たとえばデンマークでは、低所得の家に生まれた人間が中流の収入を得るようになるには、平均して2世代ぶんの時間がかかる。イギリスでは5世代。ブラジルや南アフリカやコロンビアのように平等の度合いが低い国々では、9世代以上の時間がかかる。社会的流動性に関するこうした相違（図1）は、これらの国々で人々が社会契約に巨大な不満を抱く理由の一部だと考えられる。こうした国々では、時間をかけても運命を向上させられる見込みは低く、近年ではその可能性はさらに低下さえしているのだ。加えて、家庭内や地理的にも、数世代にわた

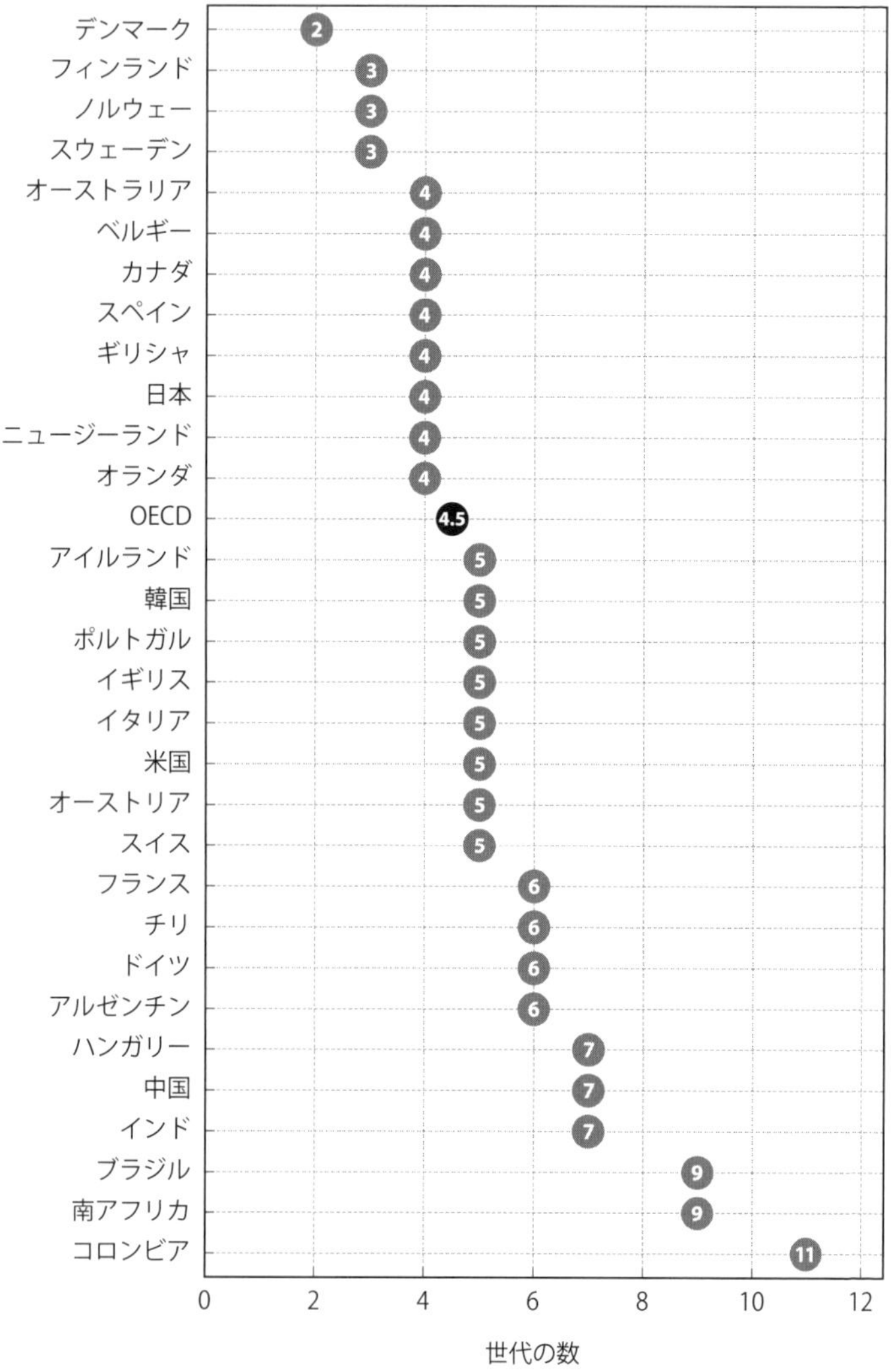

図1　社会的流動性：低所得から中程度の収入まで上昇するには、それぞれの国で何世代かかるのか？

る根強い格差が存在することが多くの証拠から示されている[14]。

個人の責任と公共の責任

社会契約と福祉国家は同義に考えられがちだが、それらの概念は同一ではない。社会契約とは、集団的に何が、だれによって与えられるかを決定するものだ。福祉国家は、それらを人々に与えるために考えられる手段のひとつだ。だがじっさいには、どんな社会でも、社会契約の範疇《はんちゅう》に入る事柄が今もなお、家庭によって少なからず提供され続けている。たとえば、親が無給で子どもに勉強を教えたり、病気になったときや仕事を失ったときに備えて貯蓄をしたり、個人で保険に加入したりすることだ。

地域社会や慈善団体やボランティアの組織は、困窮した人々や老いた人々の世話をするために大量の仕事をこなし、人道的危機に対応したり、人々の復職を支援したりしている。雇用主はしばしば社会契約の一翼を担うよう法によって求められ、雇用保険の負担をしなくてはならない。国によっては、企業が健康保険を負担することが義務付けられる。子どもの保育施設や教育給付金、そして体と心の健康のための支出を行う企業まである。

だから私の言う「社会契約」が意味するのは、集団的利益をもたらすシステムのために個人と企業と市民社会と国がそれぞれ貢献する、いわばパートナーシップだ。そして「福祉国家」が意味するのは、政治的プロセスと、その結果起きる国のアクションを介して、リスクをプールしたり社会的利益に投資したりするメカニズムだ。これは直接的には税金や公共サービスを通じて、間接的には、民間部門にサポート提供を求める規則を通じて行うことが可能だ。この集団的利益には、最後の頼みの綱として国が保険会社の役目を果たすことが含まれる場合もある。たとえば、自然災害やパンデミックが起きたときに、人々が飢えたりホームレスになったり極貧状態に置かれたりするのを国家のはたらきで防ぐことだ。

国家の誕生以前、社会契約の土台は部族や地域への忠誠であり、それによって相互の保護がもたらされたり、食物や住まいなどの基本的需要が共有されたりしていた。これは封建時代には、地域の支配者が法と秩序を敷く代わりに、地代をとりたてるという形に進化した。そして地域の支配者の上には、君主制の構造が覆いかぶさっていた。保護したり搾取したりするためだけでなく、有限の税金を財源にしたインフラづくりなど、集団的利益に投資するためにも国家がようやく発達し始めたのは、近世に入ってからだ。

資本主義の発展とともに、社会契約はより複雑化した。労働が細分化し、家庭での自給自足が難しくなるにつれ、法の体系が出現し、衛生設備や電気などの公共サービスの整備や財源確保が必要になった。教育された健康な労働力の育成を含め、そうした集団的利益を提供することは、社会契約の一部としてますます重みを増し、今日福祉国家と呼ばれるものへと成長していった。

保守主義のプロシア人、オットー・フォン・ビスマルクは通常、歴史上初めて社会的連帯を法で要求した人物とされている。1889年、当時首相だったビスマルクはドイツに、年金と病気に備えるための強制保険の計画を導入した。その目的は経済の効率を高め、敵対する社会主義者らが提唱する資産没収などの過激な案を避けることにあった。国会に宛てた革新的な内容の手紙の中で、彼は「年齢や病気によって仕事ができなくなった者は、国から世話をしてもらうと堂々と主張してよい」と書いている。引退の年齢は70歳と設定されており、当時のドイツの平均余命を考えると、国は退職した人間に平均7年間、年金を提供すれば良かった[15]。

イギリスでは、医療のための集団的責任を初めて要求したのは、1909年に王立救貧法委員会で国による医療サービスの創設を推奨した前述のベアトリス・ウェッブだ。だが、「ゆりかごから墓場まで」市民の必要を満たすことを目的にした福祉国家の包括的な青写真をつくったのは、一般的にはウィリアム・ベヴァリッジとされている。ベヴァリッジは、不潔、無知、欠乏、怠惰、そして病気という「5つの巨人」を征するために、全国民を社会保険基金に寄与させ、その代わりに医療や失業保険などの利益享受の権利を等しく与えるという計画を考えた。[16]

20世紀を通じて福祉国家は、世界各地で大きく異なる進化を遂げた。米国やオーストラリアなどの国では個人の責任に大きな重きが置かれ、政府の寄与や（低額ではあれ）所得再分配の対象は、もっとも困窮している人々だけに限られた。欧州大陸ではそうしたシステムはしばしば労働に結びつけられ、雇用者と被雇用者の双方が失業保険や医療のために出資するという社会的貢献に依拠していた。北欧では福祉の提供に国が出資する割合はより高い傾向があり、広い給付と的を絞った給付が、より寛大に組み合わせられてきた。こうした姿勢の違いをよくあらわしているのが、それぞれの国で、失業者に対する集団的支援がどのくらい継続するかだ。米国では失業手当は通常、たった6カ月で終わりになる。フランスやドイツでは、およそ1年間。デンマークやオランダなどの国では約2年間継続する。[17]

開発途上国もまた、市民がより良いサービスや社会的保護を求めるようになるにつれ、福祉のための出費を急増させてきた。何らかの形の社会的保護の仕組みをもつ低所得国や中所得国の数は過去20年のうちに、わずか72国から２０１７年には１４９国まで倍増した。[18] その大半（77パーセント）は、もっとも貧しい世帯への現金給付を何らかの形態で導入し、多く（42パーセント）は子どもを学校に入れたり予防接種を受けさせたりした家庭に給付を行っている。給付金の額は往々にして非常に少ないが、貧困を減らしたり就学率をあげたり、栄養状態を改善したり家計の生産性を高めたりするうえで、大きな影響力をもつことが証明されてきた[19]。給付額は、特定の地域社会を飢饉《ききん》やパンデミックが襲ったときなどは、それに応じて迅速に変化させることができる[20]。

開発途上国のおおかたは社会契約を、家庭や地域社会に依拠するスタイルから政府が金銭を支給する形に徐々に移行させ、支給金額も上げてきた。開発途上国の生活保護支給金は、今のところ世界の貧困者のおよそ3分の1にしか行き渡っていないが、その額は、市民の期待の高まりや社会の高齢化を受け、そして給付金が子どもの就学率や人々の健康状態や経済活動を向上させるという強力なエビデンスがあらわれるにつれ、急速に増加している。

だが、開発途上国の富裕層はだいたいが、授業料の高い私立の学校に子どもを通わせ、高額な自由診療を受け、セキュリティやインフラさえ個人で賄っている。そしてそれゆえ、税金を払う義務をほとんど感じていない。ナイジェリアやレバノンの富裕層のあいだでは、自家発電機を所有するのはごく普通だ。なぜなら、公共の電力供給はあてにならないことが多いからだ。開発途上国においては、高所得者層に公共電力を頼ってもらうよう説得することが、より良い社会契約を提供するための歳入増加のカギとなる。

なぜ国によって、アプローチにこれほど差があるのか？　より均質的な人口集団をもつ国家は、より包括的な福祉国家を形成する傾向があると説く人々もいる。米国やオーストラリアのように人種的にも民族的にもきわめて多様な国と比べると、均質的な国々にはより大きな連帯感が土台としてあるからだという[21]。より新しいエビデンスによれば事情はもっと複雑で、移民流入のスピードや、民族的多様性がどのように調整されてきたかや、さらには富の再分配に対する態度や、収入の決定要因として運と努力の役割をどう考えるかという文化的要因などのほうが、重要度が高いことが示されている[22]。

福祉が貧弱な国が一部にある原因のひとつは、「福祉国家の目的は、富める者から貧しい者へ富を再分配すること」というよくある誤解に関係している可能性もある。じっさいにはそれは、ごく小さな割合でしかない。福祉国家とは4分の3が貯金箱（人のライフサイクルをカバーする相互の保険）であり、ロビン・フッド（資源を金持ちから貧者に移行させる存在）が占める割合はわずか4分の1だ[23]。だが、福祉国家の重要な意義のひとつは、それぞれの生涯にわたってお金を再分配することだ。子どもは、たとえ将来仕事に就ける見込みがあっても、自分の教育のために借金をすることはできない。子どもが将来何かの病気にかからない保証はないし、彼らがどれだけ長く生きられるかもわからないからだ。

　大半の人々は、労働世代に相当する人生の中期に福祉国家への貢献を行い、若いときには教育を通じて、老いたときには年金や医療を通じて、恩恵を得る。図2のグラフには国への貢献が年齢別にあらわされており、前述のパターンがイギリスに存在することが明示されている。じっさいイギリスの大多数の人々は、国による福祉に投入した金額を生涯かけてほぼ回収している[24]。福祉国家のこの保険としての根拠は、「市民への投資は国家経済の成長戦略のカギだ」という経済学的議論と隣り合わせになっている。市民への投資は、有能で生産力の高い労働力の育成につながるからだ[25]。

　社会契約の条件に関して各種の取り組みがあるのは、そもそも次のような根本的な問いがあるからだ。それは、社会契約の目的は何であるべきかという問いだ。19世紀終わりから20世紀初頭にかけて発達した古典的な厚生経済学によれば、この問いへの答えは、全体的な「効用」――個人が社会の中で得る満足度とも言い換えられる――の最大化にある。効用は、市場価格にも反映される。もしあなたがある額で働くことや、何かの製品のためにある額を払うことをよしとすれば、それはあなたがその行為から引き出す「効用」を反映している。

　もっと最近では、徐々に多くの経済学者が、「効用」を（単に商品やサービスの消費だけでなく）もっ

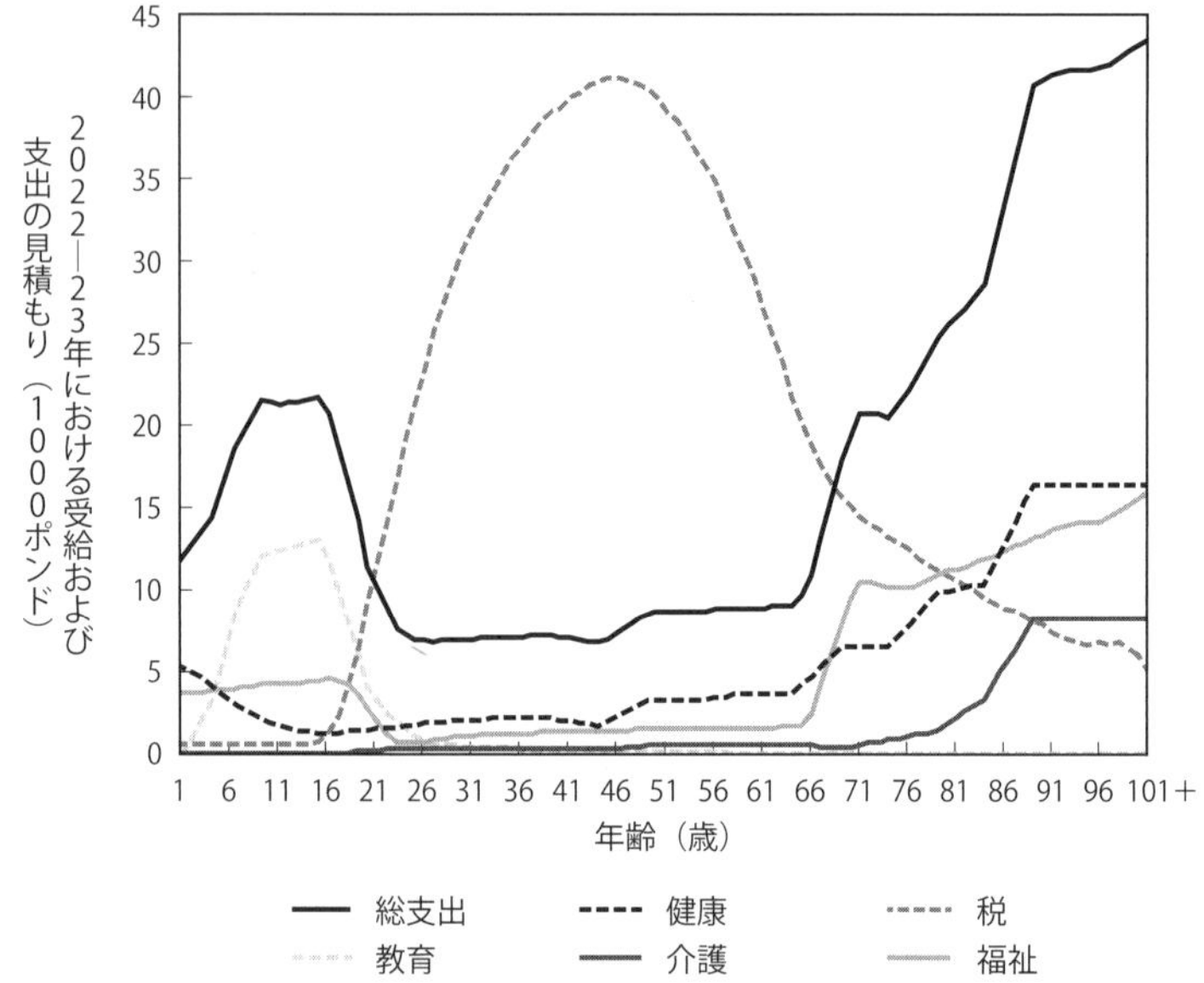

図2　人は中年時代に国家に金を支払い、若いときと老いたときに国家から金を支払われる

イギリスにおける税金、公共サービス、福祉支出の代表的な年齢プロフィール

と広い幸福として定義するようになっている。その幸福の中には、（心と体の）健康や良い人間関係や意義ある仕事など、人を幸福にするさまざまなものが含まれる。幸福度は調査を通して測ることもできる。ブータンやアイルランド、ニュージーランドやスコットランドなどいくつかの国々は、社会契約を知ってもらうために、このより広い尺度を用いようと試みている。

ノーベル経済学賞を受賞したアマルティア・センなど功利主義の伝統に対する批判者は、次のように主張する。社会契約の目的は単に人々の必要の充足だけでなく、各市民が、それぞれ価値を置く生活を手に入れる能力を向上させる点にあるべきだ[26]。給料や市場価格は、話の一部に過ぎない。なぜなら読み書き能力や適切な栄養や、風雨や危険をしのぐ場所や政治的自由を獲得するために必要な資源は、個人間で異なる可能性があるからだ。それゆえ社会契約の目的は単に金銭にとどまらず、より平等な結果や、良い生活を送る能力なども含むことになる。それはさらに、個人が多くの選択肢をもたないところでは――たとえば教育や医療の権利を奪われているところでは――社会契約がうまくいっていないという意味になる。私の見解では、社会契約の目的は社会が決定するべきものであり、収入や主観的幸福度や、さらには能力や機会や自由など、幅広い尺度を考慮しなくてはならない。この考えはこの先も本書における分析に通底している。

社会契約の目的についてのコンセンサスからは、社会契約のどのくらいが個人的もしくは公的に供給されるかが読み取れる傾向にある。結果は国ごとに大きく異なる。この数十年間、それは政治の右と左の違いというふうに広く定義されてきた。だが昨今、そうした定義はあいまいになってきている。

イギリスの元首相マーガレット・サッチャーは次のように発言したことで有名だ。「社会なんてものはない。個人としての男がいて、個人としての女がいて、家族があるだけだ。そして政府は、人々を通してしか何もなしえない。人々はまず自分で自分の面倒を見なくてはならない。自分の面倒を見ること、そして次に隣人の面倒を見ること、それは私たちのつとめだ[27]」。この発言には、個人の責任に過剰によりかかった社会契約が透けて見える。つまり、家庭は自身の子どもの世話を引き受けるべきであり、子どもは私立の学校に通わせるのが望ましく、政府の所得補助は最低限にとどめ、事故や障がいや、洪水などの環境被害によるリスクへの対応は、民間保険の市場を主としてあてにせよということだ。

人生が運しだいになってしまうことを補正するために、そして経済的および社会的な成果をより公正にするために、国家ができるだけ大きな役割を担うべきだと主張する人々もいた。フランクリン・ルーズベルト大統領は二度目の就任式で次のように述べた。「私たちが進歩の過程で問われているのは、持てる者の富をさらに増やすか否かではなく、持たざる者に十分な供給をするか否かなのである」[28]。世界恐慌後、ルーズベルト大統領がつくったのは、最低賃金を保証し、大規模な公共事業を通じて雇用を創出し、国を経済界における最大の雇用主にする行動主義的な国家だった。ニューディール政策はまた、労働組合や小作人や移民労働者を優遇するように力の再分配を行ういっぽうで、さらなる金融危機を防ぐためにより厳しい規制を銀行に課した。

社会契約において民間部門が果たす役割については、これまでも議論が絶えなかったが、昨今の経済危機の経験と国民の高まる期待を受け、より多くのビジネスリーダーが「企業はもっと広く責任を引き受けるべきだ」と主張するようになり、民間部門が果たすべき役割はより注目を集めるようになった。

しばしばミルトン・フリードマンと結びつけられる保守的な見方によれば、企業の仕事は利益を生むことや規制を遵守することであり、相場の賃金を支払い、税金を納めることであり、そうして民間企業は社会への貢献を最大化できるという[29]。だが、企業には次のような長い伝統がある。それは企業の役割をより全体論的にとらえるもので、「企業は時には相場の賃金よりも高い額を従業員に支払ったり、年金や医療などの幅広い福利厚生をもたらしたり、利益を労働者に分配したりすべきだ」というものだ。

この伝統的な企業観が、昨今改めて注目されている。企業は徐々に、短期的利益ばかりではなく、もっと広い社会的利益に目を向けるべきだという圧を受けつつある。いわゆる「マルチステークホルダー資本主義」がそれで、この考えを支持する人たちは、これは慈善ではなく、企業の価値を長期的に最大化する手段なのだと主張する[30]。

じっさい、おおかたの国は社会契約を定義するうえで、さまざまな部門に渡って個人的責任と集団的責任を混合することを選んでいる。伝統的に保守の国であるスイスについて考えてみよう。スイスの国民に課される税は、小さな国家のアプローチの典型で、比較的低い。若者が高等教育を受ける割合は高いが、高等教育の財政は国家によって賄われ、授業料は無料に近い。とはいえ、彼らの半分程度は純粋に学術的な道ではなく、職業訓練的な道に進む。スイスは他方、きわめて高レベルの地方分権制をとっており、住民投票を通じた地方の民主主義制度もあれば、地域ごとの複雑な再分配のシステムもある。

いっぽう、大きな政府の方針よりも自由市場を土台に組織されていることで有名なシンガポールでは、やはり税金や規制のレベルは低いものの、80パーセント以上の国民は入居者の比率を民族比率と同程度になるよう社会的に調節された公営住宅に住み、すべての男性は最低でも2年の兵役につかなければならない。それは、シンガポールというきわめて多民族な若い国家において結束を築くひとつの手段だ。他方、中国は名目的には共産主義であるのに、つい最近まで公共の医療サービスがなく、失業手当も存在しなかった。そして今なお、富裕層に対して相続税をいっさいかけていない。

個人の責任と公共の責任を国家がどう塩梅するかは、あらゆる面で大きく異なってくる。高等教育の財政に対するアプローチを考えてみよう。高等教育は経済的観点から言えば、個人の利益になる（より高い収入を個人にもたらす）と同時に公共の利益にもなる（より有能で生産的で、犯罪に加担する可能性の低い活動的市民を育てる）[31]。では、どれだけ次世代の生産性に投資するか、そしてだれがそれを支払うかは、国によってどれだけ異なるのだろうか？

片方の極にあるのは米国だ。より市場本位なアプローチをとる米国では、学生はそれぞれ半商業的な条件のローンを組んで学費を払い、仕事に就いてから長きにわたってそれを返済することを求められる。イギリスでは中間的な解決策が発達し、学生たちは学費ローンを借りるが、その返済を求められるのは、卒業後に収入が一定レベルに達した者に限られる。欧州大陸の諸国や新興国の大半は、高等教育を主に国の資金に頼っている。しかし、授業料は無料であるいっぽう財源は有限なので、学生の数が増えればそれは往々にして、教育の質の低下につながる。一人っ子政策の遺産と国の資金による教育制度をもつ中国では、子ども1人につき6人の大人（両親2人と祖父母4人）が、政府による教育のための支出を補っている。それは、老いたときに子どもに養ってもらうことと引き換えの、多額の個人的投資と言える。これらのモデルはどれも、ある世代が次の世代に何を負うかについての、きわめて異なる視点を映し出している。

技術革新と女性の役割の変化

過去においては、大きな社会変動が起きたときに社会契約は再定義されてきた。たとえば世界恐慌のとき、米国にはニューディール政策が生まれた。イギリスのベヴァリッジ報告書は、世界大戦を背景につくられた。植民地の独立は、経済や社会の発展を熱心に促進しようとする行動主義的政府を生むことになった。長引く不景気とインフレの時代があったからこそ、サッチャーやレーガンの革命の背後にあるイデオロギー上の変化が起きたのであり、そうした変化は今日の政治的思想の大半を形成することになった。

私が本書で主張したいのは、今日の課題の多く――ポピュリズムの勃興や、グローバル化やテクノロジーに対する大衆の反発、２００８年の金融危機の経済的余波、コロナウィルスのパンデミック、人種を巡る、そして社会における女性の役割を巡る価値観の衝突、気候変動に対する若者たちの抗議活動――はすべて、新たな社会契約が必要なことをあらわすしるしだということだ。

20世紀後半まで、社会契約が築かれる土台には「家庭における唯一の稼ぎ手は男性であり、女性は子どもや年寄りの世話をする」という前提があった。さらに「結婚したら死ぬまで添い遂げる」「子どもは結婚したカップルから生まれるもの」という社会通念も存在していた。人は仕事に就いたら、あまり雇用主を替えずにその職場で働き続けるものであり、学校で身につけた教育や技術があれば生涯それでやっていくことができた。大半の人々は退職して数年で亡くなり、老いた人々の介護は家庭によって行われるものとされていた。

こうした前提は今なお、社会契約の多くの条項の根底に存在するが、さすがに実情に合わない部分が目立つようになっている。今日では、世界の女性の半数は労働市場に参加している。そしてその数は、世界中で増加傾向にあるといっていい。先進国では、結婚したカップルの3分の1か2分の1は離婚に至る。大半の開発途上国では離婚率はそれより低いものの、増加傾向にある。婚外子の割合も多くなっている。平均的な労働者は、生産年齢のあいだに何度か職場を替えるようになり、テクノロジーの発達がこの傾向にさらに拍車をかけている。多くの開発途上国はいまだ、より多くの労働者をフォーマルセクター（契約的義務と定期的収入のある、永続的な仕事）に移行する初期段階にあるが、いっぽうの先進国でも多くの人々が低賃金の不安定な仕事に携わるようになっており、労働市場にインフォーマル経済の兆候があらわれてきている。

20世紀終わりの技術革新と女性の役割の変化は、既存の社会契約に変化の圧を与える二大要因となった。インターネットやコンテナ輸送の発明など１９８０年代と90年代に起きた技術革新は、コミュニケーションや輸送にかかる費用を劇的に削減し、地球規模で統合されたサプライチェーンを通して多くの国々からもたらされた部品を使い、製品をつくることを可能にした。そしてそれが、現在のようなグローバル化の始まりになった[32]。製造業の大部分は先進国から新興国へ、とりわけ中国へと移行した。その結果として、多くの先進国の産業地域社会で中産階級の仕事の空洞化が生じた[33]。国々はおしなべて豊かになったが、不

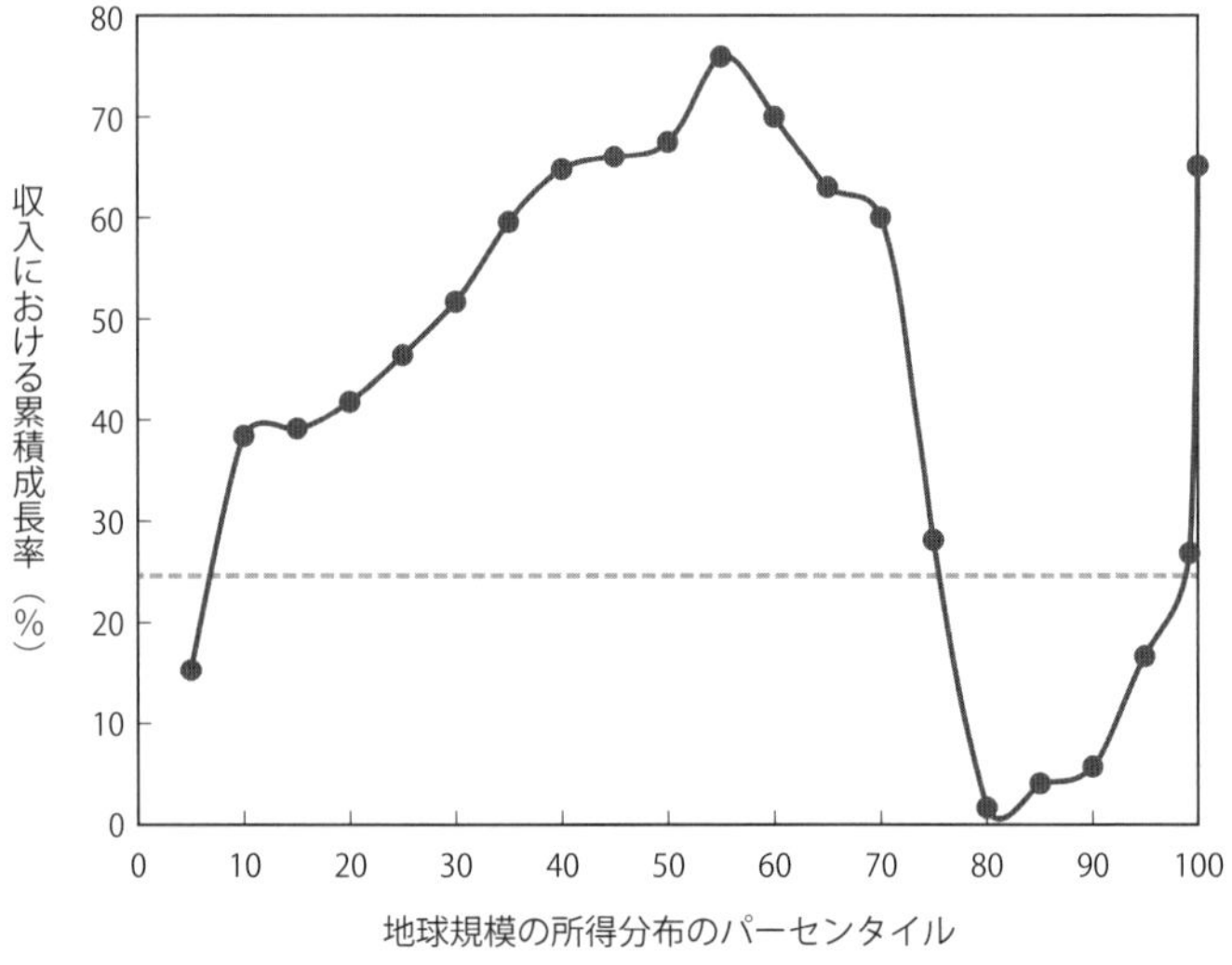

図3　上位1パーセントの人々と開発途上国の人々が、最近の経済成長からもっとも恩恵を受けている

平等さと不安定さが増した。低レベルのスキルしかもたない労働者が痛手を被るいっぽう、より高い教育を受け、高いスキルをもつ者の給料は上昇した。多くの開発途上国でも同じ現象が起きた。イギリスや米国のように労働市場の規制がそれほど厳しくない国では、労働者をより簡単に使い捨てにでき、それが、低スキルの人々の賃金を停滞させることになった。欧州大陸のように労働市場の規制がもっと厳しい国々では、企業が雇用の創出に消極的になり、スキルの低い労働者の失業率が上昇するという事態が起きた。

いっぽうで、こうした経済の力は貧困を非常に高速で減少させ、世界の開発途上国では――とりわけ中国では――数百万の人々が製造業において安定した仕事を得ることができた。図3のグラフにあらわれているのはしばしば「エレファント・チャート」と呼ばれるもので、その形が示しているのは、ベルリンの壁が崩れた1990年から2008年の金融危機までのあいだに、地球規模の所得分配に何が起きたかだ。この期間の技術革新とグローバル化によって最大の利益を得たのは、いちばん上の1パーセントの人々であり、図3のグラフのいちばん右に該当する。次に多くの利益を得たのはグラフ横軸の「地球規模の所得分布」で10から60までにあたる、開発途上国の貧困層と中所得者層だ。いっぽう、所得において最大の損失を被ったのは多くの先進国の下位中産階級であり、グラフの横軸の70から90に位置する。

　こうした富の偏在は、先進国で政治的不満が起きている重要な要因のひとつだ。先進国で、製造業などのかつては給料の良かった仕事に就いている人は、中流の暮らしを期待してもそれがなかなか手に入らない。一部の人々はそうした困難をグローバル化のせいにする。移民のせいにする人もいる。じっさい、グローバル化によって変化のスピードが加速するいっぽう、テクノロジーの進歩は生産性を向上させ、より教育のある人材を優遇した結果、先進国における低スキルの労働者の賃金を引き下げる最大の原動力になってしまった。そして言うまでもなく、こうした潮流から利益を得てきた稼ぎ手のトップ1パーセントに対する反感を募らせた。

　これはけっして、不可避な流れではなかったはずだ。もし何らかの政策がとられ、労働者が新しい環境に適応するのに手を貸していたら、ネガティブな作用はもっと抑えられていたかもしれない。たとえば米国では、中国が世界経済に組み込まれるという大きな衝撃が起きたとき、労働者の訓練や再配置のための手当てや賃金保険を援助するために、「貿易調整プログラム」と呼ばれる政策が導入された。だが、このプログラムは慢性的に資金難で、適用に高いハードルが設けられるようになったため、プログラムの恩恵を受けて新しい仕事を見つけられた労働者はごくわずかだった。[34] イギリスでは移民の急激な流入に直面したとき、いわゆる「移民影響基金」で地方自治体を援助する政策が打ち出されたが、自由に使える金額があまりに小さく、政策は実効性をもたなかった。それとは対照的に、いわゆる積極的労働市場政策により大きな投資をしてきたデンマークなどの国では、すべての労働者が経済的打撃に対応するのを手厚く援助できたため、痛手は少なくてすんだ。

社会契約に対するもうひとつの大きな圧力は、女子の教育の大規模な拡大と、家庭に入るかわりに労働市場に参加する女性の数が増加したことだ。現在では世界中のほぼすべての女児は初等教育を受けることができ、大半の国々では中等教育におけるジェンダー・ギャップが廃止された。そして歴史上初めて、男性よりも女性のほうが多数大学に進学するようになった。教育におけるこうした進歩のひとつの結果として、現在では女性の約半数がフォーマルセクターで働くようになり、伝統的な介護を女性たちがこれまでのように無償で提供するのは徐々に困難になりつつある。

女性の労働参加率は現在、ノルウェーやスウェーデンなど世界でもっとも豊かな国々のいくつかや、モザンビークやエチオピアやニジェールなどアフリカの中でも最貧の国々において、これまでで最高の数字になっている（60－80パーセント）[35]。逆に女性の労働参加率がもっとも低い（20－40パーセント）国は、南アジアや中東に多い傾向がある。そうした国々では女性が教育を受ける率は上昇しているにもかかわらず、社会の伝統的な態度が進歩に歯止めをかけてきた[36]。南アジアや中東では人口全体がまだ若く、女性は無給のケアワークに多くの時間を費やしている。だがこうした状況は、この先の数十年で教育が女性たちの嗜好や機会を変化させるにつれて、必ず変わっていくはずだ。

これまで、女性が家の外で働く能力が急速に高まったのは、水道が普及したり、省力型の家電製品が登場したりして、女性が無給の家事労働に費やさなければならない時間が減少したときや、男性が家事を分担してくれるようになったときだった。[37] 保育や育児休暇などの家族給付に多くの財源を費やす国々では、より多くの女性が家庭の外で働けるようになっていることは、エビデンスからも明らかだ。そうしたサポートを整えるのに失敗した国は、女性の就業率が概して低くとどまっている。

とはいえ、より多くの女性が労働市場に参入するという全体的な流れは、加速的に世界に広がる傾向にあり、それは社会契約に大きな影響をもたらしている。男性が多い製造業に携わる労働人口の割合が減少し、医療や教育など傾向的に女性のための職が多いサービス業の雇用が増加するとともに、女性の雇用は伸びていくだろう。高等教育を受けた女性の数が男性を上回るにつれ、労働力に女性が占める割合はますます増加していくはずだ。

いっぽうで経済的圧力は政策決定者にますます強い力をかけ、すべての女性の才能を最大限に活用する手段を模索させるだろう。昨今のＩＭＦの評価によれば、労働市場における男女格差の是正は単に経済的なアウトプットを増やすだけでなく、全体的な生産性をも向上させる。なぜなら労働者が、自分がいちばん貢献できる職場に効率的に移動できるようになるからだ。[38] そこに潜む経済的利益は膨大だ。女性の就業率向上はまた、政府の歳入を――とりわけ年金財政を――安定させるカギでもある。日本のような国は、女性の就労率を上げ、年金制度に貢献させることが高齢人口を支えるうえで非常に重要だと認識してきている。次の第２章では、育児のあり方を変えることで女性の才能の活用がいかに向上するかを示していく。

高齢化、オートメーション化、環境破壊

テクノロジーの変化や女性の経済的役割の変化などの圧力を受け、社会契約にはすでにひずみが生じは

じめているが、そこにはそのほかの力もかかっている。医療の進歩によって寿命が延び、世界の各地で――ペースの違いこそあれ――高齢化が進みつつあるのがそのひとつだ。２０１８年に歴史上初めて、地球の65歳以上の人口は5歳以下の人口よりも多くなった。

人口統計上のこの潮流は、世代間の社会契約に巨大な影響を及ぼした。高齢化がもっとも急速に進みつつある日本では、労働者10人で高齢者４人と15歳以下の子ども２人を支えている。これとは対照的に人口全体が若いナイジェリアでは、労働者10人が支えるのは、８人の子どもとわずか０・５人の高齢者だ。欧州の平均的な国では、労働者10人で３人の高齢者と２人の子どもを支えている。昨今の人口推移にもとづけば、労働者への依存率はこの先さらに厳しいものになるはずだ。

たとえば、日本では２１００年までに、労働者人口は総人口のわずか半分になり、残りの半分は高齢者と子どもになる見込みだ。そうなったら社会はどうやって高齢者を支え、家庭と国家でどのように責任を分担することになるのだろう？　労働者の数が減少していったとき、政府はどうやって高齢者の介護の資金を賄うのだろう？　女性の労働力投入は、答えの一部でしかない。本書の第６章では高齢者の世話をいかに人間的に、かつ持続可能なやり方で行うことができるかを考える。また、医療の激しい需要増にいかに対応できるかについては、第４章で言及する。

高齢化の圧力に加えて私たちは今さらに、ＡＩと機械学習にけん引されたテクノロジーの変化の波を経験しつつある。新しいテクノロジーは、高いスキルのある人間や都市部に住んでいる人間を重用する。過去におけるグローバル化は、安い労働力を求めて世界中を資本が移動するという結果をもたらした。欧州や米国の衣料品製造業者は、生産拠点をバングラデシュやベトナムなど、賃金の安い国々に移動させてきた。

いっぽう現代の知識集約型経済においては、資本は、技能労働者がプールされた大きな都市を目ざして世界中を移動する。たとえばデジタル企業は、高スキルの労働者を獲得するために上海やインドのバンガロールやサンフランシスコに居を定める。なぜなら、そうした人々は往々にして一流大学のまわりや文化的な中心地に集まって暮らすからだ。この新しい力学は、うまく御さないかぎり、収入の不平等や地域格差をさらに助長する危険がある。

さまざまな評価はあるものの、オートメーション化は今後20年でおそらく、今ある仕事の50パーセントに影響を及ぼす。これまでの技術革新の波とは違い、次の変化は製造業だけでなく、サービス業にまで――店員やトラックの運転手や弁護士や会計士にまで――影響を及ぼすはずだ[39]。先進国だけでなく、開発途上国も影響を免れない。ロボットの発達によって、それまで賃金の安い国々に移行されてきた多くの製造業の仕事が賃金の高い国に「Uターン」する可能性が生まれるからだ。

この流れは、コロナウィルスの世界的流行を受け、企業が自身のサプライチェーンを単純化かつ地方化しようとする結果、さらに拍車がかかる可能性もある。どこからでもフレキシブルに働けるようになったおかげで、仕事の地理的拡散は強まる可能性もあるはずなのだが――。

仕事の喪失と大量失業、そしてロボットに仕事を奪われた人々を支える必要、さらにはベーシックインカムの普及などについて、たくさんの誇大な情報が出回っている。だが、いちばん真実味のあるシナリオは、単に仕事が消えるだけではなく、仕事が変化することだ。オートメーションは労働の代理ができるが、それだけでなく労働を補ったり、新しい仕事をつくったりもできるのだ。反復的なルーチンワークは自動化が可能だ。機械は人間の能力を増大させ、ロボットに足らないものを補足するスキルをもつ人々が、この先はいちばんうまくやっていけるだろう[40]。そうした補足的なスキルには、創造性や感情知能や人間同士で働く能力などが含まれる。高いスキルをもつ人々はテクノロジーから恩恵を受けるに伴い、反復的なルーチンワークをする人々をさらに引き離し、レースを独走する可能性がある。教育について論じた第3章や、仕事について論じた第5章では、こうした新しい問題への解決策を提案していく。

いっぽうで今、世界各地で若者が環境破壊に対する抗議行動を起こしているのは、社会契約に対する彼らの不満のあらわれだと言える。若者らは、自分たちは社会契約に騙《だま》されて、居住可能な安定した惑星に住む権利を奪われそうだと感じている。気候変動に関する政府間パネル（ＩＰＣＣ）の評価によれば、人間の活動はすでに地球の気温を、産業革命以前より摂氏1度上昇させている。その結果、平均気温や天候不順、海面上昇や絶滅種の出現などの影響が生じている。[41]森林におおわれている地面は地球全体でおよそ80パーセントがすでに失われた。毎年の農地の消失は、６００万ヘクタールから１２００万ヘクタールにも及ぶと見積もられている。[42]過去40年のうちに地球上の野生動物の半分近くはいなくなった。[43]国際連合食糧農業機関（ＦＡＯ）によれば、持続不可能な魚の乱獲は、世界の漁場の33パーセントにまで広がっているという。[44]

現在もしくは未来の世代がこうした環境的損失を補うことは可能なのだろうか？　環境のもつ価値は内在的であり、経済的補償の概念をあてはめるのはおかしいと主張する人も多い。絶滅種などの損失は取り返すことができず、それゆえ、未来の利益がすでにどれだけ失われてしまったかは測りがたい。さらに科学者によっては、気温が一定レベルを超えれば大洪水や異常気象が起こり、農業的な、さらには生態学的な崩壊がもたらされ、それらに対してはどれだけの補償をしても足りないと主張する人さえいる。第7章では、世代間の契約についてさらに掘り下げ、世代と世代のあいだの不公平感を是正する方法を考えていく。

新しい社会契約はどのようなものであるべきか？

社会契約は、私たちが社会の中でたがいに何を期待できるかを定義する。テクノロジーの進化、女性の役割の変化、高齢化、そして環境への懸念などが意味しているのは、これまでの経済的・社会的モデルが圧力をかけられているということだ。既存の社会契約の亀裂がだれの目にも明らかになったのは、コロナウィルスの世界的流行が起こり、社会のどの集団がもっとも傷を受けやすいかがあらわになったときだ。多くの国々でこのところ起きている政治的騒動は、私たちがたがいに何を負っているかを見直さなかった場合に待ち受けている、未来のシナリオの予兆に過ぎない。私たちがそれぞれの期待を再調整し、新しい機会を提供し、変化への対応を支えることができれば、新しいコンセンサスがきっと生まれ、私たちとその子孫は未来においても栄えることができるだろう。

21世紀の要求に合致した新しい社会契約とは、どんなものなのだろうか？

この先の各章では「ゆりかごから墓場」に至るまでの社会契約の重要な要素——育児と教育、体の衰えへの対処、新しい経済的現実に人々を対応させる手助け、高齢者の介護、そして世代間の利害のバランスなど——にひとつひとつ焦点をあてていく。各章では世界のあちこちで起きた出来事から例を示したり教訓を引き出したりして、社会契約が圧力を受けて再定義に至るまでのさまざまな道筋を紹介する。解決策と、どうすればそれを達成できるかという点に強いスポットをあてるが、けっしてこの問題に「正答」は存在しないと認識することも大切だ。社会契約は社会の価値観にしっかり根付いたものでなくてはならず、また、社会の価値観を反映していなくてはならない。それには、私たちみなが手を貸さなくてはならないのだ。

私は、新しい社会契約の形成には3つの大きな原則があると信じている。第一に、ふつうの生活を送るうえで最低限必要なものを万人が保証されるべきだということ。この「最低限のもの」には基本的医療や教育や、仕事に関連する福利厚生や、貧困や老いから身を守るための年金などが含まれているが、その程度は、社会がどれだけお金を出せるかに左右される。第二に、万人がそれぞれ最大限の貢献をすること。また、最大の貢献をするために、生涯を通して教育を受けられるようにしたり、定年を引き上げたり、育児の公的支援を整えて女性が外で働きやすくしたりすることだ。第三に、病気や失業や老いなどの一定のリスクに関する最低限の保護の提供を、個人や家族や雇用主だけに負わせるのではなく、社会でもっと分担するようにすることだ。

今日の経済を動かしている強大な力――グローバル化、資本主義、人口統計的な変化、技術革新、環境資源の搾取など――は巨大な物質的進歩をもたらしたが、それらの負の影響を私たちの社会契約はうまく御せなかった。社会契約がもしちがう形であれば、万人のためにもっと良い機会のあり方をつくるいっぽう、利益の確保もできたのではないか？　そして、落胆や怒りに動かされた政治のネガティブな循環を断ち切ることも、もしかしたら可能だったかもしれない。新しい社会契約をイメージすることはまた、家庭や地域社会における期待や行動を変化させるというもっと根源的な仕事を助け、私たちが雇用主や政府に何を求めるかに影響を及ぼす。この先の章で述べることをもとに、未来において私たちがたがいに何を負うかの対話が可能になることを願う。

第2章　子どもの養育はだれが担うべきか？

子どもをもつか否か、もつとしたらだれが――特に子どもがとても小さいときに――面倒を見るかというのは、非常に私的な決断だ。どちらかの親が家にいて子どもの世話をするのか、正規の育児サービスを利用するのか、祖父母を頼るのかは、個人的な嗜好や、場合によっては道徳的もしくは宗教的な信念や社会規範、そして経済状況に至るまで、たくさんの要因に左右される。

だが、この一見私的な決断は、非常に大きな社会的結果をもたらす。適切に養育されなかった子どもは学校や職場でも苦労するケースが多く、潜在的能力をなかなか開花させられなかったり、生産的な市民に成長して公益に貢献することができにくかったりする。そして彼らの子どももまた、親と同じ苦労をしがちだ。そうした負の遺産は世代から世代へと受け継がれるものだ。こうした広範な社会的結果が生じるため、政府はほぼ常時、子育てを支援する政策を編み出そうとしている。そこには、家庭がいかに組織されるべきかという考えが（それとなく、あるいはあからさまに）見てとれる。

東ドイツと西ドイツで起きた非常に対極的な現象を見てみよう。1980年代の終わりまで東ドイツでは、未就学児の公的保育利用率が世界最高水準だった。3歳までの子どもの約70パーセントは正規の保育施設に入り、3歳から6歳までの子どもはほぼ全員がそうした施設に入所できた。[1]政府の主眼は母親を速やかに復職させることにあったため、育児休暇は短く、代わりに無料の公的育児サービスが広く整っていた。それが母親にとっても子どもにとっても望ましいというのが、当時の東ドイツの社会規範だった。それはまた、社会主義経済における平等な男女観とも一致していた。

いっぽう西ドイツでは、家族に対するもっと伝統的なアプローチが生きており、給付金は少ないものの育児休暇は長く、国が助成する育児サービスは発達しておらず、夫婦の所得税申告は合算制で、母親が出産後復職するインセンティブは弱かった。こうしたやり方を支えていたのは、権限移譲の原理だ。つまり、社会福祉の責任は地方分権的な連邦制度の中でも、もっともローカルなレベルに委ねられていたのだ。公的サービスより家庭の、国よりも慈善団体の、そして中央政府よりも地域によるサービスがよしとされ、その結果西ドイツでは、「母親が家にいて子どもの面倒を見る」というのが社会の規範になった。ドイツがひとつの国に戻って30年以上が過ぎた今も、この権限移譲の法則や、家庭の責任を公の領域にもち込むことへの抵抗感は、旧東西ドイツの相違としてなおも残っている。[2]

どちらのシステムが良いかの判断は、各自のものの見方やプライオリティに左右される。平等性は社会的選択を促進し、男女が人生のチャンスを等しく手にするのを可能にすると主張する人々もいる。いっぽうで、幼い子どもの世話は母親がするのが望ましいと考える人もいる。母親が育児をするのが子どもにとっても家庭にとっても最大の利益をもたらすと、彼らは信じているからだ。

育児はどのようにするのが最善なのだろう？　この質問に、唯一の答えは存在しない。だが、どんな解決策がとられるにしても、それは女性の職業人生に多大な影響をもたらす。それら2つは、今では切っても切り離せない関係にある。さらにもうひとつ、はっきりしていることがある。子どもの人生に最良のスタートを切らせるためには、育児はけっして無給の仕事として扱われて良いものではなく、社会のインフラの重要な一部にならねばならないということだ。この章ではエビデンスをまとめ、さまざまな社会契約が女性の経済的役割や子どもの幸福にいかに影響するかを検証していく。

すべての才能を活用する経済

昨今、女性の経済的役割の変化にまつわる軋轢《あつれき》を反映し、多くの議論が行われるようになっている。たとえば、増加しつつある高学歴の女性たちは、各部門や国においてどのように性差別を乗り越えていけるのか？　なぜ女性の給料は男性よりも低く、賃金の平等を定めた法はなぜこうも効力をもたないのか？　どうすれば、家庭の内と外の両方の仕事の重みを緩和できるのか？　出生率が低下している国々においては、どうすれば若い人々に、不安定な収入や人口爆発への不安にもかかわらず、子どもをつくるよう説得できるのか？　そして出生率がいまだ高いアフリカにおいて、出生数をもっと自分で選択できるように、教育や避妊へのアクセスを女性たちにどう与えればいいのか？　こうした議論が起きるのは、既存の社会契約にほころびが生じている証拠だ。教育と経済的要求が人々をけん引する方向は往々にして、それまでの社会規範の方向とは重ならない。

経済的な観点からすると、女性の労働市場への参入をうまく支援しないことで社会が被ってきた損害は甚大だ。１９６０年には米国の医者や弁護士の94パーセントは、白人男性で占められていた。50年後、その割合は62パーセントまで減少した。女性や黒人男性や民族上のマイノリティにあたる人々が、これらの職業に参入する機会を獲得したおかげだ。経済全般にわたり、あらゆる才能をより良く活用するのがどれほど有益かは、米国で１９６０年から２０１０年にかけて20パーセントから40パーセントも生産性が向上したことにもあらわれている。[3] この点については、もう少し話をしておきたい。米国の経済は、白人男性という狭い才能のプールに頼るのではなく、もっと広範なスキルのプールからそれぞれの仕事に最適な人材を選べるようになったおかげで、以前よりもはるかに生産性を向上させられたのだ。女性が、本来適した才能をもつ業種に参入したことと、女性よりも能力の低い男性の仕事を代わって行うようになったことの双方により、経済的利益がもたらされたわけだ。[4]

歴史的に才能の不適正な配分が行われてきたことには、さまざまな理由がある。原因のひとつは、だれがどんな種類の仕事を行うべきかという社会規範――今日的な基準からすれば、その多くが単なる差別とほぼ紙一重だが――が存在していたことだ。のちに米国の連邦最高裁判事になるルース・ベイダー・ギンズバーグは、１９５９年にコロンビア大学ロースクールのクラスで首席をとったにもかかわらず、卒業後の仕事探しではたいへんな苦労を味わった。「ユダヤ人であり、女性であり、母親でもあることは、なかなかのことだった」とギンズバーグはある取材で語っている。「スリー・ストライクで私はゲームから追い出された」。[5]

両親や教育機関や雇用者が特定の属性を他よりも優遇すれば、属性によって機会へのアクセスに差が生じる可能性がある。多くの地域では違法になっているにもかかわらず、今もなお性別や人種、障がいや性的嗜好、その他の特性をもとにした差別は広く行われている。たとえば、履歴書に女性の名前が書かれているとそれだけでその人は能力が低いと見なされたり、企業が人を雇うとき、母親は父親より仕事に熱心でなく能力も低いと仮定されたりしがちであることが、多くの調査からわかっている。[6]

今日では教育の機会はより平等に与えられるようになり、多くの国は（すべての国ではない）性差別を法律で禁じている。また、機械化と自動化の発達により、多くの手作業にこれまでのような肉体的強じんさがあまり必要とされなくなり、幅広い労働者に仕事の門戸が開かれるようになった。今日では、軍隊やタクシーの運転手など、かつてはほぼ男性に占められていた職場に女性を見るのは、けっして珍しくなくなっている。オンラインによる職探しのプラットフォームは、労働者と、彼らにとって最適な職とのマッチングに革命をもたらした。

加えて、どんな仕事が男に、もしくは女にできるかという社会的規範も変化してきている。たとえば、看護職に携わる男性の数が増加しているいっぽう、伝統的に男性の仕事とされてきたエンジニアリングや法律などの分野に進出する女性が増えている。さらに、男の子や女の子をもつ大半の親は、子どもたちの生来の才能や興味が男女のステレオタイプに必ずしも合致しないことに気づくはずだ。

こうしたすべてにかかわらず、女性は相変わらず家庭で、家族の世話という責任のおおかたを負わされ続けている。国が豊かになるに従い、清掃や料理や買い物や家政全般は、「自由のエンジン」とも言うべき洗濯機や掃除機などの発達により徐々に機械化されてきたが、子どもや老人の世話だけはいまだに、非常に時間のかかる仕事に変わりがない。そしてそのために必要な時間は、国の経済レベルがどうであろうとそれほど大きな差はない。そして、女性は有給の仕事に就くようになってからでさえ、しばしば「第二の勤務」と呼ばれる無給労働の、より大きな重荷を担い続けている。[7]

世界の女性は平均的に言って、無給の労働に男性よりも一日当たり2時間も多く費やしている。90カ国のデータをもとにＩＭＦが調査したところによると、そうした差がもっとも小さいのはジェンダーの平等が進んだノルウェーであり、ノルウェーでは女性が無給労働に費やす時間は男性より20パーセント多いだけだ。逆に差がいちばん大きいのは、男女間に大きな不平等があるパキスタンで、女性が無給労働に費やす時間は男性より１０００パーセントも多いという[8]（図４）。

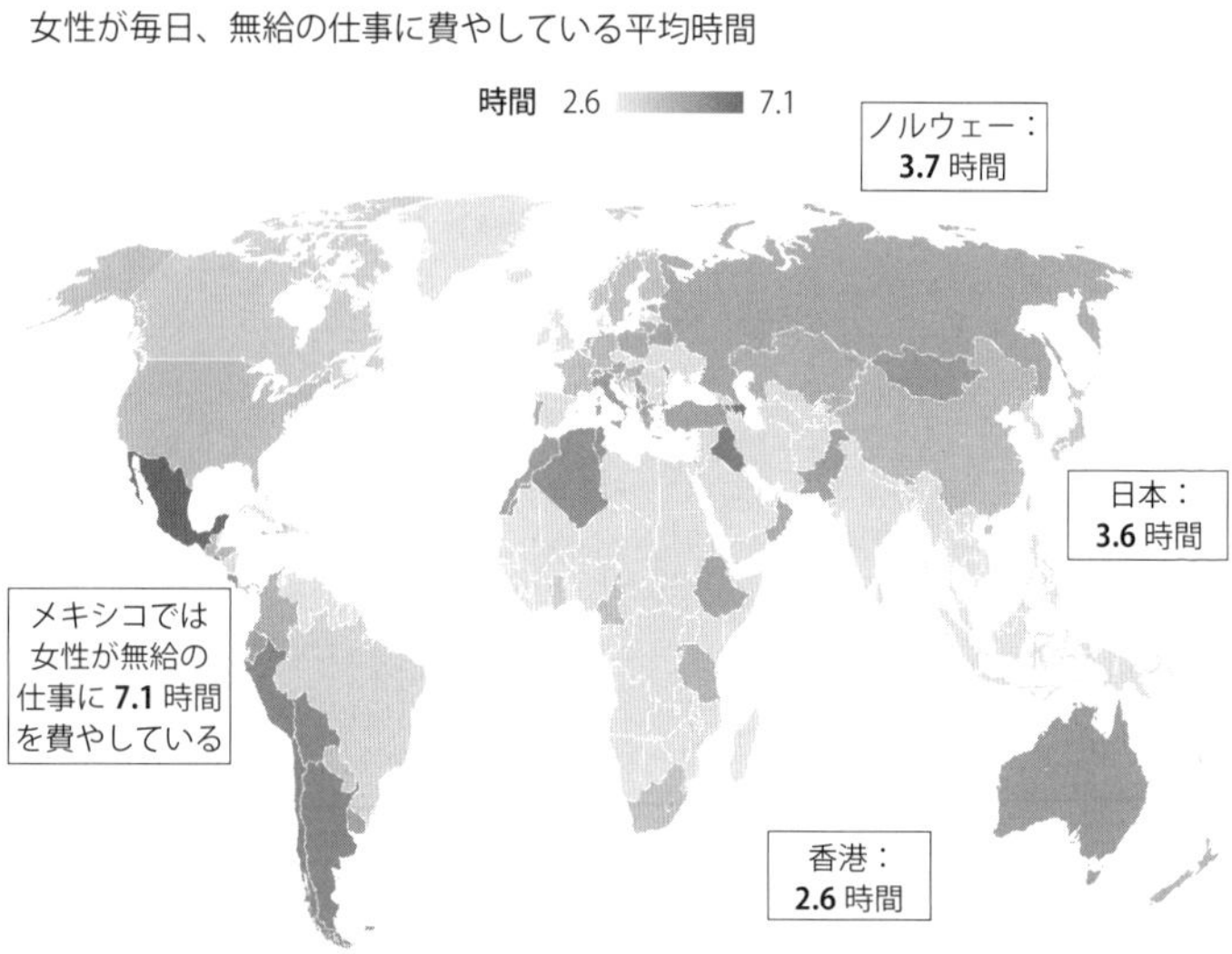

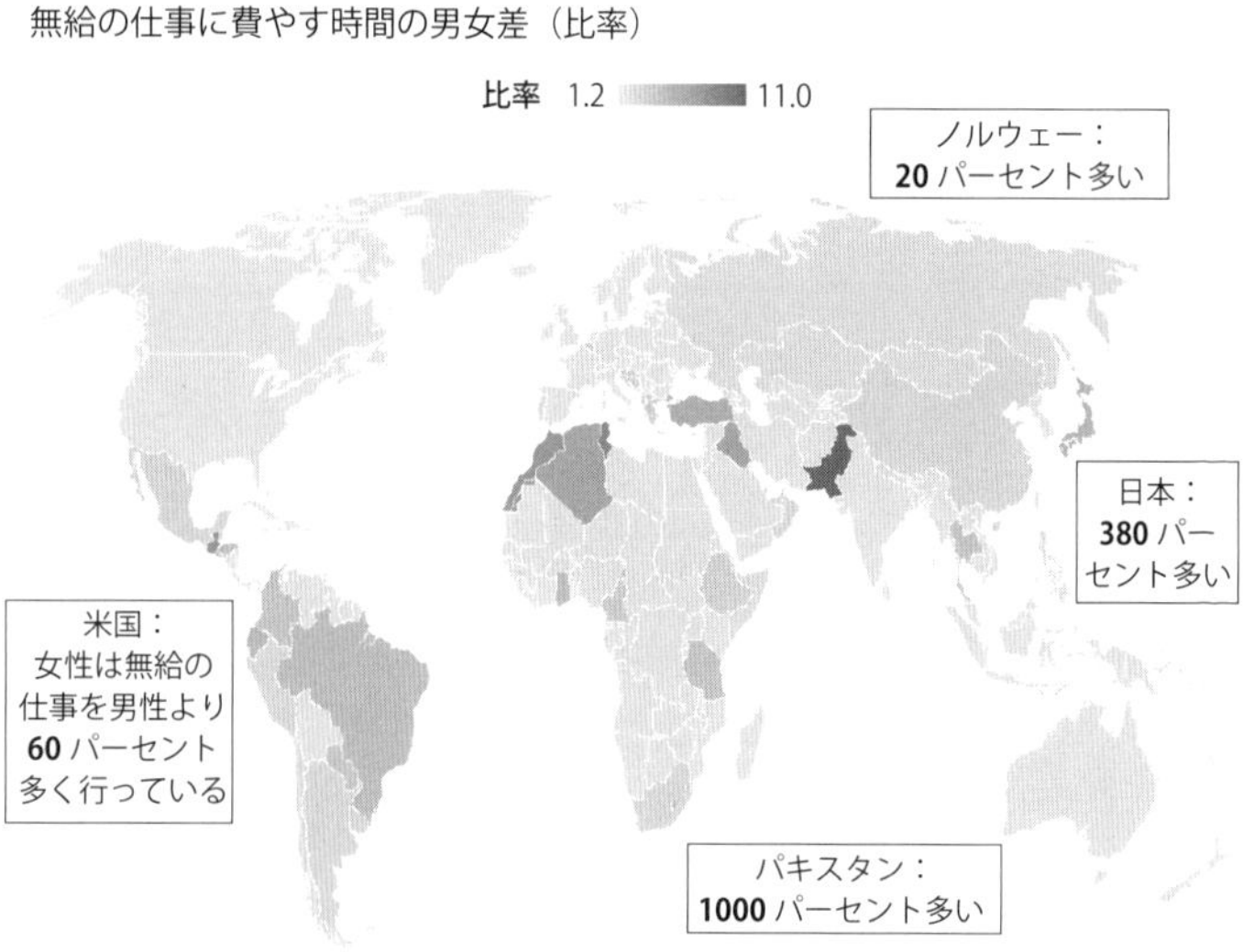

図4　女性はどこの国でも、無給の仕事をより多く行っている

先進国においては、家庭内労働の分担に変化の兆しが見え始めている。ある調査によれば、2000年以降、女性が無給労働に費やす時間は1916年から1989年までと比べて、一日につき半時間短くなっており、その半時間は有給の仕事にあてられている。それとは対照的に、男性は有給の仕事に費やす時間が減少し、無給の仕事に費やす時間が一日につき40分長くなっているという[9]。カップル内でのこの分担の変化は、女性に高い学歴があるほど顕著になる。

開発途上国においては、こうした役割分担の変化はまだ見られない。66の開発途上国でのエビデンスによれば、女性が無給の仕事に費やす時間は今でも男性の3・3倍にのぼる[10]。介護や育児の分担がもっとも不平等な国では、女性が余計に担う労働の総計は、一年間で10週間かそれ以上にもなるという。子どもは――ほとんどの場合は女児だが――年が上がるとしばしば育児を手伝わされるが、それでも世界中でおよそ3500万人の5歳以下の子どもがだれにも世話をされずにいると見積もられている。

開発途上国では、男性が育児に参加する場合でも、貢献度についての男性側の主張と女性の主張とに大きな隔たりがある（多くの女性読者はここで苦笑したことだろう）。たとえば、インドの37パーセントの男性は「自分は毎日子どもの面倒を見ている」と言っているが、「夫が子どもの面倒を見てくれる」と言っているインドの女性はわずか17パーセントだ。ブラジルでは、この開きはさらに大きくなる。39パーセントの男性が「自分は毎日育児に参加している」と言っているいっぽう、「男性が毎日育児に参加している」と答えた女性は10パーセントにとどまった。

だから、女性の教育がどれだけ向上して仕事の幅が広がり、業務の機械化や社会規範の変化が起きても、才能の最適な配置を妨げている最大の障壁はいまなお、子どもが生まれたときに世界中のどの国でも女性がいったん労働力からドロップアウトしたり、育児の義務と有給の仕事を両立させられるように給料の低い仕事に移ったりすることなのだ。[11] 男女の収入格差はおおかたが、次の事実によって説明が可能だ。つまり、女性が家庭での義務と両立できる仕事とは、フレキシブルなパートタイムの仕事であり、勤務時間が短くてすむ仕事だ——そして、そうした仕事は総じて時間給が低い。さらに、女性の勤務時間が男性よりも少なく、男性よりも経験を積むのが遅れれば、それは昇進の遅れにつながり、ひいては給料を低いままにとどめることになる。[12] そのうえ妊娠や出産で労働市場から脱落した女性は、二度と復職しないケースが多い。無職の期間が長くなることで、復帰がきわめて困難になるのがその原因として大きい。

重要なポイントは、真に性的に中立な労働市場が生まれれば、才能ある女性が各自の可能性を十分発揮できるようになり、ひいては男女どちらにとっても生産性が向上するということだ。それによる経済的利益は非常に大きいと見込まれる。ジェンダー・ギャップを埋めることでＧＤＰは35パーセントも増大する可能性がある。それは女性が職場に付加的なスキルを持ち込むからだ。[13] そうした経済的利益を獲得するためには、社会契約が育児にいかに備えるかを見直す必要がある。

家庭か個人か

どんな国においても社会契約は、育児の男女分担や、どこで育児を行うことになるかについての規範を形成する。前者は、育児休暇を母親と父親のどちらがとるかで決定する。いっぽう後者は、家庭での育児をすすめるような現金給付があるのか、もしくは保育園などの施設利用を推奨するような、育児への公的助成があるかどうかで決まる。

育児にまつわる社会契約には、大きく言って２つのモデルがある。ひとつは家庭の役割を強化し、個人に対しては経済的・社会的補助をわずかしか、あるいはまったく与えないやり方だ。南欧や東アジアの国々はこうしたタイプの典型だ。その場合、政策の焦点は、親が育児の責任を自分で果たせるように産休を（通常は母親に）とらせることにある。国が育児に支援を行うさいも給付金という形がとられ、それはやはり家庭による育児を推進するものだと言える。いっぽうもう片方のモデルは、家族や縁故関係に頼らずに個人が育児の責任を果たせるようにするものであり、そのために国営もしくは民間ベースの代案が――つまり無料もしくは政府の補助がある保育施設が――提供される。北欧諸国やフランスのような、国費で賄われる保育施設が潤沢にある国は、こうしたモデルの一例と言える。[14]

当然ながら、これら2つのモデルは強烈な対立関係にある。それぞれの根底には、社会契約とは「個人的なもの」であるべきか、あるいは「家族ベースのもの」であるべきかという価値観が存在する。家族型モデルは、伝統的な男女の役割を強化するものであり、家族の構成員のあいだの、あるいは家族の世代間の相互依存や義務を推奨するものでもある。祖父母が（通常は祖母が）、自分がいつか老いたときに面倒を見てもらうという期待を込めて孫の世話をするのはその一例だ。いっぽう、もうひとつのモデルは個人が伝統的な枠組みの外で――たとえば片親の世帯でも――生きるのを可能にするもので、家族とはいかなるものかをより柔軟にとらえている。

祖父母が育児にどれだけ関わるかは国によって大きな差があるが、その度合いは、育児に対する国のアプローチが家族ベースか否かを示す格好のバロメーターになる。欧州や米国では、祖父母に世話をされている子どもは全体の10パーセントに満たないが、東アジアでは30パーセント、サハラ以南のアフリカでは75パーセントにもなる。[15]そこには部分的にではあるが、人口統計的な要因が関係している。高齢化社会においては女性が子どもをもつのが遅く、したがって孫が生まれたとき祖父母は往々にして、育児を手伝うには年をとりすぎていたりする。かたや、アフリカの多くの国々では、女性の大半は50代で孫をもつことになり、育児を引き受けるのは十分可能だ。そうして子どもの親は働きに出ることができるわけだ。

祖父母が孫の世話をする割合がいちばん高いのはおそらく中国で、上海ではじつに90パーセントの子どもが、そして北京では70パーセント、広州では50パーセントの子どもが少なくとも1人の祖父母によって世話をされており、それらのケースの半分は、祖父母のみで育児が賄われている。[16] これは中国の一人っ子政策を反映したものだ。一人っ子政策のおかげで中国では、孫1人に複数の祖父母が存在することになり、国による育児の補助は限定的なものになった。中国では文化的な伝統や早い退職年齢、そして農村から都市部への大規模な人口移動などがあいまって、いくつかの村では子どもとその祖父母しか住んでいないという現象が生じている。[17]

祖父母が育児をするのと、公の機関がそれをするのとでは、どちらが良いのだろう？　この質問に「正しい」答えは存在しない。それぞれの家族が自分たちの環境と嗜好を土台に、選択をすればいい。ある調査によれば、祖父母によって育てられた子どもは、平均的に語彙力が豊かな傾向がある。おそらくそれは、祖父母という大人と一対一で濃密なふれあいをしている結果だろう。いっぽうで、非言語的な推論や就学準備に重要な数学的概念などの認知力のテストにおいては、祖父母に育てられた子どもたちは芳しい成績をおさめなかった。いちばん顕著に差があらわれたのは、恵まれない家庭出身の子どもたちだった。[18]

より伝統的で家庭を土台にした社会契約をもつ国と、家庭外での育児や父親の育児参加を推奨する国とを比べたとき、女性の有給労働力への参入には何が影響を与えているのだろうか？　そしてどちらのモデルが、未来においてうまくいく可能性が高いのだろうか？

先進国における育児

先進諸国では、育児（家庭ベースのものと、国が提供するもののいずれも）の支援に費やされる平均的金額は、ＧＤＰの０・６パーセントだ。それと比較すると、およそ8倍の額が教育に、21倍の額が医療に費やされている。[19]育児休暇（少なくとも部分的には有給の）の平均的な期間は55週間だ。前述したように、この件についてもっとも寛大なのは北欧諸国とフランスであり、逆にもっとも寛大でないのは南欧の国々とオーストラリア、ニュージーランド、スイス、メキシコ、そしてトルコである。

ＯＥＣＤに属する先進諸国全体では、男性が取得可能な育児休暇は、女性よりもはるかに短い平均８週間だ。フランスの制度はそれよりも寛大で、男性は有給の育児休暇を28週間とることができる。いっぽう、ニュージーランドやカナダやスイスには、父親による育児休暇の制度そのものが存在しない。だが、状況は変わり始めている。欧州委員会は昨今、すべての参加国に２０２２年までに、少なくとも4カ月の育児休暇を子どもの両親に認めるよう通達を出した。4カ月のうち2カ月分は、片方の親からもう片方の親への委譲が可能だ。ドイツとスウェーデンはそれよりさらに踏み込み、14カ月もしくは16カ月の育児休暇を両親のそれぞれに認め、それらをすべて、両親のあいだで共有可能とした。フィンランドでは現在、すべての父親に7カ月の育児休暇が認められている。

そうした流れからいちばん外れたところにいるのが米国だ。米国は先進国の中で唯一、母親や父親による有給の育児休暇を法的に定めていない。１９９3年以来、「家庭および医療目的休暇法」により、資格を有する労働者は、出産を含む医療上の理由で1年に12週間まで休暇を保証されたが、これは有給ではない。米国の公的支出の中で育児にあてられるのはＧＤＰの０・35パーセントで、これはＯＥＣＤの平均水準を下回っている。その結果、米国の家庭は個人所得のかなりの部分を育児に投入しているが、その額は所得の違いにより非常に大きな差がある。[20]

こうした政策のどれを選択するかで、家庭における労働パターンは非常に大きな影響を受ける。育児への支援が比較的厚く、父親も含め育児休暇がとりやすい北欧諸国では、両親とも有給の仕事に就いている共働きの家庭がいちばん一般的だ。たとえば、デンマークではカップルの55パーセントが、フィンランドでは59パーセントが共働きをしている。欧州大陸では、一家の稼ぎ手が1・5人いるのが――つまり、父親がフルタイムの仕事に就き、母親はパートタイムの仕事に集中するというスタイルが――より一般的だ。フランスやベルギーでは混合路線がとられ、女性は（かなり高額の）有給の産休を長期的に――とりわけ子どもが小さいときには――取得できるが、それでも、可能になった時点でフルタイムの仕事に戻るように支援されている。[21]

経済的自由主義の福祉国家であるイギリスのような国では、さまざまな民間市場的解決策――たとえば育児のクーポン券など――を提供したり、さらには、市場メカニズムがうまく働いていない地域や、きわめて貧困な家庭や他の問題に直面していたりする家庭など緊急の必要性がある世帯に向けて、公的な育児支援を集中させたりしている。[22] こうした結果、大半の女性が「第二の稼ぎ手」の位置につけるようになった。家庭への支援を社会契約が重視する南欧では、男性が一家の稼ぎ手として働くというモデルがいちばん一般的だ。[23] 同じことは、開発途上国のおおかたにもあてはまる。

開発途上国における育児

開発途上国においては、育児はいまだに主として家庭が行うものだとされている。この傾向は、それらの国々の多くの女性がインフォーマルセクターで働いており、育児休暇をとる法的な権利をもっていないという事実によって、さらに強まっている。国際労働機関の評価によれば、開発途上国ではいまだに8億3000万人の働く女性が育児休暇をとれずにいる。[24] アジアやアフリカや中東の大半の国では、母親は12－13週間の育児休暇をとれるという法令があり、給料も以前と同じ額が100パーセントもらえることになっている。しかし、正規の労働市場に参加している女性の数はきわめて少ないため、この政策によってじっさいに恩恵を受ける女性はごくわずかしかいない。

父親の育児休暇を認める国は、アジアの開発途上国の中にもあらわれ始めている。だが、まだそのスピードは遅く、レベルは低い。フィリピンの制度によれば、父親の育児休暇は7日間。バングラデシュやカンボジアやベトナムでは10日間だ。中国とインドでは、ゼロだ。アフリカや中東の国々では、父親の育児休暇は稀《まれ》だ。育児休暇を父親と母親で分けあえるのは開発途上国ではさらに珍しい現象であり（数少ない例外はブルキナファソ、チャド、ギニア、ネパール、モンゴルなどだ）、父親が有給の育児休暇を取得できる国は皆無と言っていい。しかし、父親の育児休暇を認めている開発途上国では、女性の就労率上昇という利益があることが、すでにエビデンスから示されている。[25]

こうした事情を背景に、開発途上国が公的な育児補助を増強した結果、より多くの女性が家の外で働けるようになったのはもちろん、他の女性のためにも新しい雇用が育児産業で創出されるという例が多数あらわれた。メキシコでは、一日に最低でも8時間の育児サービスを週に5日間提供してくれるエスタンシアというプログラムがある。スタッフの配置基準も適正で、栄養のある食事と教育プログラムも整っている。コストは90パーセントまで公的資金で賄われており、そこに来る子どもの大半は極度の貧困家庭の出身だ。ここに子どもを預ける母親は、日々の勤労時間をこれまでに平均で6時間増加させることができた。同プログラムはまた、4万人近い女性の雇用を創設してもいる。インドにおける同種のプログラムは、これまでに100万人を超える子どもの世話をしてきた。南アフリカでもこうしたプログラムにより、2万人を超える女性に雇用が提供された。[26]

文化的規範という壁

保育料金が下がると母親の労働市場参入が増加することが、広範な研究からわかっている。[27] そして、母親の復職支援に多くの資金を投入する国は、より多くの女性が労働力に参入するという経済的利益を得る（図5）。利用しやすく、値段も手ごろで質の高い保育サービスは、母親たちのワークライフバランスを助ける。最大の効果が得られるのは、何らかの公的支援があるときだ。そのほかにも女性の教育、平均賃金、社会規範、保育にまつわる規制など重要な要素はほかにもいくつかあるが、非常に寛大な社会契約をもつ国々がこれまで女性の就労率も、人口を安定させるための出生率も高く保ってきたのはたしかだ。

だが、こうした国々のあいだにも、大きな相違がなお存在している。大半の先進国では、男性と女性の収入は最初ほぼ同じように伸びていくが、女性が最初の子どもを生んだ後から明確に分岐する。女性の収入は出産後激減するが、男性の収入は本質的には子どもをもったことによる影響を受けない。「チャイルド・ペナルティ」と呼ばれる、第一子出産から5－10年後の収入減少の規模は、国によって大きく異なる。

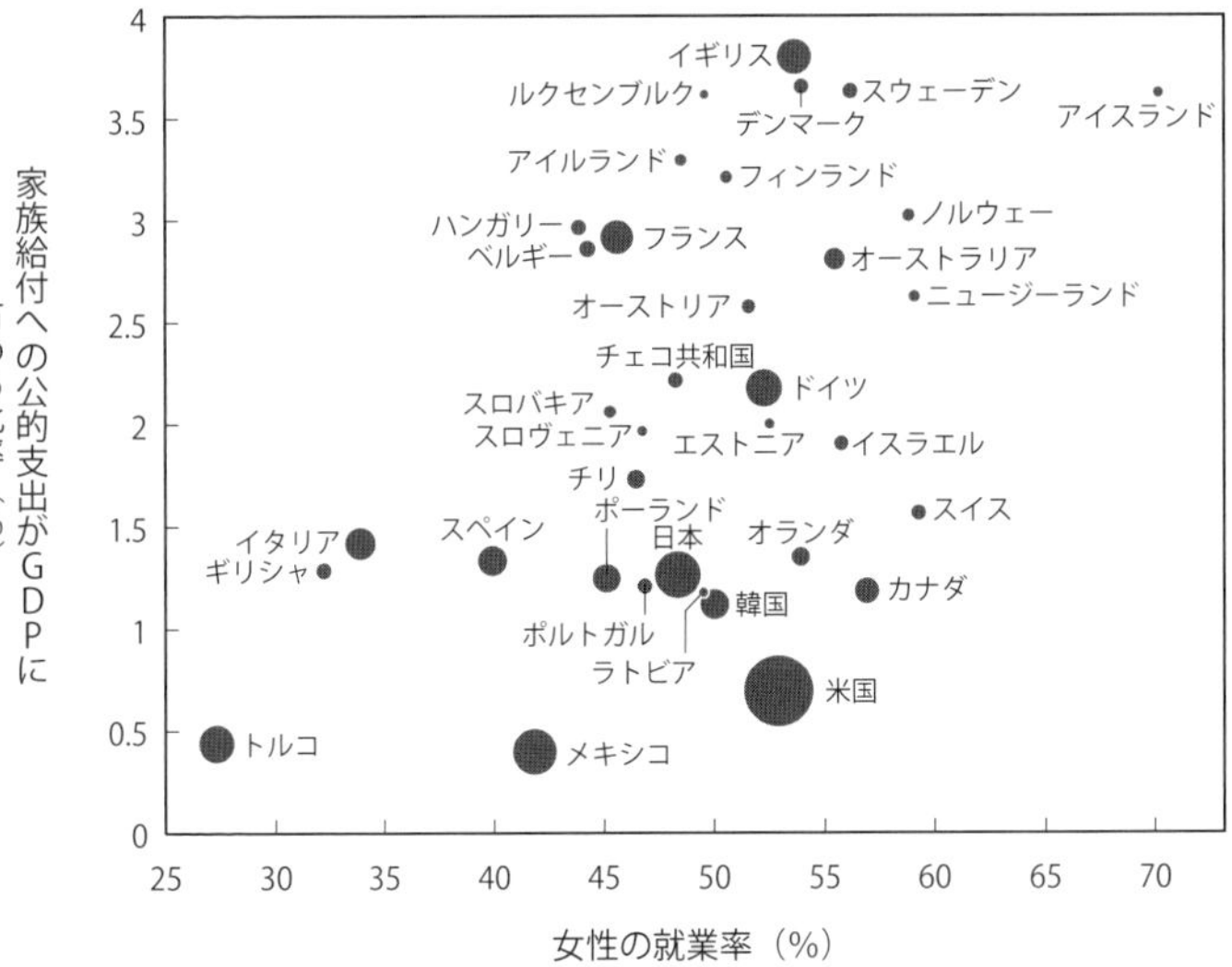

図5　家庭に多くの給付を行う国ほど、女性が有償の仕事にとどまる率は高い
OECD加盟国における女性の雇用と、家族給付への公的支出の関係（2015）

スウェーデンやデンマークでは21－26パーセント。ドイツやオーストリアでは31－44パーセント。イギリスや米国では51－61パーセントだ[28]。こうした差は短期的には、育児休暇や保育の利用にまつわる政策に関係しているが、それがすべてではない。もっと長期的には、男女それぞれの役割に関する文化的規範や、国によっては今も大勢を占めている「母親は家にいるべきだ」という保守的な態度などが、もっと重要な役目を果たしているようだ[29]。

日本や韓国や台湾のように人口減少に悩んでいる国は、出生率の低下に歯止めをかけようと、家庭に対する経済的支援を増強してきた[30]。世界の中でももっとも急速に出生率が低下している日本と韓国は現在、父親の育児休暇に関してきわめて寛大な――丸1年でしかも有給の――政策をとっているが、それを利用する父親は3パーセント以下にとどまっている。なぜだろう？　日本で昨今行われた「そうしたいのにそうできない」という的確なタイトルの研究によれば、20歳から49歳までの既婚男性の多くが、育児休暇を利用したいと考えていたのに、他の男性から「それはふつうでない」と見なされると思い、利用を思いとどまったという。彼らはみな、個々は同じ考えをもっているのに、他人の意見についての不正確な思い込みゆえ、子どもが生まれたときも休暇をとることができなかった[31]。同様に、イギリスでは父親が育児休暇をとるのは可能であるのに、40パーセントの父親はいっさいそうした休暇をとらない。２週間以上の育児休暇を取得した父親は10パーセント以下にとどまっている。

こうした試みが失敗するのは、無給の労働をより多く引き受けることに対する男性側の意識の変化がないまま、家庭をベースにした育児スタイルを強化しようとしているからだ。男性側の態度が変わらなければ、育児に対する公的支援をさらに増やしても十分ではない。だが、正しく設計すれば、政策によって行動の変革を促すことも可能であるはずだ。

アイスランド政府は家庭に複数の選択肢を示した結果、無給労働の男女間の分担を組みなおすことに成功しているようだ。アイスランドの方式では、両親は9カ月間の有給の育児休暇をとることができ、3カ月は母親、3カ月は父親、残りの3カ月は2人で共有できる。もし父親が自分の分の育児休暇を取得しなければ、それは失効する。この政策が２０００年に導入されて以来、アイスランドではほぼすべての父親が育児休暇を取得するようになった。調査によれば、父親たちは結果的に子どもの人生により積極的な役割を果たすようになったという[32]。

イタリアやスペインやアイルランドのような、カトリックで、伝統的に大家族社会の国は今、人口減少の現実的リスクに直面しつつある。なぜか？　国による育児の財政支援は乏しく、家庭をベースにした育児スタイルを良しとする政策がとられ続け、男性は無給の労働にほぼ関わろうとしないからだ。そして問題は、高い失業率や不安定な仕事のせいで若者らが自身の家庭を築くのが遅れ、ひいては子どもをもつのも遅くなっていることだ。それらの結果、これらの国々の出生率は今、世界でも最低のレベルにある。

母親の就労が子どもに与える影響

育児政策が速やかに進展しないひとつの理由は、「母親が外に働きに出ると、子どもに悪影響が出る」という伝統的な思い込みの存在だ。こうした思い込みの根本には往々にして、子どもを健やかに育てるのに必要なケアは母親だけが与えられるという概念がある。だが、働く母親が子どもの発達に与える影響について、エビデンスは何を語っているのだろう？　そして、父親が与える影響は？　大量の研究がこのテーマについて行われてきている。

心理学者は、子どもが生まれてから最初の数カ月が脳や感情の発達にきわめて重要だという点で一致している[33]。母親が復職を遅らせれば母乳育児を長く続けることができ、この重要な時期に親子のふれあいをより多くもつことができる。母親の早い復職と子どもの初期の学業成績に負の関連があるという研究報告もある[34]。さまざまな実証研究をまとめたものによると、子どもが1歳を過ぎるまで母親が復職を延ばすと、子どもに利益がもたらされるというエビデンスもある[35]。

もちろんこれらの結果は、復職の遅れが母親の職業的スキルの衰えや経済的自立に及ぼす影響を考慮していないし、理想的で良質な保育施設に子どもを預けた場合との比較もしていない。さらに言えば、子どもが生まれて最初の数カ月に父親が家で育児にあたった場合、同じだけの利益がもたらされるかを判断する十分なデータや研究も、今のところ揃っていない。

だが子どもは少し大きくなれば、保育者や仲間や学校から付加的な影響を受け、そこから利益を得るようになる。2歳か3歳を過ぎてからの母親の復職は、子どもの学業や行動の向上に関連があるという[36]。69の研究をメタ分析した結果によれば、母親の就労が子どもにとって不利な結果につながることはごく稀だ。じっさい、教師による子どもの評価からは、母親の就労が子どもにとってプラスになることが示されているようだ。どちらかと言えば、母親が家にとどまるより復職するほうが、子どもの学業や行動には良い結果がもたらされるらしい[37]。利用できる保育の質が上がるほど、子どもへの好影響は大きくなる[38]。はっきりしているのは、タイミングの重要性だ。誕生から最初の数年間、どちらかの親が子どものそばにとどまることはプラスの効果をもつ可能性があるが、子どもが2歳か3歳になったら両親がどちらも復職することが概して、子どもの教育上の達成にポジティブな効果をもたらす。

昨今いくつかの国では、子どものよりよい幸せを願って出産休暇が延長された。たとえばドイツでは1992年に、産休が18カ月から36カ月に延長され、その結果、就労する母親の数が大幅に減少した[39]。産休延長の目的は、子どもの発達を促進することにあったのだが、改革の前と後に生まれた子どもたちの教育面や労働市場における成果を比較すると、改革の後に生まれた子どもが前に生まれた子どもより向上したという証拠は何も認められなかった。むしろ、改革は子どもの学業成績をわずかながら引き下げた可能性がある。家庭の収入の減少もおそらくマイナスの影響を及ぼした。同様の結果はカナダやデンマークでも報告されている。

いっぽう、欧州の中で母親が長い育休を取得する国は乳幼児の死亡率が低いという調査結果もある[40]。米国では、有給の出産休暇の導入は赤ん坊の出生時の体重のわずかな向上をもたらしたほか、未熟児の減少や乳児死亡率の低下にもつながったという。[41]

母親の復職でとりわけ大きな恩恵を受けるのは、貧困家庭の子どもだ。金銭的にひっ迫している家庭の子どもは――特に片親家庭や生活保護家庭の子どもは――親が仕事に就くことで、向上する傾向がある。[42]母親が雇用されれば家庭の経済的安定は増し、その結果、家庭でのストレスが減り、それは母親の不在を補ってくれる。それとは対照的に、もともと裕福な家の子どもは、母親が就労してもさほど恩恵を受けることがない。母親が稼いだ金は、家族の幸福のためにそれほど重要ではないからだ。

母親の就労が子どもに与える影響は、男女間で大きな開きがある。29カ国の10万５０００人の子どもが大人になるまでを追った最近の調査がある。29カ国の中には北米と南米、オーストラリア、欧州、アジア、そして中東が含まれている。[43]就労する母親の娘は、大人になったとき雇用される率が高く、より重要な役職に就く率も高かった。彼女らは、母親が専業主婦だった娘と比べて長時間働き、より多くの収入を得る傾向にあった。就労する母親に育てられた子どもは、男の子の場合、家族の世話により多くの時間を費やすようになるが、女の子の場合は、無給の家事労働により少ない時間を費やすようになる。こうした差は、次の事実に帰せられる。つまり、就労する母親は家庭外の仕事と家庭内の無給労働のバランスについて、より平等な態度を子どもに伝えているのだ。

子どもが受ける恩恵と、女性の復職という経済面に加えてもうひとつ、父親の育児参加による利益の大きさも、さまざまなエビデンスから示されている。父親が子どものそばにいて、育児に参加していた家庭の子どもは、情緒面でも行動面でもすぐれた発達を遂げる。父親は収入が高いほど、より多くの時間を育児に費やす傾向があり、また父親の育児の内容は往々にして母親のそれとは異なっていたり、補足的だったりする。観察研究によれば父親との触れ合いは子どもにとって、より刺激的で力強い可能性があり、リスクをとることや冒険に向かう気持ちを子どもの中に育てる。そしてそれは、子どもの認知能力の成長にとってプラスになる。[44] たとえば、生後3カ月のころ父親が育児をしていた赤ん坊は、2歳時の認知能力テストでより良い成績を収めることができた。[45] 誕生後最初の数カ月の育児に父親が関わることは、1年後の子どものより良い精神的発達にも関連していた。[46]

育児を公共インフラに

女性の才能を労働市場に取り入れることは、経済的に有益であるうえ、生後1年を過ぎていれば子どものためにも良い結果をもたらす。誕生から最初の数年の育児に父親が参加すれば、子どもが受ける恩恵はさらに明確になる。社会契約を見直し、男女間で育児の責任のバランスを取り直すことは、そしてこれまで女性がしてきた無給労働を有給の仕事に変えることは、私たちの社会をより豊かに、より公平にする。初期の育児に両親が積極的に関わり、その後、質の高い保育を利用できれば、子どもは学校の勉強でも心理学的にもすぐれた人間に成長する。これはとりわけ、貧困家庭に生まれた子どもにとって重要であり、社会的流動性を促進する。

より多くの公的資源を、手ごろで良質な保育の提供にふりわけるにはさまざまなモデルがある。家庭ベースの保育をそうした支援で援助するか、家族外の保育を援助するかは、個人や家族の判断にゆだねられるのが最善だろう。育児休暇や保育にかかる費用を雇用主ではなく国が負担することは、職場で男女がより公平に競える土俵を築く。重要なのは、公的な政策が男女への支援を公平にし、選択の自由を与えること、そうして経済における才能の配置を最適なものにすることだ。

理想的には、政府は家庭にさまざまな選択肢——母親も父親も利用でき、さらには両親が共有できる育児休暇など——を与えるのに加え、家庭だけの育児ではなく施設による育児をも可能にするための公的資金の準備を行うべきだ。どちらを選択するかはきわめて私的な問題であり、個々の環境に大きく左右される。

だが、絶対必要な重大な変化とは、次世代の育児という仕事を無視したり、当たり前のもののように考えたり、無給労働として見下げたりするのを、この先はもう認めないことだ。未来の世代の育児は医療や教育などのサービスと同じように、公共サービスのインフラの重要な一部になるべきだ。さらに必要なのは、仕事や家庭という組織の変化を認める柔軟性を養うことだ。これは男女両性の生活を向上させ、子どもをより効果的に支援し、仕事を——しばしば女性たちのために——創設することにつながる。

保育の提供が重要であるいっぽう、より平等な労働市場をつくるうえで役立つ政策は、他にも多くある。転職しても不利にならず、パートタイムで働くことになっても調整できるようなもっと柔軟な働き方が増えれば、男性も女性も育児の責任と変化する仕事のパターンをうまく折り合わせていける（これについては第5章で詳説する）。また、夫婦合算で納税を促すシステムよりも、個々人に税金を課すほうがうまくいくはずだ。夫婦合算にすると、第二の稼ぎ手（おおかたは女性）はパートナーと同じ率で税金を払わなければならず、たいていの場合、女性個人に税金がかかる場合よりも損をすることになる。それは、女性が労働力に参入するのをふみとどまらせる要因になりかねない[47]。

また、学校の長期の夏季休暇は、両親が就労する家庭にとって大きな難題であり、農業に従事している人がきわめて少なく、また児童労働が違法である社会においてはまったく的外れだ。共働きの家庭を支援する社会契約に移行することは、これらすべての観点において、不可欠と言っていい。

だが、政策面だけでは十分ではない。社会契約は家庭の中でも変化する必要がある。日本や韓国の例に見られるように、世界でもっとも寛容な父親向け育休制度も、社会的態度が追いつかないかぎり機能しない。これと興味深い対照をなしているのが、北欧の状況だ。北欧諸国の社会契約は過去数十年かけて進化を遂げ、今では女性の就労率はきわめて高く、寛大な公的支援があり、男性が無給労働のかなりの部分を引き受けてくれるまでになった。このモデルにより北欧では高レベルの収入と、人口を確保するための高い出生率が保持されてきた。いっぽうの韓国は、政府の支援はどんどん寛大になっているのに、合計特殊出生率は世界最低の0・9まで落ち込んだ（人口を安定したレベルに保つには、2・1の出生率が必要である）。社会的態度が変化していないことがその原因だ。

私たちは、社会契約にこれほど大きな変化が起きるのを受け入れることができるのだろうか？　私の考えでは、「受け入れない」という選択肢はありえない。家族の構造は今、急速に変化している。晩婚化が進み、女性が子どもをもつ年齢も上がっている。片親の家庭が増え、高齢化が進み、アフリカを除いては世界中で出生率が低下している。社会契約は、現代の家庭や現代の経済のニーズに追いついていく必要がある。

より多くの女性が職場で才能を発揮できるようになれば、生産高や生産性が向上し、育児により良い公的支援を提供してなお余りある税収がもたらされる。父親の育児参加の増強は、子どもの幸福をさらに高め、より生産的な次世代の育成を可能にする。そうして育った次世代はより高い収入を獲得し、税収の増加に貢献し、増加の一途をたどる高齢者のための年金や医療のニーズに役立つことになる。世代間の責任を家庭の中だけでやりくりするのはもうおしまいにするべきだ。それは、歴史の中で見てきたように、きわめて不平等な結果に帰結する。それよりも、私たちはこれらのリスクをたがいに分担する必要があるのだ。

第3章　幼児教育と生涯学習

2005年、私はエチオピア南部のある村を訪れた。グレート・リフト・バレー（大地溝帯）の絶景のふもとにあるその村には、世界でもっとも貧しい国の中でもさらにいちばん貧しい人々が暮らしていた。私が会った夫婦はひどく痩せており、このところずっと飢えに苦しんできたのは明らかだった。それでも2人は私と会ったとき、とても朗らかなようすだった。その理由は、イギリス政府の援助プログラムによって、子どもたちのために新しい学校が建てられたからだ。

ただ、ひとつ困った点があった。エチオピア政府はたったひとりの教師しか雇う余裕がなく、それは学校にひとつしか学級をつくれないことを意味していた。生徒の数は全部で80名余。私を迎えた夫婦は誇らしげに、生徒の親たちが少しずつお金を出しあって教師をもうひとり雇い、子どもたちがより良い教育を受けられるようにするのだと話していた。

子どもに人生のスタートを最善の形で切らせたいというのは、世界の親に共通する強い願いだ。豊かな国々ではこれは、子どもを最良の学校に入れるために親がしのぎを削ったり、受験に成功するチャンスを少しでも高めるために個人の家庭教師を雇ったりすることを意味する。もっと貧しい国ではそれは、子どもを学校に通わせるために家族が膨大な物理的犠牲を払うことをしばしば意味する。すべてのケースにおいて教育の価値は、市民が教育を受けた結果、個人に、そして社会全体にもたらされる利益を反映している。

どんな社会でも、教育は社会契約の中核として含まれている。教育への投資はほぼすべての社会において、6歳から20代前半くらいまでに集中しているが、6歳以前の環境——その時期の栄養状態や精神的刺激や父親の育児参加度——によってその後の教育の成果が大きく左右されるのは、今日では既知の事実だ。いっぽう人々の勤労年数が長くなり、生涯に就く仕事もひとつでなくなりつつある国においては、成人教育への投資がいずれ必要になる。経済の進化にともない、労働者は自身のスキルを向上させ続けなくてはならないからだ。それは、教育にまつわる社会契約にとって、何を意味するのだろうか?

教育がもたらす経済的利益

教育という道具を使えば、さまざまな目的を達成できる。教育は子どもを肉体的・認知的・精神的に発達させ、共通の価値観をもつ市民を形成し、個々人が自分の才能を発見したり、それぞれが世界に貢献できる方法を見つけたりするのを手伝う。社会契約の観点から見ると教育は、未来の労働力を育てるというきわめて重要な経済的役割も果たしている。人々が職を探すときに必要なスキルや、生産的であるために、そして社会に貢献するために必要な技術は、教育によってもたらされるのだ。

教育に経済的利益があることは、世界中で初等教育および中等教育の提供に大きな進歩があった過去半世紀をふりかえれば明白だ。世界にはいまだ、アフリカや南アジアを中心に、6000万人近い子どもが学校に行けずにいるが、全体的に見れば、ほぼどんなところでも子どもたちは無償で初等教育を受けられるようになった。[1] そのうえ、世界の子どもの5人に4人は今、前期中等教育〔訳注　日本の中学校に該当〕を受けられるようになっている。

じっさい多くの開発途上国は、今日の先進国が歴史のなかで成し遂げてきたことを超高速で達成してきた。たとえば、2010年までにバングラデシュの平均的労働者の学歴は、1975年当時のフランスの典型的な労働者よりも数年長くなっている。米国では、女子の就学率を57パーセントから88パーセントまで上げるのに40年かかったが、モロッコはそれをたったの11年で成し遂げた。[2] それらの結果、2008年までに平均的な低所得国の初等教育の就学率は、典型的な先進国のそれとほぼ変わらなくなった。

大学、短大、職業専門学校などを含む高等教育については、事情がいささか異なる。初等教育や中等教育に比べると、高等教育の広がり方はゆっくりしており、今現在、高等教育機関で学んでいる人の数は、全世界で2億人程度だ。そして、国によるばらつきが大きい。ブラジルや中国、メキシコなどの中所得国では、成人の10－20パーセントが高等教育機関で学ぶ。いっぽう高所得国ではその割合は、オーストリアが30パーセント、イギリスが42パーセント、米国が44パーセント、カナダが54パーセントと幅がある。[3]

全体的に見ればしかし、教育への地球規模の投資はきちんと回収できている。経済的観点から言えば、教育の見返りの率は次の方法で計測できる。教育への投資でもたらされた利益――給与の上昇分から教育の提供コストを引く――を、教育を受けた年数で割れば、年ごとの利回りがはじきだされるわけだ。貯蓄口座や株式保有のリターンと同じような考え方だ。世界139カ国で長い年月をかけて収集された1120のデータをもとに経済学者が計算したところ、教育を受ける期間が1年増えるごとに、その教育を受けた個人には年間で約10パーセントのリターンがもたらされていた。[4] これは1957年にS＆P

1人当たりの所得レベル	個人			社会		
	初等	中等	高等	初等	中等	高等
低	25.4	18.7	26.8	22.1	18.1	13.2
中	24.5	17.7	20.2	17.1	12.8	11.4
高	28.4	13.2	12.8	15.8	10.3	9.7
平均	25.4	15.1	15.8	17.5	11.8	10.5

表1　教育がもたらすリターンは高い。ことに高いのは初等教育への投資と、貧しい国での教育がもたらすリターンである

国の所得レベルごとの、異なる段階の教育に対するリターン率

に500のインデックスがつくられて以来の、アメリカ株式市場の毎年の平均リターンである8パーセントを大きく上回っている。[5]

そのうえ、教育がじっさいにもたらすリターンは、おそらく10パーセントより多い。なぜなら10パーセントという数値は個人の期待収益の増加だけを考慮したもので、もっと広い社会的利益を測定していないからだ。こうした社会的利益のおよぶ範囲は、きわめて広い可能性もある。たとえばイギリスの場合、大学教育に投資した1ポンドは、個人には7ポンドの利益（個人的リターン）をもたらし、国には25ポンドの利益（社会的リターン）を、高い税収入や福祉予算の低減や犯罪の減少などの形でもたらしてくれる。[6]

個人および社会に対するリターンはどちらも、教育の段階によって大きく変わる。たとえば、もっとも大きなリターンがもたらされる傾向があるのは初等教育だ。その原因は単に、初等教育は中等教育や大学などの高等教育に比べて、かかるコストが少ないからだ。表1は、異なる段階の教育が個人および社会にどれだけのリターンをもたらすかを、低所得国と中所得国と高所得国でそれぞれ評価したものだ。

全体に、貧しい国ほどリターンは大きくなっている。繰り返しになるが、これはけっして驚くべきことではない。これらの国では、教育によって提供される技術がまだ比較的不足しているからだ。だが、そ

うした収入増が何か別の要因を反映していると疑う人もいるかもしれない。たとえば雇用者は従業員の学業成績を、単なるスクリーニングの材料として用いているのではないだろうか？　そうであるなら、学校に行ったという事実が高給につながっているのであって、学校で獲得した教育が高給をもたらすのではないかもしれない。だが調査によれば、必ずしもそれは事実ではない。教育を受けた人間を企業が雇うのは学位ゆえではなく、教育を受けた人間がその結果としてより生産的になっているからだ[7]。

さらに驚きなのは、より多くの労働者が比較的高い教育を受けている国でも、教育への投資のリターンがそれほど減少はしないことだ。これは技術革新によって、高い教育を受けた人材を厚遇する仕事が生まれたことによる。そして、大学を卒業した者が手にする高い給料は、大半の国で上昇し続けてきた。この風潮が意味するのは、より高い教育を受けた者は技術の発展が進むほど高給をとるようになり、多くの国々で所得格差を広げる一因になるということだ[8]。もし教育の機会を平等にするために何も手を打たなかったら、テクノロジーが格差を助長するというこの風潮は悪化の一途をたどるだろう[9]。

これは氷山の一角にすぎない。二つの大きな問題が私たちを待ち受けている。ひとつはテクノロジーの、もうひとつは人口統計上の問題だ。私たちに求められているのは、単に教育を広く普及させることではなく、教育の提供に用いられているスタイルを根本から変化させることだ。「何を教えるか？」という問いに加えて私たちは、「いつ教えるか？」という問いをも考えなくてはならない。

生涯にわたり学ぶ姿勢を学ぶ

教育にいかなる変化が必要かという議論の多くは今、「何を教えるべきか」、そして「いかに教えるべきか」に焦点をあてている。伝統的な教育制度はしばしば、機械的な学習による暗記に大きな重きを置いてきた。教師は情報を伝え、生徒はそれを頭にとどめ、さまざまな試験の場でそれを再現するために最大限の努力をした。しかし、今日大半の教育者は、それは単なる時間のむだであることを認識している。私たちが生きている現代は、35億人の人々がスマートフォンをもち、指先ひとつで検索エンジンに、ひいては情報に、ほぼ無限にアクセスすることができる。今の時代により重要なのは、情報を選り分け、その価値について正しい判断をする能力であり、情報の隠れた意味合いを見抜く能力だ。教育は、子どもにそうした能力を与えることに焦点をあてるべきだろう。

先進国においてテクノロジーはまた、労働市場を結果的に二極化する役目も果たしつつある。「高い」スキルをもつ労働者（科学者やデータ分析者など）や「低い」スキルの労働者（ケアワーカーなど）の需要が高まるいっぽうで、中間的なスキルの労働者（工場労働や事務職など）は職を失いつつある。開発途上国においては、このパターンはより複雑だ。高いスキルをもつ労働者の需要が高まっているのはどこも同じだが、低スキルもしくは中程度のスキルの需要は、そうしたスキルと対抗する自動化やグローバル化の力がどれだけ強いかによって、大きく左右される。[10] だが、先進国と開発途上国のどちらについても言えるのは、問題に新しい解決策を思いつける認知的スキルは、短期的もしくは中期的に、労働市場から高い見返りを得られるということだ。デンマークやフランス、ドイツ、スロバキア、スペイン、スイスなどでは、複雑な問題を解決できる能力は、収入の10－20パーセント増につながる可能性がある。[11]

さらに否定しがたいのは、高齢化により、次世代の人々はより長く働くことを、そして生涯に複数の職場で働くことを求められるだろうことだ。今現在大人である人々は、10代もしくは20代のころに学んだ知識をもとに40年近い職業人生を渡ることが可能だった。しかしそれは、職業人生の期間が60年に及ぶ時代にはもはや通用しない。今日、先進国に生まれる子どもたちは１００歳以上まで生きる可能性も高い。[12]それによって延びる人生の時間は、87万３０００時間にもなる。新しいスキルをひとつ習得するのに１万時間かかるとしても、長い人生の中ではそれを何度か行うことが可能だ。[13]

それは可能であるだけでなく、必要になる。多くの国で人々が以前より頻繁に仕事を替えているというエビデンスはすでにある。仕事の平均的安定性は、人がひとつの職にどのくらい長く就くかで測ることができるが、先進国においてこの数値は減少傾向にある。[14]それは、（後期中等教育を修了していない）低スキルの労働者にもっとも深刻な影響を与えている。いっぽうで、不完全雇用率が上昇しているというエビデンスもある。つまり、フルタイムで勤務したいのにパートタイムでしか働けない人々が増えているのだ。不完全雇用は、低スキルの労働者や若い人々や女性にもっともひどい打撃を与えている。もっとも顕著なのはホテルや飲食店など、需要の変化に合わせて労働者が時給契約で雇われる業種だ。

要は、職業人生が長くなったからスキルの頻繁な再取得が必要なだけではなく、まったく異なるキャリアの構築が必要になるという話なのだ。私はしばしば学生らに、「この先のキャリアを、梯子を上るようなものではなく、木を登るようなものだと考えなさい」と言っている。木を登るには、次の高さに上がるときにいったん左右に足を踏み出さなければならないことがよくある。そして、そうした回り道をすることで、新しくて興味深い眺望が開けたりする。これからの教育は、人々がこうした木登りをするのを助けるような、そして新しいチャンスを開拓し、好奇心の芽を育てるようなものになるべきだ。人々がいつかその木から降りなければならなくなったときも、完全な退職という、いきなり木のてっぺんから地面に飛び降りるようなやり方ではなく、時間をかけてさまざまな、そして部分的な役目を経由しながら、木を降りるようにゆっくりと引退していくべきだ。

こうした多様な要因――認知的スキルの需要が高まるいっぽう、労働が変化し、仕事の安定性が減少しているという切実な現実――を考えると、私たちに今必要なのはより柔軟な教育制度だ。必要なのは、子どもたちにただ知識やスキルを与えるのではなく、知識やスキルを獲得する能力を授けることだ。そして、セカンド・チャンスの機会をより多く提供し、職業人生のさまざまな段階でスキルを新たに得る機会をもたらすのも教育の役目だろう。こうした種類の教育を提供するカギは、タイミングであることがわかっている。

もちろん最高の教育とはつねに、学ぶ姿勢を学ぶことだ。イートン校の学長（1845-1872年）だったウィリアム・コーリーは、やや古色めいた次の言葉を残している。「学校で君たちが取り組むのは、知識の獲得というより、批判を受けながら精神的な努力をすることだ」[15]。こうした精神的な努力こそが、残りの人生のための知識を獲得する糧になる。「批判を受けながら」が教師にとって意味するのは、最近の教育界で言われる「壇上の賢人から、寄り添う案内人へ」という移行だ。このアプローチの利点は、学生の中に絶え間ない刷新の可能性を植えつけることだ。学ぶためのチャンスは生涯を通して存在しているのだから。

しかし、ほとんどの人が理解していないのは、この学ぶための能力が人生の非常に早い段階で培われる事実だ。脳の構造は人間が5歳になるまでに形成される。これは認知的・社会行動的なスキルという、今ますます重要性を増しつつある技術を発展させるもっとも重要な時期だ。この格好の機会を逃すと、大人になってからの学習能力に悪影響が生じる。学習とは蓄積であるがゆえ、より強固な土台を人生の早い時期に築いていれば、その上に多くのものを打ち立てることができ、早期教育の利益はさらに大きくなる。いっぽうで、早期の教育が行われなかった場合の不利益は増す。だからこそ誕生から数年間は、不遇な環

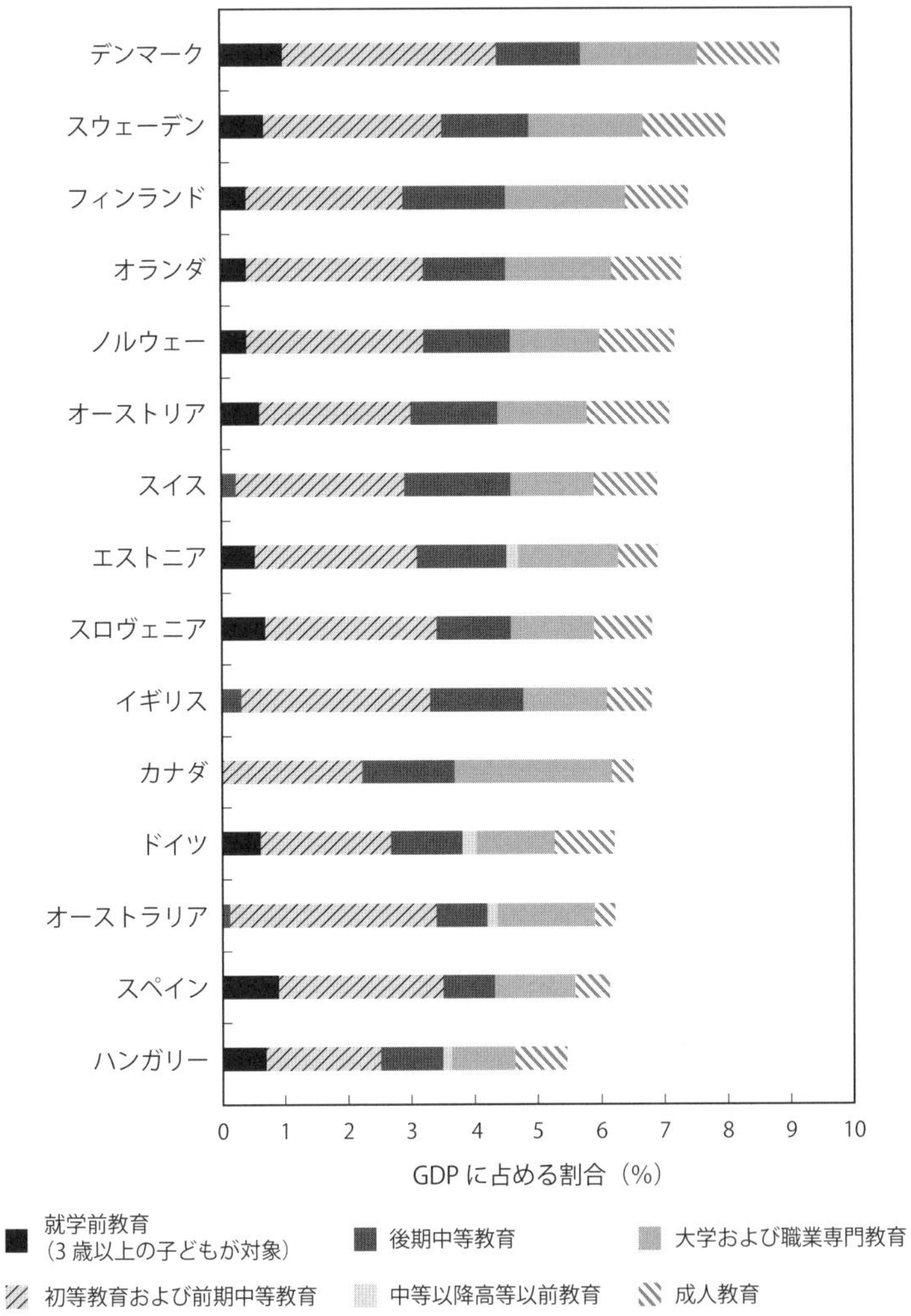

図6　国家は初等教育と中等教育に一番多くの支出を行っている
さまざまなレベルの教育への支出がGDPに占める割合

境に生まれた子どもにもチャンスを平等にするために、最良の機会を与えるべき時期なのだ。

図6には、世界中のいくつかの国で昨今、初等教育と中等教育に大量の——他の段階に比べると5倍以上もの——投資が行われていることが示されている。高等教育にも多くの国々で大量の資金が投入されているが、それで利益を享受するのは人口のごく一部だ。そして、この図からはっきり読み取れるのは、就学前および成人後（それぞれのグラフの両端）は教育がより必要である——もしくは将来必要になるだろう——時期なのに、割かれている資金の量がきわめて少ないことだ。この点は、この先ぜひ変化させる必要がある。

誕生後の数年間はもっとも重要な時期

最近の調査からは、子どもの誕生から最初の約1000日間が、認知的発達および学習能力のためにいかに重要であるかが示されている。3歳になるまでのこの時期に、脳の発達は栄養や精神的刺激に大きく影響され、のちの学習の土台になる社会的・情緒的な発展が遂げられる。この時期の重要性は、生後間もなくそうした機会を奪われた——たとえば、家族にではなく孤児院で育てられた——子どもたちを観察した数多くの研究から明らかになっている[16]。

肉体面や認知面、そして言語面や社会的な面や情緒面での発達が遅れた子どもは、学業が振るわず、留年し、ドロップアウトする確率が高く、生涯にわたって健康問題に悩まされやすく、大人になっても高リスクな行動をとったり低賃金に苦しんだりしやすい。発達の早い段階で介入を行うことは、健康面、教育面、経済面の成功のために、持続的な影響を与えることがわかっている[17]。だが、そうした取り組みの度合いは、世界の国々でかなり差がある。それは、多くの社会では、そうした早期の教育が社会契約の一部ではなく家庭の責任と見なされているからだ（後で見ていくように、こうした状況は変わっていく必要がある）。

早期介入のメリットがもっともはっきり見えるのは、開発途上国においてだ。それらの国では5歳以下の子どもの30パーセントが肉体的発育に遅れがあり、年齢に比して身長が低い。それは通常、慢性的な栄養失調の結果だ[18]。そうした子どもは概して学業面の到達度が低く、認知的能力も劣りがちだ[19]。言いかえれば、そうした子どもの多くは、脳の発達やスキルの面で最初から後れを取ったまま学校生活を始めるのだ。彼らはたとえ良い学校に行けたとしても、そこで受ける教育から十分に恩恵を受けにくい。そして脳の可塑性は時とともに失われていくため、こうした子どもたちがまわりに追いつくのはさらに難しくなる。それが意味するのは、最初の学力差が時間とともにさらに拡大していくということだ。幼いころの発達が十分でないと、それは子どもの生涯にわたって、そして国の経済的・社会的な発展にまで影響を及ぼすことになる。

世界でもっとも評価の高い医学雑誌のひとつ『ランセット』に発表された、子どもの発達についての重要な一連の記事に、幼児期の介入が取り上げられている[20]。それによると、5歳以下の子ども2億人以上が、発育阻害〔訳注　日常的に栄養を十分とれずに慢性栄養不良に陥り、年齢相応の身長まで成長しない状態〕やヨウ素や鉄分の不足、そして不適切な認知的刺激などの結果、潜在的に可能であるはずの発達を遂げられずにいる。これらは母親の鬱や暴力や、環境汚染やマラリアなどによってさらに悪化することがある。

だが、こうした不利な状況に対処するのは可能だ。必要なのは、いちばん困窮している人々を対象にした質の高いプログラムをつくり、そうした子どもや家族が健康や栄養や教育について理解するのを助ける直接的な学びの場を提供することだ。たとえばエクアドル、メキシコ、ニカラグアなどの国々は、最貧層の家庭に現金を給付するのに加え、妊婦健診や新生児へのサポートなどを行うことで、子どもの発育不全を減らし、認知的成長を促進するのに成功した。この種のプログラムは、前向きなしつけの仕方を指導したり、読み聞かせや歌唱などの刺激的な活動や子育てのストレス管理などを教えたりすることで、育児の当事者に利益をもたらす。サポートは家庭訪問や自治体の集まりや健康診断などを通じて行うことが可能で、子どもの肉体や認知の発達や健康に大きな効果を発揮してきた。こうした介入によるリターンの率は、実行されるプログラムの焦点や期間や質などさまざまな要因に左右される。それでも、プログラムのために投じた1ドルごとに6－17ドルの利益が出ている。[21] 子どもの側からすると、こうしたプログラムによって人生の良いスタートを切れるかどうかが変わる。

そして、これらの利益は生涯持続する可能性がある。先とは異なる先駆的な研究では、ジャマイカの貧困家庭の乳幼児に毎週、自治体の保健師が1回1時間の家庭訪問を2年間行った。家庭訪問のあいだ保健師は母親たちに、子どもとふれあったり一緒に遊んだりして、子どもの認知的スキルや社会情動的スキルの発達を促すよう後押しをした。[22] これらの子どもたちに20年後インタビューを行ったところ、保健師の毎週の訪問を受けなかった対照グループの子どもたちに比べ、彼らの収入は42パーセントも多かった。生後初期に比較的簡単な介入を行うだけで、将来の収入に大きな影響がもたらされ、人生の早い段階でのハンデを取り返すことができるのだ。

先進国においても、幼児教育が大きな利益をもたらすことが確認されている。[23] 米国で行われたある研究は、シカゴのスラム街に暮らす貧困家庭の6歳以下の子どもに就学前プログラムを受けさせ、その影響を調査した。25年後に評価をしたところ、プログラムに参加していた子どもはそうでない子どもよりも総じて学業成績や収入や社会経済的なステータスが上で、健康保険の加入率も優っていた。犯罪的な行動や薬物乱用をする率も、対照グループより低かった。効果がもっとも顕著にあらわれたのは、中等教育を終えなかった両親から生まれた男の子たちだった[24]。

だが、大きな利益があるという証拠がこれだけあるにもかかわらず、大半の国はこの幼少期の教育に十分投資を行っていない。世界の3－6歳の子どものうち、就学前に教育を受けられるのは全体のおよそ半分にとどまり、低所得国だけに限ればその数は5分の1にまで減少する[25]。2012年に北米や西欧で未就学児の教育に費やされたのは、教育予算のうちわずか8・8パーセントだ。サハラ以南のアフリカでは、この割合は0・3パーセントまで減少する[26]。ラテンアメリカの政府が6歳以下の子どもに使う教育費は、6－11歳の教育費のわずか3分の1だ。そして政府が投資をするとなっても、それは未就学児のための校舎などの箱モノづくりに偏りがちだ。だがそうしたものは、認知的発達の必要性がもっとも大きいこの年ごろの子どもにはあまり利益をもたらさない。先進国では就学前の教育にあてる予算は高めな傾向があるが、国による差はかなり大きい。アイスランドやスウェーデンではGDPの1・5パーセント以上がこの時期の教育に投じられているが、米国や日本やトルコではその3分の1程度しかない[27]。

なぜ、幼児教育にはあまり投資をしないのが大勢なのだろうか？　ひとつの理由は、この時期の介入が非常に大きな利益をもたらすことを、そしてそうした利益が将来さらに重要になるかもしれない理由を、まだ多くの人が知らずにいたり、理解していなかったりするからだ。同時にこの問題は、「子どもの生後数年は、政府ではなく家庭が育児の責任を負うべきだ」というあまねく広まった決めつけによって、政治家の目からちょうど見えなくなっている。予算の不足もたびたび問題になる。初等教育や中等教育を長年提供してきた人々は、資金の必要性を当然ながら主張する。さらに、幼児期の良質な教育は、健康と栄養と教育という複数の分野で構成されるため、政府のどの部門が予算や責任をもつべきかがはっきりしないという問題もある。
もうひとつぜひ認識しておくべき重要な点は、幼児期の質の悪い教育は、何もしないよりもさらに悪影響をもたらす可能性があることだ。ケニアで実践された3－6歳児向けのプログラムは学術方面に偏りすぎており、座って試験を受けることを小さな子どもに強要さえした。ペルーでは、小さな子ども向けのプログラムがつくられたものの、スタッフが十分訓練を受けていなかったため、子どもの世話や栄養面はともかく、言語能力や運動能力を発達させるのには失敗した。[28]
3歳以下の子どもに質の高いケアを提供するのは、とてもコストがかかる。小さな子どもを世話するには、1人当たりにより多くのスタッフが必要だからだ。そうした場合には、そして資金が限られている場合には、家庭での育児スキルを支援するほうが費用対効果はよくなるかもしれない。だが、エチオピアから米国まで複数の国では、子どもの生後1000日間は親たちに質の高いプログラムを実行させ、その後、デイケアセンターや3－6歳児向けの就学前プログラムを利用することで、子どもの言語能力や認知能力や運動能力、さらには社会情緒的なスキルも発達し、それが教育の、ひいてはその後の職業の土台をも築くことになったという。
要するに、生後数年の教育への投資は、新しいスキルを学ぶ能力を備えた教養ある労働力を生み出すうえで、もっとも費用対効果の高い手法のひとつなのだ。それはまた、社会扶助プログラムの助けをできるだけ借りない市民や、犯罪に手を染めず、社会により貢献してくれる――高い収入を得て、納税することもそこには含まれる――市民を生み出す手法とも言える。そして幼少期の介入のコストは、もしもそれを行わなかった場合にのちに必要となる補習教育や生活保護の支給金に比べれば微々たる金額であるゆえ、不遇な環境に生まれた子どもにも平等な機会を与える最善の方法と言ってよいのだ。

生涯学習

毎年私はＬＳＥの大学院の卒業式で、数千人に学位を授与する。ときおり、私より年長の学生がいる。私は彼らをとりわけ誇りに思う。なぜなら年長の学生たちは、現在の社会契約を定義しなおす先駆者的存在だからだ。人生の後期に改めて教育を受けることで、彼らは自身のために新しい可能性の扉を開ける。ますます長期化し、ますます変化する可能性のある仕事の世界において、職業人としても個人としても新しい可能性を探るためだ。

ここ数十年、生涯学習についての議論が行われてきたが、大半の国の取り組みはばらばらだった。だが、職業人生のスパンが50－60年まで延び、テクノロジーの急速な進化によって必要な仕事の内容が変化していく現代においては、大人になってからふたたび学ぶのは、もはや「したほうがいいこと」ではなく、社会契約の重要な一部だ。

これまで人々は数々のボトルネック的制約や伝統的な教育ならではのハードル——例えば試験や、子どもの進路を非常に早い段階で決定させ、それぞれの道に進ませること——によって、職業の幅を狭められてきたが、多くの人々はここに来て、二度目のチャンスを得たいと思うようになっている。[29] さらには、自分の興味を追求したり、生活の質を高めたりするためにもう一度学ぶという大人も存在する。そうしたニーズを受けて教育システムは将来、より浸透性や柔軟性に富んだものに——そして大人の学習者の必要に対応したものに——ならなくてはならないだろう。そして、生涯を通じて人々が学ぶための新しい財政政策を考えなくてはならなくなるだろう。では、大人に教育を提供するための最善の方法とは何か？

大人の学習は、非常に重要な点において子どもの学習とは異なっている[30]。じっさい、教育の専門家は「子どもを導く」という意味の「ペダゴジー」とは異なる「アンドラゴジー（大人を導く）」という言葉を、「大人の学習」のために用いている[31]。大人と子どもで異なるのは第一に、大人の脳は子どもの脳ほど新しいものごとを効果的に学べないことだ（50歳の大人と比べて5歳の子どもがいかにたやすく新しい言語を習得するかを考えてみよう）。大人にはまた、仕事や家庭や育児、そして勉強の時間を捻出するために仕事の収入が減るなど、乗り越えるべきさまざまな課題がある。いっぽうで大人には、それまで積み上げてきた経験がある。それは彼らの学習能力を、そしてともに学ぶ人々の学習能力を高める（あるいは阻害する）可能性がある。

子どもの場合、教師との関係はふつうヒエラルキー的で、教育のカリキュラムは何かのスキルを順に習得できるようにがっちり構築されている。いっぽう大人の場合、対等な関係で何かに取り組む協力的な環境がもっとも学習効果が高く、積極的に参加し問題解決に取り組むことで、より良く学べる。大人が学ぶとなれば、そのモチベーションは若い人よりはるかに強いはずで、目標のために必要なものごとに集中する傾向があるので、むしろ若い人より学習効果が高いことさえある。

さらに、若者の教育は学校や大学で行われるのがふつうであるのに対し、大人はもっとさまざまな場で学んだり、スキルを身につけたりできる。じっさい、おおかたの国においては、成人教育の大半を担っているのは企業であり、そのほかに生涯学習センターやコミュニティカレッジ、職業技術学校、民間の訓練機関、大学、労働組合などがある。昨今はオンラインでそうした教育を――正式な形であれ、カジュアルな形であれ――受ける大人が増えており、多くの教育機関は今、インターネットを経由して訓練を提供するようになっている。

これはけっして悪いことではない。企業の提供する教育は往々にしてもっとも効果が高い。なぜならそれらは通常、労働市場のニーズに合わせてうまくつくられているからだ。企業は最高の労働者の採用と確保を望み、また、従業員に教育を施すことでビジネス上のニーズを満たしたり生産性を向上させたりすることに関心をもつ。企業はまた、従業員への教育で得られる利益が、訓練への投資コストを確実に上回るようにしている。いっぽうで、従業員に教育を施せば、その従業員はライバル企業にとっても魅力的な存在になる。だから、自分たちが訓練した才能をライバル企業に奪われるのを案じて、雇用主は教育への投資を控えがちになる。たとえば、コンピュータや情報テクノロジーの分野など、スキルをもつ人材が不足している分野では、最新の訓練を受けた従業員はライバル企業から引き抜かれてしまう危険がある。

いっぽう、生涯学習センターやコミュニティカレッジ、職業訓練プログラムや各種の民間サービスなどの提供する教育プログラムは、一貫性という点でははるかに劣るし、非常に薄い内容のものも中にはある。「グローバル・テクノロジー・インスティテュート」などと名称だけは立派なくせ、低品質でお粗末な訓練を提供し、何も知らない受講生から法外な授業料をまきあげる組織は世界中にたくさんある。だから大人の学習者は、自分に提供されたプログラムの質と、それが自分のキャリアに本当に役立つかどうかを見極めなければならない。これは、雇用主と密に結びついたプログラムが往々にしてもっとも効果が高い理由のひとつでもある。

とはいえ、テクノロジーの発展によって学習の機会が爆発的に増えたことで、世界中で教育は人々にとって、より利用しやすい、そしてコスト効果の高いものになった。大量のオンライン・コースやユーチューブ上のインストラクション動画、ＴＥＤトークや大学のオンライン講座などは、地球規模で知識を人々の手に届きやすいものにした。興味深いことに、遠隔学習の最大のマーケットはインドや中国やブラジルなどで、これらの国の学生は手ごろな料金で世界第一級の教育を受けることができる。[32] こうしたオンライン学習には今、百万人単位のユーザーがいるが、大半の大規模なコースを受講者が最後までやりとげる割合は10パーセントに届かない。[33] だが、オンラインのプログラムも仲間同士で参加して開始日を揃え、「一緒に頑張る」という感覚をもっていた場合は離脱率が低く、最後までプログラムをやり終え、知識を獲得する率は増加したという報告がある。つまり、どんなにオンライン学習が情報を伝えるのに効果的でも、知識を吸収して自分のものにする能力が受講者の側になければ、そして受講者をうまく課題に取り組ませ、達成を認定するようなシステムがなければ、プログラムは効果の薄い、そして長続きしないものになってしまうのだ。

だが、全体的には成人教育は成果を出している。雇用の見込みに対する影響を精力的な研究によって評価したところ、成人教育の有益性がわかった。労働者に新しい技能を習得させる８５７のプログラム――「積極的労働市場《アクティブレイバーマーケット》プログラム」と呼ばれる――についての２０７の調査を統合的に評価した研究がある。[34] そこから得られた大きな発見は、プログラムがもたらす利益は短期的（1－2年）にはおおむね小さいものの、長期的（プログラム終了から2年以上）には雇用に非常にポジティブな効果をもたらしていたことだ。労働者に新しい技能を教えるそうした訓練が、失職や、労働市場におけるテクノロジーの創造的破壊《ディスラプション》にどれだけ有益かについては、あるいは長い職業人生の中で仕事を替える必要性に対処するうえでそうした訓練がいかに役立つかについては、第5章でさらに論じていく。

非常に難しいのは、人々をいかに再教育に参加させるかだ。矛盾するようだが、それらをすすんで受講するのは往々にして、年齢的には若く、教育もあり、経済的にも余裕のある――言ってみればそうしたプログラムをいちばん必要としないはずの人々なのだ。これは主に、それまでのポジティブな教育経験を反映している。彼らは成人後の再教育に積極的だし、そうするだけの経済的余裕もある。だが、そうしたプログラムからいちばん恩恵を受けるべき立場にあるのは、もっと年長の、教育をあまり受けていない人々だ。そのためには、プログラムに参加するよう年長者を説得する必要がある。

ところが、そうした人に限ってそういう行動を起こすのに必要な自信を欠いていたり、そうする手段をもっていなかったりしがちだ。逆説的だが、成人教育をいちばん受けていないのは、スキルをもたない人々なのだ。雇用主は資金を、高いスキルをもつ従業員に集中させたがる。先進国で再教育や再訓練のチャンスを得ることができる大人は例年およそ5人に2人にすぎないが、もともと低いスキルしかない人に限ると、そうしたプログラムへの参加率はさらに3分の1に下落する[35]。低スキルの職に従事する労働者は、雇用主の提供する訓練にいちばん手を届かせにくい。そうした傾向は、小規模もしくは中規模の会社の場合、より顕著になる。

これは、古びたスキルしかもたない労働者や、自動化が可能な仕事（サービス業の従事者やデータ入力者、セールスマン、秘書、運転手、そして製造業で働く人や倉庫で働く人など）に就いている人にとっては、ことのほか深刻な問題だ。彼らの仕事はこの先すたれる危険が高いのに、そうした人々は再教育の訓練をいちばん受けにくい位置にあるからだ[36]。こうした労働者を特定し、新しいスキルの習得を支援する必要がある。理想的には、彼らが職を失う前にそれを行わなければならない。そういうことに積極的な国や企業も一部には存在するが（これについては第5章で詳述する）、おおかたの国や企業はそうではない。

これまで本書では、現在の教育制度の比重を見直し、生後数年の早期介入と生涯学習にもっと重きを置くことについて論じ、そして必要なものを届けるうえで効果的な方法が多数あることを見てきた。だが、大きな問題がまだひとつ残っている。

教育にかかるコストをだれが負担するか？

初等教育と中等教育は万人に無料で提供されるべきだというのは、ほぼすべての国で広く受け入れられているが、生後数年の教育は前述したように、伝統的に家庭が担うべきものだと考えられてきた。しかし、この時期の教育がもたらす広範な社会的利益や、機会の平等がもたらすメリット、そしてその提供にかかるコストが比較的安いことなどに着目した昨今の調査を鑑みると、生後数年の教育に公の支援をもっと与えるべきだという強い論拠がたしかにある。幼児期の教育を社会契約の重要な要にすることは、少なくとも貧困家庭にとっては、経済的にも社会的にも意味をもつ。

だが、高等教育および成人教育の財政をどうするかという問題は、もっとはるかに複雑だ。政府に利益をもたらすのは、より生産性が高い労働力だ。そうした労働力は高い税金を払ってくれるいっぽう、社会福祉や医療や治安維持についてはさほどコストがかからない。だが、高等教育や成人教育にかかるコストはけっして安くないうえ、得られる利益は社会的なものより個人的なもののほうが目につく。さらに、「成人教育を受ける個人はその結果として前より高い賃金を期待できるのだから、教育にかかる費用は個人も負担すべきだ」という声もある。

いっぽうで、従業員が高いスキルを身につければ雇用主も利益を得るのだから、成人教育のコストは雇用主が負うべきだという考えもある。だが前述したように雇用主は、せっかく高いスキルを身につけさせた従業員がライバル企業に引き抜かれるのを案じ、社員教育への投資を手控えしがちだ。こうした複雑な事情はすべて、ある一点に行き着く。それは、成人教育に必要な比較的高額な費用を、個人と雇用主と社会とでうまく分担する方法を見つけなくてはならないということだ[37]。

いっぽうでこうした複雑性は――言いかえれば、成人教育の供給や財政がすでに個人や雇用主、労働組合や民間教育機関や国のあいだでばらばらになっている事実は――じっさいにどれだけ資金が必要なのか、そして今そうした教育がどのように供給されているかの評価を、きわめて難しくしている。手に入るデータの中で最良なのは、複数の先進国における25歳以上の大人――高等教育を受けている者は除外する――を対象にした調査だ（図7）。

平均的に言うと、それらの国々で成人教育のために投じられているのはGDPのわずか0・9パーセントだった。ちなみに初等教育にはGDPの2・6パーセントが、後期中等教育〔訳注　日本では高等学校に該当〕には1・3パーセントが、そして高等教育には1・6パーセントが費やされている。成人教育について言えば、公金がコストを負担する割合はカナダの2パーセントからオーストラリアの78パーセントまで、国により大きな差がある。だが大半の場所において、政府が出す資金の率はもっとも少なく（平均22・1パーセント）、次いで個人からの支出が平均で24・7パーセント。いちばん多くを受け持っているのは雇用主で、平均44・7パーセントだ。成人教育への全体的支出や政府のサポートは開発途上国では非常に少ない傾向にあり、そういう国では政府の努力は、初等教育と中等教育の普及に主に注がれている。また、従業員の教育に投資をしようという雇用主はきわめて少ない。

成人教育を促進するために各国はさまざまな仕組みを利用しているが、それらは本質的にはみな、企業と個人に（あるいはそのどちらかに）助成金を出すというものだ。従業員への教育促進のために、企業に税制上のインセンティブを提示するケースも多い[38]。ドイツやオーストリア、シンガポール、そして北欧諸

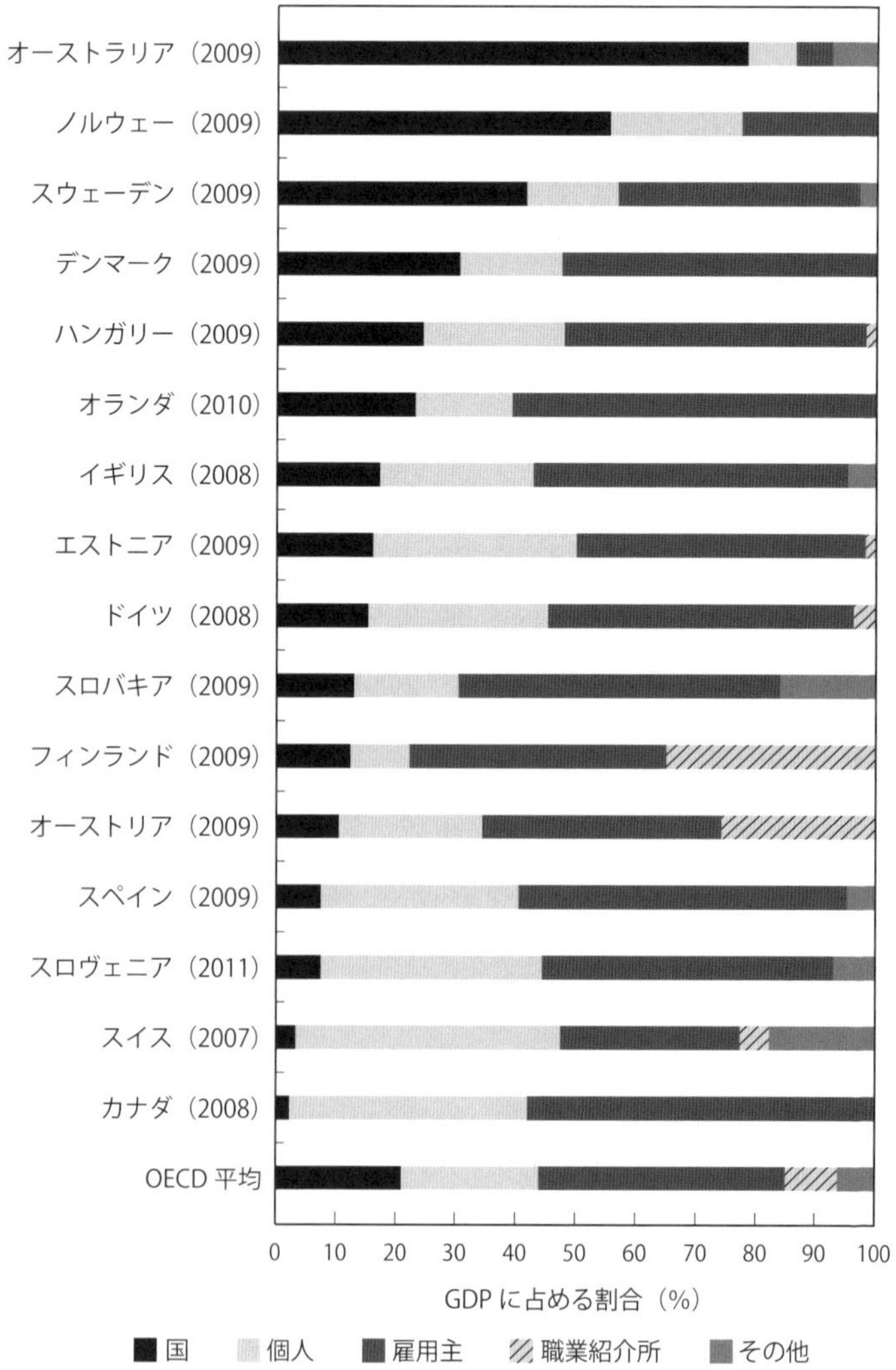

図7　成人教育はさまざまな財源で賄われている
成人教育の財源の配分

国などはそうした税額控除のシステムを、研究開発費の税額控除にならって取り入れている。成人教育にかかるコストを人的資源への投資と見なし、企業の税金を軽減するのだ。米国やイギリスは個人に対し、無利子のローンを提示したり、学生ローンを年齢の制限なく利用できるようにしたりしている。雇用主から——支払い給与総額の0・1–2・5パーセントの——徴収を行い、それをもとに国が訓練プログラムのためのお金を出し、企業から社員にそれを提供させている国も多い。訓練を受けた社員を会社にとどまらせるために、企業はしばしば、プログラムの受講から一定の期間が過ぎるより前に会社を辞める者は、自分が受けたプログラムの代金を返済しなくてはならないと明記している。シンガポールでは、40歳以上の従業員の再訓練に企業が投じたコストの90パーセントを国が補償してくれる。そして、新しい技能を習得中の社員の給料を、いくらか国が肩代わりしてくれる。

企業を説得して従業員の技能を向上させるのは、究極的にはいちばん理にかなっている。職業的訓練についての調査からは常に、企業が提供する訓練プログラムはいちばん効率が良いという結果が出ている。しかし、企業が社員を再教育しようというインセンティブはどうしても限定的になりがちだ。社会に恩恵がもたらされるレベルまで社員の再教育に力を注がせるには、できるだけ多くの付加的インセンティブが——とりわけテクノロジーや看護など、労働者が頻繁に職場を替える労働市場では——必要だ。再教育のインセンティブがことに必要なのは、不利な立場の集団に属する労働者や、会社自身が訓練を施す手段をもたない中小企業で働く人々だ[39]。

重要なのはそうしたインセンティブの焦点が、成人の学習者の、さらには将来の雇用主の具体的なニーズに合致していることだ。だから、たとえば受講生の数だけにもとづいて資金を投入するやり方では——これは広く行われている手法なのだが——真に必要なものを達成することはできない。それと対照的に思い出されるのはネパールで見学した、建設労働者のための非常に成功した職業プログラムだ。そのプログラムを提供する民間教育機関は、生徒が登録したときに代金の3分の1を、彼らがプログラムを終えて仕事を得たときにさらに3分の1を、そしてその仕事に1年以上就いたときに残りの3分の1を補塡される仕組みだった。いっぽうエストニアでは、訓練がどれだけビジネスのニーズに即した内容かという質的な点や、履修者のドロップアウト率などに重きを置き、業績に応じて資金を割り当てるやり方をとっている。米国では、100以上の民間教育機関や大学が所得分配契約というやり方を利用している。この方式だと、学生は無料でプログラムを受講できるが、将来の給料から一定の割合を支払い、費用の返済に充当することを約束しなければならない[40]。

イギリスやシンガポールのように、成人教育のみに使えるクーポン券を国民全員に支給するという実験的な試みをしてきた国も、少数ながらある。シンガポールには「フューチャーラーン」というプログラムがあり、国民は全員、毎年500ドルを教育のために支給される。何年分かを貯めておいて利用するのも可能だ。だが、イギリスでもシンガポールでも、このシステムは詐欺の問題に直面した。悪質な詐欺業者が、何も知らない学生から国のクーポンをまきあげ、現金化するいっぽうで、訓練らしきものはほぼ何も行わないという事態が発生したのだ。シンガポール当局は打開策として、訓練を行う業者に以前よりもさらに厳しい規制をかけている。だが、こうした実験的試みに投じられる予算は総額でもそれほど大きくはないため、受講者が（新しい趣味ではなく）新しいスキルを習得できる度合いにはおのずと限界がある。

より公平なシステム

教育資金に関する現在のシステムは、公平にはほど遠い内容だ。なぜなら公的補助の大半が、システムの中にもっとも長期間とどまる者に与えられてしまうからだ。例として、フランスの状況を考えてみよう。2018年のフランスでは、20歳の人間は平均して、就学前から大学までの教育に約12万ユーロの公的投資を受けていた[41]。だが16歳で教育システムから離れると、公的投資は6万5000－7万ユーロにとどまった。いっぽうで大学まで通った人間に費やされる助成金は、20万－30万ユーロにもなった。次世代への投資がこれほど不平等であることはしばしば、現存する機会の不平等をさらに悪化させることになる。ならば、もっと公平なシステムとはどんなものなのだろう？

ひとつの解決策として考えられるのは、18歳以上の全国民に生涯学習の権利を与えることだ。イギリスの場合、金額にして約4万ポンド。米国ではおよそ5万ドルになる。これは助成金やローンの形をとることも可能であり、大学のために使ったり、正規の教育機関の職業訓練コースに使ったりもできる。社会は、生涯にわたるニーズを満たすような技能獲得の手段を与えることで、若者に投資することになる。

仮にローンの形で提供されるにしても、政府は「これは将来の税収を増やしてくれる人的資本への投資だ」という理由で、借り入れをしてでもそれを提供することを正当化できるだろう[42]。そしてすべての若者は借金の重荷とともに教育機関を卒業するのではなく、「自分は雇用される能力《エンプロイアビリティ》に投資をしてもらったのであり、それは自分の権利だ」という気持ちで人生を歩み始めることができる。

事実、大半の人々はいつか、人生のさまざまな段階で「学びなおし」をしなくてはならなくなる。以前より長くなった仕事人生を渡っていくために、それは必要なことなのだ。教育を提供する機関は、大学や生涯学習センターや職業訓練機関、オンラインの教育提供者や営利的な教育提供者、そしてそれらのさまざまな混合体など、この先さらに多様になっていくだろう。そして理想的には、雇用主と密に結びついたものになっていくはずだ。プログラムを提供する側は、教育機関同士で、そして時間をまたいでも加算できるような教育的単位を提供するようになるだろう。そうすれば個人は、別の時期に受講した異なる教育提供者のプログラムを合算するなどの柔軟なやり方で、正式な資格を築いていけるようになる。こうした教育の大半はいずれ、パートタイムでも受講可能になる必要が生じるだろうし、一部をオンラインで、一部を教室で行う必要性も増すだろう。そしてプログラムを提供する時間も、大人の学習者のニーズに合わせて柔軟にする必要が生じてくる。学習の認定もこの先進化する必要があり、オンライン認定や「ナノ」学位、「ミニ・マスター」、そしてさまざまな職業的資格もそこに含まれるようになるだろう。

こうした変化を可能にするためには、みな（個人、雇用主、プログラムの提供者）が現在の、そして未来の労働市場の動向について、より多くの情報を得る必要がある。つまり、再教育に取り組まなかった場合に、未来が私たちに何を差しだすかを見極めなければならないのだ。

政府は、幼児教育の支援を拡大するだけでなく、生涯学習のための支出を現在の不適切なレベルよりも引き上げるために、何らかのインセンティブや寄付を導入しなくてはならないだろう。個人はキャリアについての助言を受けたり、将来生き残るのはどんな仕事か、そうした仕事に就くにはどんな教育機関を使うのが最適かについて情報を得たりして、支えてもらう必要がある。そして雇用主は、この急速に変化しつつある仕事の場において、対応力は経験以上に重要であることを認識しなくてはならなくなるだろう。彼らは、労働者が過去において何をしてきたかよりも、未来において何ができるかに興味をもつべきだ。新しい現実に向けて人々を準備させるような教育の機会は、新しい社会契約の根底になくてはならない。

第4章　健康であるための負担と責任

健康は、幸福度を決めるもっとも重要な要因だ。肉体と精神の健康（学術的な研究では、「主観的幸福」と呼ばれる）は、幸福に関する世界中のあらゆる主要な調査において最上位に位置している。だからこそすべての社会は市民に医療を提供しようと志す。そして、巨大な人口が共同で資金をプールすると医療提供の財政負担は軽減されるうえ、健康な労働力は経済に役に立つため、すべての社会における社会契約には医療が何らかの形で含まれている。

多くの国では、医療のための支出に公的支援があるが、健康にまつわる社会契約はどこでもきわめてひっ迫している。その背景にある2つの大きな原因は「高齢化」と「テクノロジー」だ。人々は今、より長く生きるようになっている。そしてより長く生きるほど、より多くのケアを必要とするようになる。そのいっぽうで、技術の進歩は新薬や新しい医療機器や新しい治療をもたらし、人生をより長く、より良いものにしてきた──だが、それには往々にしてきわめて高いお金がかかる。大半の人々は今、老いてもなお活動的で自立した生活を送りたいと願っている。こうした高まる期待に応えるいっぽう、もっとも医療を必要とする人々が広く平等に医療を利用できるようにすることは、私たちの時代に課せられた最大の政策的難題のひとつだ。

あらゆる医療制度において社会契約が直面している主たる問題は、次のようなものだ。社会はどれだけの医療を万人に提供する財政力があるのか？　そこには、保証されるべき最低ラインが存在するべきか？　もしそうなら、その最低ラインをどう決定するのか？　医療にかかるコストは、個人と家族と雇用主と国とでどう分担するべきか？　そして医療についての決断は個人に委ねられるべきなのか？　それとも、公益が危機にさらされている状況では、個人の決断に社会は口を出す権利をもつべきなのか？

政府による医療への支出

ほぼすべての国家は国民に、手ごろな価格で質の良い医療を基本的なレベルで提供したいと願っている。だが現実には、そうした医療をどれだけ提供できるかは、国が資金をどれだけ出せるか、そしてどれだけ出すことを選ぶかに大きく左右される。世界保健機関（以下、ＷＨＯ）は、同機関の考える「万人に届くべき基本医療のパッケージ」に、妊婦健診、肺炎や結核などの伝染病に対する予防接種と治療、マラリア予防の蚊帳、心血管系の病気に対する治療、そして病院や医療スタッフや薬にアクセスできることを含むべきだと述べてきた[1]。おおかたの開発途上国はこの定義を採用してきた。その対極に位置するのが、全国民に「ゆりかごから墓場まで」の医療ケアを無料で提供することに力を注いできたイギリスの国民保健サービスだろう。

ＷＨＯは各国の政府に、最低限の国民皆保険を達成するためにＧＤＰの約5パーセントを投入すべきだと推奨している[2]。そしておおかたの国は医療への支出を増加させているが、低所得国はその例ではない。そうした国では人口が急増するいっぽうで、最低限の医療を供給するために今も援助に頼っているのが実情だ。1人当たりの年間支出額は国により大きな差がある。高所得国では平均2937ドルだが、低所得国ではわずか41ドルだ。[3]

医療費の中で大きな部分を占めるのは人件費だ。そしてどこの国でも、医療は人手不足だ。国際労働機関の試算によれば、昨今の医療の人手不足を補うには、地球全体ではおよそ1030万人の医療従事者が追加で必要になり、そのうち710万人はアジアに、280万人はアフリカに充当されるべきだという。[4]開発途上国では、高い技術をもつ医療従事者の多くが先進国に移住してしまう。先進国では高スキルの医療従事者の需要が伸びており、収入面でもキャリアの面でも数倍魅力的だからだ。貧しい国の医療にダメージが生じないよう、医療従事者が他国に流れるのをコントロールしようとする国際協定は、これまでのところうまく機能していない。[5]もっとたくさんの医療従事者を地球規模で育てること、そしてテクノロジーの利用を通じて彼らの生産性を向上させることは、きわめて重要だ。

医療はどのように提供されるべきか？

すべての国において医療費の一部は個人が、直接もしくは保険の提供を通じて賄っている。保険が普及していない国や広く利用されていない国では、医療費の大部分は、家族やコミュニティがプールした資金からしばしば支払われる。だが、どんな政府にも共通するのは、社会契約の他のどんな分野よりも医療に、直接的提供もしくは規制を通じて深い介入を行っていることだ。[6]

それには多くの理由がある。ひとつは医療において、純粋に自由市場的なやり方が多くの点でうまく機能しないからだ。大半の患者は単純に、自分に何が必要かについて、情報にもとづいた決定をするだけの知識をもち合わせておらず、それゆえ、自分よりも知識をもっている医療のプロに助言を得ようと強く依存してしまう。だが政府の介入ゆえ、そうした医療のプロが助言から（私的なシステムにおいて）金銭的収入を得たり、助言のコスト負担を（公的なシステムや保険ベースのシステムにおいて）完全に免れたりするのは、珍しいことではない。

もうひとつの理由は、医療保険がさまざまな問題をはらんでいることだ。保険者にとって利益になるのが、病気の被保険者を排除することなのは明白だ。そうすれば保険者はコストを削減できるのだから。また保険者は被保険者に、より注意深くなるようインセンティブを与えるために、一部負担方式を用いる。そして、それによってコストをコントロールしたり、被保険者の向こう見ずな行動を抑止したり、個人の責任感を高めたりする[7]。

政府が医療に介入を行う理由にはもうひとつ、非常に重要なものがある。それは、多くの病が感染性であることだ。だからこそ、ワクチン接種や情報の共有、衛生用品や清潔な水の提供などを通じて感染症の拡大を防ぎ、個人の健康を守ることは、明らかに大きな公益になる。もちろん、この種の介入の目的は（単に）個々の患者の健康状態を改善することだけではなく、社会全体の健康度を最大限向上させることにある。公衆衛生という観点からすれば、個人の利害や嗜好はもっと大きな利益のために犠牲にされる可能性さえあるのだ。

コロナウィルスの世界的流行は、公衆衛生のために社会が個人の行動を制限するタイミングはいつが正しいのか、という問いを私たちに突きつけた。たとえばアジアの多くの国では、移動の自由や家族や友人に会う自由を大幅に制限することや、監視の必要性やマスクの着用などが、社会に広く受け入れられた。いっぽう他の国々――ことに米国や欧州のいくつかの国――では、人々はそうした規制に抵抗したり、

（多くの開発途上国がそうであったように）規制に従う余裕がなかったりした[8]。こうした反応は、社会契約を人々がどのように見ているか、そして個人の自由と公衆衛生をどのように天秤にかけているかの違いを反映している。

一般に市民の社会参画のレベルが高い（投票率が高い、公的機構や制度への信頼が高い、新聞の購読率が高いなど）国々では、指定されたソーシャル・ディスタンスの遵守率が高く、感染率も低かった。イタリアについてのシミュレーションによれば、もし国民全体の社会参画の度合いが上位4分の1と同じレベルだったら、コロナウィルスによる死亡率は、収入や人口統計や医療のキャパシティなどの変数を調整したあとでもなお、10分の1程度に抑えられただろうと推測されている[9]。事実、旅行やレストランの予約や消費パターンなどについてのグーグルのデータをもとにした分析からは、多くの国では人々がソーシャル・ディスタンスを自主的に実践していたことが、それもロックダウンが始まる前からそうしていたことがわかっている[10]。

国家は必ずしも、基礎医療の普遍的な提供者になる必要はない。じっさい国によってアプローチはさまざまだし、ひとつの国の中でも、社会の各集団への財政手当ては単一ではないことはしばしばある。医療の提供を組織するうえで、唯一で最善の方法はない。さまざまな制度のもとで、良好な――あるいは良好でない――健康転帰〔訳注　疾病の予防や治療の結果として生じる健康状態〕が達成されうる[11]。先進国の大半は、「公金で共有の医療保険制度をつくる」か、「人々に（高度に規制された）民間の医療保険加入を求めるいっぽう、貧困者に補助金を供給する」かのどちらかのやり方をとる。イギリスをはじめとするいくつかの国では、国家は医療の最大の提供者だが、欧州の多くの国では国家は主に、公的もしくは民間の医療サービスへの資金提供者として機能している。いっぽうで中国やインドなど多くの新興国では、貧しい人々は公的な支援を受け、豊かな人々は保険をすすめられるというモデルが出現しつつある。それ以外には米国のように、雇用主と従業員が医療のための共同出資をし、雇われていない人のぶんは国が受け持つというシステムもある。

開発途上国の大半はいまだ、独自の国民皆保険制度をつくる途上にある。[12]多くの国が採用しているのは二重構造式のモデルだ。貧しい人々や、非公式な経済部門であるインフォーマルセクターで働く人々は、政府の管理する公的制度によってカバーされる。財源は一般的な税収だが、ときおり家計からの持ち出しで補われることもある。正式な経済活動部門であるフォーマルセクターで働く人々は給与税を通じて保険ベースの制度に貢献するが、裕福な人々には民間の保険に加入するという選択肢もある。医療に関していちばん民間市場に依存しているのは、国の資本が限られている最貧国の人々なのだ。国によっては慈善団体も、往々にして政府や民間セクターと提携し、主要な役割を果たしている。[13]

規模の大きな開発途上国において基礎医療を行き届かせる試みのひとつが、インドで行われた次の手法だ。それはインドが２０１８年に始動した「Ayushman Bharat」と呼ばれる国民健康プログラムで、２つの部分から構成されている。１つめの部分は、国中におよそ15万の公立健康福祉センターを設立することを目標に掲げて、それにより、予防接種や感染症治療などの基礎的なサービスとともに包括的なプライマリ・ケアを提供する。２つめの部分は、心臓病や癌《がん》など中等症以上の疾患の治療のために一家族に年間で50万ルピー（約７０００ドル）の補助金を支払うという国民健康保険計画だ。この計画が焦点をあてているのは、国中で5億人以上に上る貧困者であり、これは世界で最大の、完全に政府の財源による国民健康保険計画と言える。

中国もまた、保険ベースの公的な計画を打ち出してきた。興味深いのは、この計画が成長著しい民間の市場によって補われていることだ。そして多くの場合それは、古い伝統的なアプローチから生まれている。その昔、中国の村はだれかがひどい病気になったときに備えて、リソースをプールしていた。アリババグループの傘下のアントグループはこの伝統をデジタル時代に適合させた。そのために彼らが行ったのは、相互保険のためのオンライン・マーケットをつくることだ。アントグループの保険加入者の大半は低収入だが、この計画は加入者すべてが平等に分担するお金でコストを賄い、100種の重大な疾患の治療に約4万5000ドルを支出するという。[14]

増え続ける医療費

それぞれの国でどれだけ医療費が使われているかは、その国の経済力に大きく左右される。たとえばインドでは年間に1人当たり平均200ドル。中国では700ドル近く。いっぽう欧州では3000－6000ドルにもなる（図8）。OECD加盟国は平均で、1人当たり約4000ドルを医療に費やしている。すでに述べたように、それらの大半は政府が支出しているが、中・低所得国では民間が占める割合が増加しつつある。

むろん、多く支出することと賢い支出は別だ。米国は世界のどの国よりもはるかに多い金額（1人当たり1万1000ドル。総額ではGDPの17パーセントを占める）を投じているが、それでも医療へのアクセスという点では貧弱な結果しか出ていない。そして米国の平均寿命はじっさい、他の先進諸国の平均よりも1年短いのだ。多くの先進諸国では平均寿命はこのところ高止まりになっているが、米国だけは──とりわけ男性は──平均寿命が短くなってきている。[15]

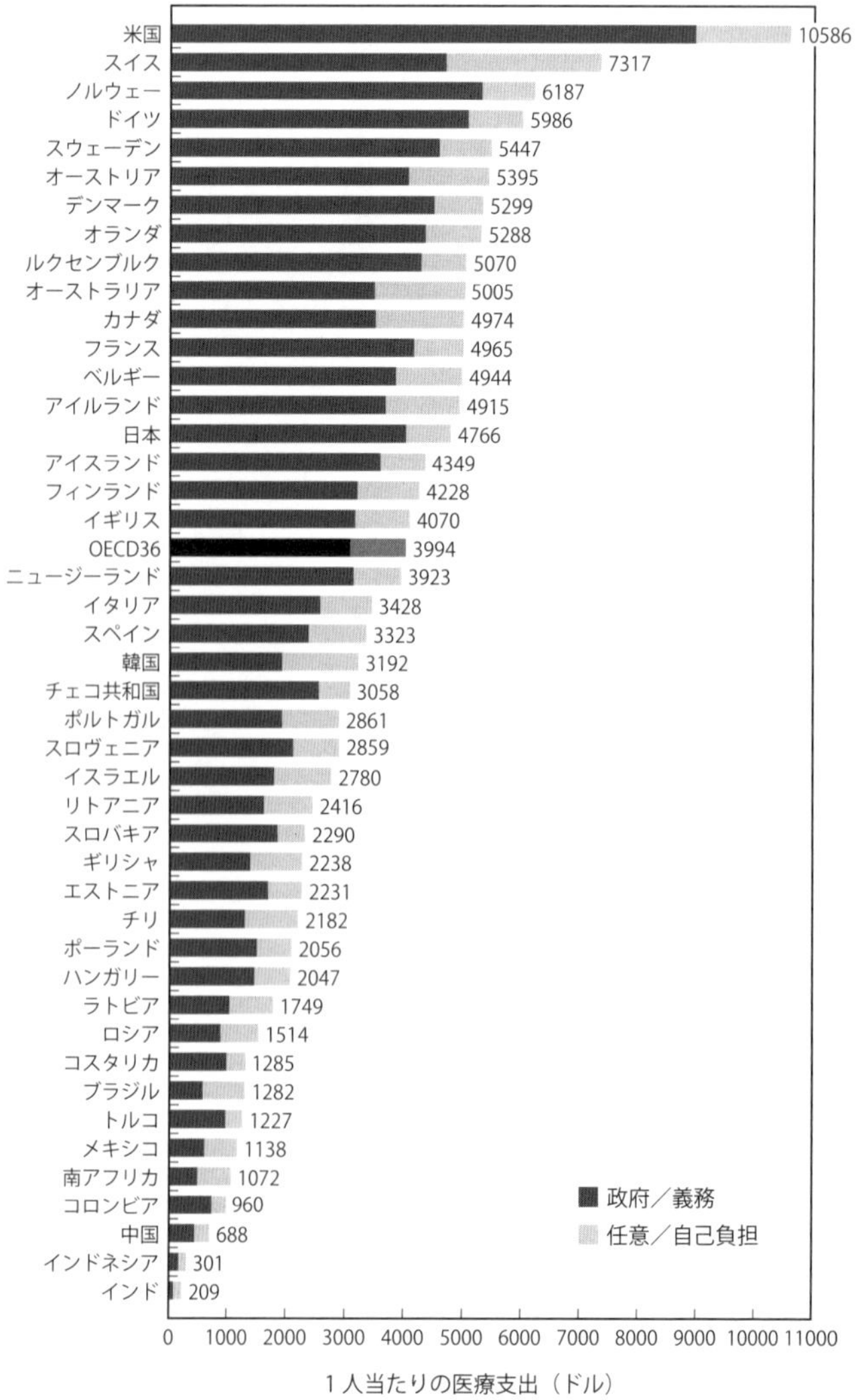
米国 10586
スイス 7317
ノルウェー 6187
ドイツ 5986
スウェーデン 5447
オーストリア 5395
デンマーク 5299
オランダ 5288
ルクセンブルク 5070
オーストラリア 5005
カナダ 4974
フランス 4965
ベルギー 4944
アイルランド 4915
日本 4766
アイスランド 4349
フィンランド 4228
イギリス 4070
OECD36 3994
ニュージーランド 3923
イタリア 3428
スペイン 3323
韓国 3192
チェコ共和国 3058
ポルトガル 2861
スロヴェニア 2859
イスラエル 2780
リトアニア 2416
スロバキア 2290
ギリシャ 2238
エストニア 2231
チリ 2182
ポーランド 2056
ハンガリー 2047
ラトビア 1749
ロシア 1514
コスタリカ 1285
ブラジル 1282
トルコ 1227
メキシコ 1138
南アフリカ 1072
コロンビア 960
中国 688
インドネシア 301
インド 209
政府／義務
任意／自己負担
0 1000 2000 3000 4000 5000 6000 7000 8000 9000 10000 11000
1人当たりの医療支出（ドル）

図8　1人当たりの医療支出は国により大きく異なる
1人当たりの医療支出。2018年(もしくはもっとも近い年)

だが、医療への支出が国ごとに大きく異なるのはともかく、全体を通してひとつの特徴があることがエビデンスから示されている。それは、どの国でも医療費が増大していることだ。OECD加盟国において、2000年から2015年のあいだに医療費は3パーセント増加した。そして2015年から2030年にかけてはさらに2・7パーセント増加すると予測されている。[16]そのうえ、大半の国において医療費の増加のスピードは、人口増加や経済成長のスピードよりも速い。つまり、医療費が政府の予算の中で占める割合は、じわじわ増え続けるということだ。

現在、OECD加盟国は公共支出の平均15パーセントを医療に投じている。公的支援の度合いはおおむね高いものの、いくつかの先進諸国は、これ以上税金を上げられないというぎりぎりのところまで来ている。フランスやデンマークではすでにGDPの約半分を国が吸収している。いっぽう開発途上国ではまだ、操縦する余地がある。公的資金の安定と普遍的基礎医療の実現度に関連があるというエビデンスも存在するのを考えれば、なおさらだ。[17]増加分をどのように賄っていけるかという問題については、後で改めてふれるが、ここではまず増加の理由を理解しておくべきだろう。

大半の人々は、医療費高騰の第一の原因は高齢化だと考えている。そしてそれゆえ、医療費が増えるのは避けがたいことだと思っている。医療費が若者よりも高齢者により多く使われる傾向にあるのは、たしかに事実だ（図9）。この人口統計上の変化がとりわけ重要な意味をもつのは、中所得国においてだ。そうした国では高齢化が急速に進んでおり、疾病負担は（マラリアや結核などの）伝染性疾患から（心臓病や癌などの）慢性疾患へと移行しつつある。そして慢性疾患の治療にはよりお金がかかる。高齢化は急患医療費の増大にもいくらかは関わっているが（事故にあった高齢者の治療には、より高いお金がかかる）、大きな影響を与えているのはむしろ長期的な治療コストのほうだ。[18]

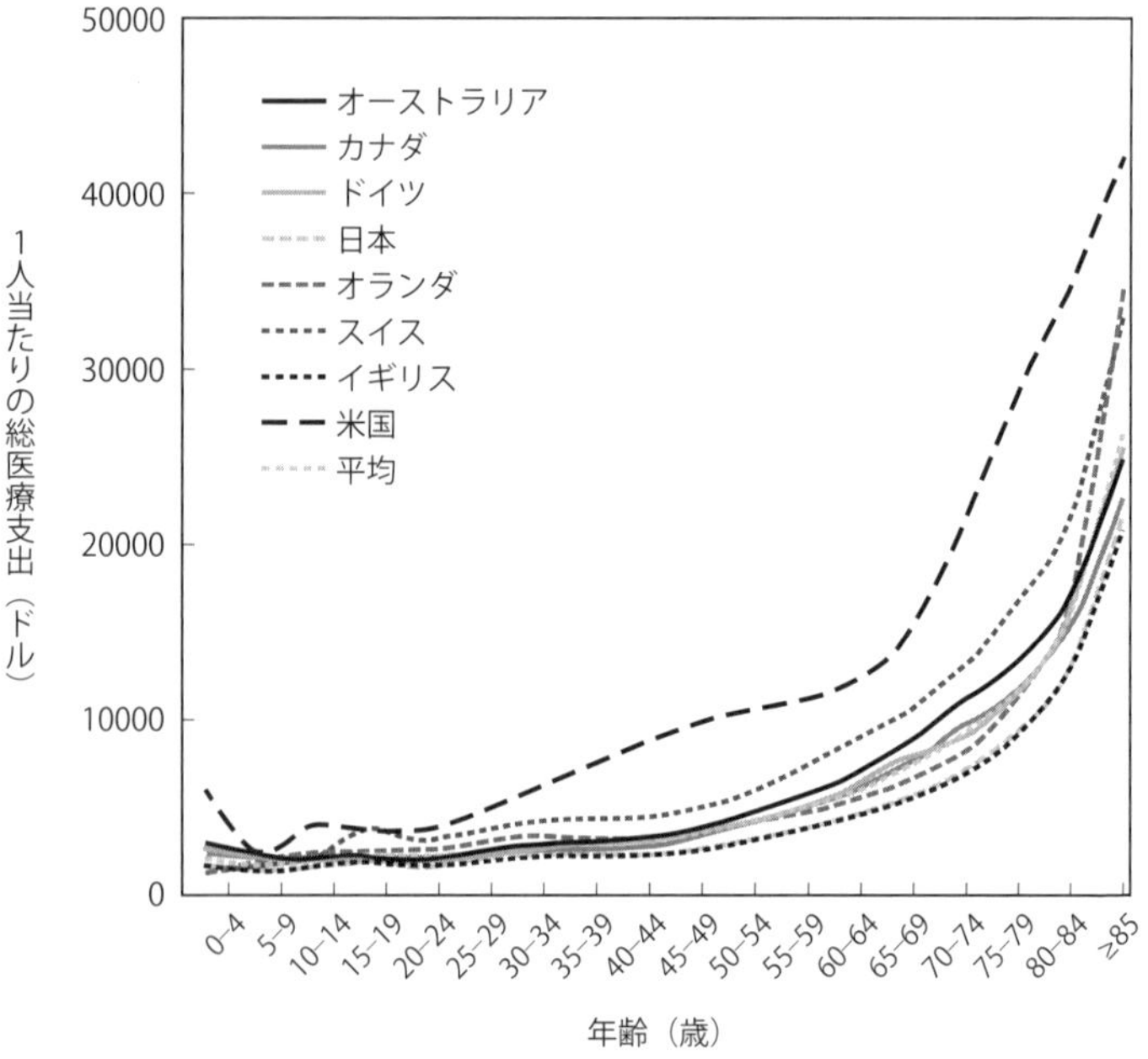

図9　医療支出は年齢とともに上昇する
8つの高所得国における、年齢集団ごとの1人当たりの医療支出

だが、きわめて非効率的な米国のシステムを別にすれば、おおかたの国々では平均的な80歳の高齢者に投じる医療費は、平均的な20歳の若者の4－5倍にすぎない（図9）。おそらくあなたが考えていたよりかなり少ないはずだ[19]。だから高齢化だけでは、医療費が急速に増加している理由を説明しきれないのだ。

豊かな国々では、本章の冒頭で言及した2つの要因が重要な役目を果たしている。ひとつは、より良質の（そしてより高額の）医療を望む声の高まりだ。医療費がもっとも急速に増大しているトルコ、韓国、スロバキアのような国は、人々の医療への期待がもっとも高まっている国でもある。だが、医療費の増大に関して、さらに大きな原因と言えるのはテクノロジーだ。寿命を延ばしたり、その質を改善したりする新薬や医療機器などの新しい医療技術は、総じて高額だ[20]。それは一部には、新薬の開発や臨床試験にお金がかかるからだが、新しい医療技術をつくる業界の競争が往々にして激しくないのも、医療費が高くなる原因のひとつだ。

「人口統計は運命だ」という表現があるが、それが意味するのは、年齢分布を早急に変化させることはできず、よってその影響は不可避だということだ。だが、テクノロジーが医療費を高騰させることが不可避なわけではない。社会は、どんな治療に自分たちがお金を出すか、薬や技術の価格をどう交渉するか、医療サービスをいかに提供するか、低コストの介入を用いるべきか否かについて、選択ができる。それゆえ、医療の経費を抑えることも可能であるはずだ[21]。

たとえば多くの国は、自治体のヘルスワーカーや薬剤師や看護師が医療の提供で担う役割を拡大することで、患者の健康転帰に悪影響が及ぶのを避けつつ、より高い給料をとる「医師」に頼る必要性を減少させてきた。ジェネリック薬品の利用は、医療費を抑制する仕組みのひとつだ[22]。医療の提供者がどのように補償されるか――つまり、介入ごとに補償されるのか、病気の治療ごとに補償されるのか、治療を受けた個人によって補償されるのか、人を健康に保つための制度によって補償されるのか――もまた、非常に大きな影響力をもつ[23]。

だが、経費を抑えるにも限度がある。それよりさらに大きな問題は、いかに医療の技術を配分するかという点だ。つまり、どんな介入を社会契約の一部として供給するか、そして、金銭的に社会では賄いきれない場合、どの医療技術を個人に支払ってもらわなければならないかという問題だ。

医療のリソースをどう配分するか？

世界中のすべての医療制度は毎日、リソースをどう配分するのが最善かという問題と格闘している。所得の増加とともに、医療の需要は増加し続けている。その費用をどれだけ社会が支払うかは、国民にどれだけ課税できるかに左右されてきた。民間部門がシステムを支配している場合、個人は自分がどれだけ払いたいか（自己負担するか、あるいは購入した保険を通じて支払うか）を決めることができる。そしてリソースは市場のメカニズムに従って配分される。言い方を替えるなら、個人の収入によって、そして個人がどれだけお金を払えるかによって、医療のリソースが配分されるということだ。そうした民間のシステムにおいては当然ながら、富裕層は困窮層よりもすぐれた医療を享受できる。

いっぽう、公の財源によるシステムでは公平性により重きが置かれ、どんな治療に社会の財源が費やされるか、そしていかにしてそれを供給するかは、社会契約が決定しなければならない。社会契約はまた、すべての人々が同じサービスを享受する権利を手にするべきかどうか、あるいは別の基準にもとづいて医療のケアを配分すべきなのかを——たとえば、いちばんそれを必要としている人に配分するか、あるいはいちばんコスト効果の高いところに配分するか——も決断する必要がある。

各国の医療制度が、医療のケアを配分するのに用いてきたメカニズムはさまざまだ[24]。一部負担方式をとる国もある。その場合、患者が治療のためにある程度の支払いをしなければならないので、自然とコストを考慮するようになる。だがこの方式は、とりわけ困窮層には厳しい影響を与えがちだ。だれがいちばんに治療を受けるかの順位付けに、キューイング（待ち行列）というやり方を用いるところもある。病院の予約をとるのに数週間、処置を受けるのに数カ月人々を待たせることで、経済的に余裕のある人を民間部門へと促すのだ。

たとえばイギリスでは、病院受診のための待ち時間が２００８年には７・６週だったのが、２０１９年には10・1週まで増加した。スウェーデンでは、法によって待ち時間は最大で90日とされているにもかかわらず、それよりも長い時間待っている患者は20パーセントを超える。そしてどちらの国においても、公的医療の列《キュー》が長くなるほど、民間の保険の需要は高くなっている。[25] キューイングによる配分は、低所得者にリソースを向けることを主眼にしている。だが、そもそも治療が遅れることは低所得の人々にとってもけっして良いことではない。

結局のところ、どんな技術を社会契約の一部として集団的に支払い、どんな技術に対してはそれをしないかの決断は必要だ。それをするために先進国の約３分の２は、そして開発途上国も続々と、治療の費用対効果がどのくらいかを、独立した立場の専門家に査定させるようになっている。[26] 通常そこには２つのステップがある。第一に、その治療が本当に有効かという医学的な査定だ。第二に、その介入に公金を注ぐのが社会的利益になるかという評価が必要になる。そうした「医療技術の査定」は、何に（特定の薬に、あるいはプライマリ・ケアなどの全般的カテゴリーへの介入に）公金を費やすかというポジティブリストづくりや、逆に何をカバーしないかというネガティブリストづくりにも用いられる。そうした査定は、健康の分野における社会契約のマニフェストとも言える。

何を社会契約から排除すべきかは、とてもはっきりしている。高額なのに治療効果の低い薬は、めったにそこに含まれない。減量のための外科手術など、不適切な利用とされがちな介入も同様だ。代替医療や温泉治療、そして医師でない者が行う心理学的治療などの介入も、多くの国では社会契約に含まれない。歯の治療もしばしば除外される。歯列矯正や豊胸手術など審美目的の治療も同様だ。一部の国では不妊治療への補助を、異性間カップルだけに限定している。そして多くの国では、大半の人が購入できる市販薬やメガネなどの代金に、公金をあてることはしない。それらの費用を個人で支払うよう求めるのは、それらの有効性を人々が自分で判断でき、コストを支払えると見なされているからだ[27]。

どんな介入を含めるかという決断は、より複雑だ。利益とコストをどのように評価するのか？　治療の利益を評価する基準は国によりさまざまだ。たとえば、その介入は死亡率や病気の度合いをどの程度軽減するのか？　寿命やＱＯＬ（クオリティ・オブ・ライフ）をどのくらい向上させるのか？　それらと同じほど重きを置かれているのが、当座のコストの経済的評価と、病気休暇の減少や生産性低下の回避などの形でどれだけ節約が可能になるかという点だ。こうした査定には生死に関わる決断も含まれ、非常に大きなお金が絡んだりもすることから、論争の種になりやすく、商業上の利害関係者や患者による大規模なロビー活動の餌食になる可能性もある。だから重要なのは、独立した立場の専門家が判断を行うことであり、そのさいには精査と透明性が必須になる。そして利害の対立は注意深く管理しなくてはならない。

判断を行う者はつねに、可能な限り多様な介入の中から選択をしなければならない。そして何かを選ぶためには――たとえば何かの新薬を使うか、それとも新しい医療技術によって可能になった処置に賭けるかには――それらの効用を共通の測定基準で比較する必要がある。

いちばん広く使われている指標のひとつが「クオリー（質調整生存年）」だ。これは突き詰めれば、「良好な健康状態で1年間生きること」を意味し、そのために必要な付加的コストを計算できる。この指標を使えば、たとえばクオリーを5年間付加する新しい医療機器は、同じだけのコストでＱＯＬを半年しか向上させない新薬よりも価値があるということになる。このクオリーごとのコストを（あるいはそのバリエーションを）用いることで、医療制度はプライオリティをつけやすくなり、いちばん費用対効果の高い治療に公金の一部を投入できるようになる。ただ、健康は人がそれぞれの置かれた環境によって大きく異なる可能性があるため、クオリーは公平でないと主張する声もある。[28]

だとしたら社会は、人があと1年健康に過ごすために、どれだけの金額を投入するべきなのだろうか？ 多くの国は、この質問に答えるのを避ける。それは、具体的な数字をあげることが確実に論争につながるからだ。そして、そうした数字が新しい医療技術の製造者らによって、価格戦略の道具に使われるのを当局が懸念しているからだ。いっぽうＷＨＯは、1人当たりの国民所得を指標代わりに使えないかと提案している。[29] 医療行為は、その国の1人当たりの国民所得の1－3倍の価格であれば費用対効果があると見なされる可能性がある。1人当たりの平均的国民所得と同額もしくはそれ以下であればさらに費用対効果は高いが、1人当たりの国民所得の3倍以上であれば費用対効果があると見なされるべきではなく、それゆえ、その医療行為は社会契約から除外される可能性がある。[30]

ＷＨＯの提言は政策の指針として非常に有効だが、この重要な閾値をどこに置くかについて明確にしている国はほとんどない——が、ゼロではない。たとえばハンガリーや韓国では、1人当たりの国民所得の2－3倍の価格によって1年分の健康を提供できる医療行為に国家が資金を提供している。そうした閾値と1人当たりの国民所得を結びつける大きなメリットは、国家が豊かになったときも、どんな付加的医療行為が購入可能かを判断する明確な基準をもっていられることだ。1年分の良質な生活をもたらす医療行為について、もっと単純な金銭的閾値を設けている国もある。ポーランドでは1万8000ユーロ。スロバキアでは2万6500ユーロ。そしてイギリスでは2万から3万ポンドだ。

このような明確な線引きは透明性があり、公正でもある。そして手元のリソースをうまく活用するのにも役立つ。いっぽうで線引きを明確にしなかった場合には、リソースを割り当てる人に責任を問いにくくなったり、外部の影響を受けやすくなったりするリスクがある。イギリスではそうした判断を国立医療技術評価機構が行い、明快な線引きを発表しているが、それでもなお政治的圧力によってリソースの誤った配分が起きることはある。たとえば、癌患者らによるロビー活動は結果的に「抗癌剤基金」を政府に設立させ、費用対効果の点で国民保健サービスの基準を満たさない高価な薬の費用を支払わせることになった。この基金によって支払われた治療によって癌患者の命が全部で約５６００年分付加されたが、もしそれだけの金額が国民保健サービスの基準を満たす医療行為に支払われていたら、健康な命が2万１６４５年分付加されていたと見込まれる。[31]

もうひとつの難しい問題は、医療費をいかに世代間に配分するかということだ。「人間はみな〝ごく普通の〟期間（だいたい70年くらい）の健康を享受する資格がある」と私たちは思いがちで、だからこそ、長生きをした人が死んだときと若い人が亡くなったときに私たちはしばしば異なる感想を抱く。この「フェア・イニング」〔訳注　高齢者は若者に比べて医療資源の配分上、不利に扱われても仕方がないのではないかという考え〕という概念は、若者の治療をより優先すべきだと主張する人々に用いられてきた。この論によれば、治療を受けるのにより値するのは若い人間であり、高齢者が健康を保つには若者以上のケアが必要だという事実があってもなお、高齢者の治療の優先度は低くあるべきだと彼らは主張してきた。[32]

こうした功利的なやり方で個々の命の価値を比較するのを避けるひとつの方法は、リソースの配分を、時間軸のある一点において個人間で奪いあうものではなく、ひとりの人間の生涯という長いスパンで行うべきものとして捉えなおすことだ。もし、私たちがみな社会から一定の金額を、生涯における医療のために支給されるのなら、私たちの大半はおそらく、もっと早い時期から自身の健康や幸福度を改善するためにお金を使うようになる。その目的は、生活の質や寿命を向上させるためだ。若いときそれを使わずに貯めておき、年をとって高額な治療が必要になったときに使えるようにしても、延びる寿命は数カ月分だ。この「生涯にわたる配分」という概念は、結局先と似たような結論に行き着くのだが、そこには、若者は高齢者よりも治療を受けるに値するという含みはない。なぜならそれは「個人間ではなく、ひとりの生涯の中で取引されるもの」だからだ[33]。

まだ釈然としない人は、短期治療の配分がイギリスの医療制度と、米国政府の管轄する高齢者向け公的医療保険制度「メディケア〔訳注　65歳以上や身体障がい者などが対象〕」とでどのように異なっているかを考えてみてほしい[34]。1980年代はイギリスの国民保健サービスにとって資金難の時代だった。そこでイギリスの医師らが行ったのは、治療の質を下げるのではなく「生涯における配分」と費用対効果の原則をもとに、ウェイティングリストを通じて量の制限をはかることだった[35]。その結果、利益があるかもしれないいくつかの治療が、供給を正当化するには高価すぎると認められ、国民保健サービスはそれを供給から外した。その治療をぜひ受けたいという患者はいたが、彼らに支払い能力があれば、彼らが民間のケアを受けるのを阻止するような要因は何もなかった。

これとは対照的に米国では、公的な医療保険制度「メディケア」によって医療費をカバーされるのは、その資格を得るだけのお金を過去に支払い、制度に貢献した人々だと考えられていた。だから、「配分」が人々に受け入れられず、費用対効果も重視されなかった。こうして「メディケア」が高齢者に手厚い保険適用を続けるいっぽう、もうひとつの公的医療保険制度「メディケイド」に頼る人々のための配分は増加しつつある。メディケイドは主に低所得の大人と子どもを対象とするが、長期治療の費用を支払えない高齢者にも給付金を払うからだ。その結果、長期治療中の高齢者1人にメディケイドが費やす金額は、貧しい子ども1人当たりに費やす金額のおよそ5倍にもなってしまっている[36]。

デジタル技術が可能にする医療の未来

これまで、テクノロジーが医療費を高騰させている点に注目してきた。だが、技術革新は医療費を引き下げることにはつながらないのだろうか？

コロナウィルスの世界的流行は、オンライン診療や携帯電話のアプリによる接触追跡、そして患者のモニタリングなど、デジタル対応への急速な移行を社会に強いた――そうしたインフラが整った国に限っての話ではあるが。こうしたデジタル機器の多くはすでに開発中ではあったが、パンデミックはその実用化に拍車をかけた。こうした機器や新興のデジタルソリューションは多くの富裕国に対して、医療システムにおけるコストの高騰を抑える明確なチャンスを差し出した。いっぽう、いまだ医療システムを打ち立てる初期の段階にある開発途上国にとって、こうしたツールは変革を起こす可能性を秘めている。

多くの開発途上国にとって、今世界に普及しているモデルを土台にした普遍的な医療を実現することは、将来もおそらくきわめて難しいだろう。そうしたモデルにおいて医療行為は、専用の施設の中で、高度な訓練を受けた医師の監視下で行われる。だが、デジタル技術はまったく新しい医療モデルの可能性の扉を開いた。そうした新しい医療モデルにおいては、患者は良質の情報に簡単にアクセスしたり、自分の医療的記録を管理したり、診断の助けにＡＩを用いたり、さまざまな手順をロボットに代行させたりできる。[37]

今ならば、体温や血圧や酸素飽和度などのバイタルサインを家庭で、しかも非常に低コストで計測するのは可能であり、病院に足を運ぶ手間を省いてくれる。これは、たとえば糖尿病などの慢性疾患を治療している人々には、とりわけ重要だ。糖尿病患者にとっては、病院に定期的に通うよりも自宅をベースに治療をするほうが効果は高く、コストは安い。現在病院の外来で治療されているそれほど複雑でない病気はこの先おそらく、だんだんと家庭で、スマートフォンを利用して遠隔治療されるようになる。そして、世界中のあらゆる場所にいる医師や医療のプロから治療を受けることも可能になるだろう（このひとつの効用として、医療従事者が高い給料を求めて他国に移住するのを減らすこともできるかもしれない）。

いっぽうで、ウェアラブルな機器は離れたところにいる患者のモニタリングを可能にしてくれるだろう。そうした機器を通じて集められたデータは、患者にとっても医療のプロにとっても重要なツールになる。デジタルなプラットフォームと互換性のある電子的記録があれば、より個人に特化した治療が可能になるはずだ。インドではすでにそうした開発が、健康保険制度の提供に用いられる生体認証の普遍型識別アプリを土台に進められている。こんな世界を想像してみてほしい。すべてのヘルスワーカーは、担当患者の健康記録にアクセスできる機器をもっており、その機器は、患者が主な症状のデータを入力すると、それに対応した診断と推奨される治療を提示し、適切な薬をすぐに発注もできる。ルワンダやタンザニアのへき地でも、ワクチンや血液を届けるためにドローンがすでに用いられている。

医療制度の非常に大きなコストになっているのが、30－50パーセントの患者が長期的な症状のために薬を処方されているのに、きちんと処方に従っていないことだ。これを正せば、飲まずに捨てられる薬を少なくし、入院を減らし、回復を早めたりQOLを向上させたり患者の生産性を上げたりすることも可能になるはずだ[38]。ここでもまた、テクノロジーが役に立つ可能性がある。テキスト配信や携帯電話のアプリは、患者に投薬のタイミングを告げたり、運動や理学療法を受けたりするのを思い出させるのに利用できる。もうひとつの有望な介入は、電子的な投薬瓶だ。その瓶には開けられるべき日にちと時間が登録されており、正しい時間に薬を飲むことを患者に知らせるリマインダーとして機能する。

ただ、こうしたデジタル治療の新しい世界が機能するためには、社会契約そのものも変化する必要がある。おそらく、私たちが答えなければならない最重要な問題は、患者のデータをだれが所有し、だれが管理するのか、そしてそのプライバシーと機密保持をどう保証するかという点だろう。これは避けて通れない問題だ。なぜならデジタル化——研究や公衆衛生のモニタリングのための——がもたらす幅広い利益の多くは、とりわけデータの蓄積と共有に依存しているからだ。より良い治療の模索においてプライバシーが侵害されるケースは、すでにいくつも起きている。[39] すべての個人が自身のデータを管理するいっぽう、もっと広い公益の実現を許すような原則をどうつくりあげれば良いかを、多くの人々がいま考えている。[40] また、こうしたデータを与えられたアルゴリズム内のバイアスに取り組む必要があるという認識も、高まってきている。昨今まで、そうした設計の土台にある研究はおおかたが白人男性を対象に行われたものであり、結果的に、女性や他の民族集団の診断や治療には適さないリスクを含んでいた。

国家が、個人のプライバシーと集団的利益のバランスについてそれぞれ異なる決断に至る可能性はある。コロナウィルスの世界的流行のあいだ、アジアの多くの国々では、感染経路をたどるという目的のために政府が個人のデータにアクセスするのを人々がすすんで受け入れてきたが、いっぽう欧州の国々では、政府が主たる情報源に手を伸ばすのを阻む分権的なシステムが好まれてきた。民主主義の国では、国民の個人的なデータは本人が管理すべきものであり、それをもっと広い目的に活用するには許可が必要であるべきだというコンセンサスが生まれつつある。だが、実状ははるかに多様で、しかも状況はなお変化し続けている。明らかに公共の目的に役立つデータ（感染症にかかった情報など）から一部のデータ（他人に知られたくない病気にかかった情報など）を区別し、ことに保護を厚くするようなアプローチが必要になってくるだろう。

こうした問題があるにもかかわらずデジタル化は、より良い医療をより安く提供する現実的なチャンスを提供することにつながるし、少なくとも医師らを、患者の血圧や体温の測定などのルーチン作業から解放してくれる。そうすることで医師は、患者とのより質の高い人間的交流に力を注ぐことができ、その結果、患者は治療計画を遵守し、究極的により良い成果を手に入れられるかもしれない。この「高度な技術」と「高度なふれあい」とのコンビネーションこそが、未来の医療のコストと質を折りあわせる道なのかもしれない。だが、それがどんなにうまくいき、どんなに効率が良かったとしても、最善の結果をもたらすのは病気の治療ではなく、予防だ。それについて考えるには、社会契約の核心に迫る必要がある。

個人の責任と社会の責任との間の適切なバランス

「1オンスの予防は、1ポンドの治療の価値がある」という言葉は通常、ベンジャミン・フランクリンのものだとされている。この言葉の正しさは、エビデンスからも強く裏づけられている。先進国においては予防医療の介入への投資には、平均で14・3パーセントのリターンがある[41]。公衆衛生のために国の介入や法にもとづく措置がとられたときには、投資に対するリターンは27・2パーセントまで上がる。さらに、長寿化や乳児死亡率の改善のおおかたの要因は、環境や栄養や収入や生活様式などの変化であり、医療制度が与えた影響はわずかであることもわかっている。確実に言えるのは、公的な資源を栄養面の改善や健康的な行動の促進や病気の早期発見に向けることは、社会が行いうる最高の投資に数えられるということだ[42]。

効果的な公衆衛生の介入によって感染症が減少するいっぽうで、心血管系の病気や癌や呼吸器系の病気や糖尿病などの非感染系疾患は、世界全体でも死因のトップリストに入るようになっている[43]。それらの多くは喫煙や飲酒や肥満などに関連しているが、必ずしも医療費全般に影響を及ぼしてはいない。というのも喫煙する人や太っている人は、早死にする傾向があるからだ[44]。とはいえ、そうした非健康的な行動が医療システムに大きな直接的負担をかけていることや、個人の人生に壊滅的な結果をもたらすのは事実だ。

喫煙の経済的コストは、地球全体で１・４兆ドルを超えると見積もられている（この金額は、２０１２年の世界全体のＧＤＰの１・８パーセントに相当する）。内訳は生産性の消失に1兆ドル、治療のコストに４２２０億ドルとなっている[45]。アルコール摂取の経済的コストは中所得国や高所得国の場合、およそ６０００億ドル（２００９年のＧＤＰの1パーセントに相当）だ。イギリスでは、肥満が国民保健サービスにかける負担は年間51億ポンドにのぼり、社会全体には２５０億ポンドを超える重い負担をかけていると見積もられる。喫煙は国民保健サービスに25億ポンドの負担を、そして社会全体には１１０億ポンド以上の負担をかけている。アルコール摂取はイギリス社会全体には約５２０億ポンドの、そして国民保健サービスにはおよそ3億ポンドの負担となっている[46]。

これらすべては、ある重要な問いを提起する。もし私たちが本当に健康に留意するなら、もっと多くの資源や介入を環境改善や病気の予防や人々の行動変革に集中させるべきなのだろうか？　もし人々が飲酒や喫煙をしたり、運動を怠ったり、体に悪いものばかりを食べ、薬をきちんと飲まなかったり病院にきちんと通わなかったりして、その結果、彼らの治療費を賄うために高い税金を通じて他者に負担をかけるのなら、社会にはそうした人々の行動に影響を与える権利があるのではないか？　社会には、そうした介入を行う責任があるのではないか？　たとえば医療制度は、そうした生活習慣病の治療費のなにがしかの責任を個人に負わせる道を見つけるべきなのではないか？

危険な行動をやめない人々に自らの医療費を負担させるのには、問題がある。第一に、どんな行動が十分危険だと判断するかが難しい。ジャンクフードを食べることだろうか？　日に焼けることだろうか？　オートバイを運転することだろうか？　オートバイの運転やたとえばスカイダイビングがそうだと言うなら、それをする人々を保険に加入させ、危険行動の結果、生じた医療コストを支払う助けを要求するのは、理にかなっているのかもしれない[47]。だが、薬物中毒やアルコール依存症につながるような行動を繰り返す人は往々にして、自分ではどうにもならない状況の結果として、あるいは遺伝的素質や環境的要因の結果として、そうした行動をとっているのだ。

とはいえ医療コストをみなで分担している国では、社会契約は一般的に個人に対して、自分の健康の責任をいくらかは引き受けることを義務として課している。より健康的な生活様式を保健という分野の内外で推奨することは、個人の行動に対する社会の介入として正当な分野だと考えられているのだ。

すべての人々がこうしたいわば「家父長的」なやり方に同意しているわけではない[48]。人によってはジョン・スチュワート・ミルの伝統に従い、真の自由とは、他人に危害を及ぼさないかぎり、あらゆる束縛からの解放を意味すると主張するかもしれない[49]。いっぽうでロールズやセンのように、自由とは、自分についての決断を他人によって下されるのではなく、自分自身で下すことができる状態をさすと主張する人々もいるが、この種の自律には、他者の幸福のために自身の行動に関する規制を、道理にかなったものであれば受け入れるという自由も含まれている[50]。それにもとづけば自由な個人とは、（タバコのような）不健康な製品への課税や、（シートベルトやヘルメットやマスク着用などの）予防的な行動を求める法律や、（定期的に運動をする人の保険料を下げるなどの）健康習慣の後押しや、健康的な行動を推奨するためのソーシャルマーケティングの活動に賛同するはずだ。なぜならこうした方策により、社会全体に利益がもたらされるからだ。国は（たとえば、不健康な製品にラベルを貼るなどして）、人々のもっている情報が不適切であることを示さなければならない場合もある。あるいは公的な介入を正当化するだけの、より広範な社会的利益（犯罪や交通事故の減少など）がある場合もある。[51]

私の見方では、社会が個人に求めて良い事柄には段階がある。感染症の流行やパンデミックの場合には公益が明確にあり、それゆえ個人の嗜好を上回る、国による強力なアクションが正当化されることになる。コロナウィルスへの対応としてロックダウンや移動制限やマスク着用を人々に課することは、そのわかりやすい例だ。次のレベルにあるのは、（喫煙や肥満など）感染性はないが自分以外の社会にも影響を与える行動だ。なぜなら、それらは結果的に医療制度や福祉制度における高額な出費につながるからだ。

だが私は、タバコの依存症になった人やジャンクフードの広告を山のように浴びせられている人や、新鮮な食べ物やレクリエーションの施設へのアクセスをもたないコミュニティに住んでいる人に、「自由」があると言うのは難しいと思う。とはいえ社会には少なくとも、健康転帰の向上につながる行動を人口全体のために支援することが許されているはずだ。これは、選択肢のあり方を——言いかえれば人々へのインセンティブを——変えることだとも表現される。なぜなら社会はすべての住民に、健康な生活を営む公平なチャンスを与える義務があるからだ。

国がそれを行うには、さまざまなやり方がある。たとえば、課税は非常に効果があることが証明されている。開発途上国では平均的に言って、税制の変更で10パーセント価格が上がると、タバコの消費は5パーセント減り、[52]アルコールの消費は6パーセント減る。[53]そして甘味料入り飲料の消費は12パーセント減少すると言う。[54]ある研究によれば米国で、甘味料入り飲料1オンスにつき1セントの税金をかけたところ、10年後には医療費がトータルで230億ドル節約できたことがわかった。[55]イギリスとメキシコでも、肥満や糖尿病を減らすために税制が用いられれば同様の利益があると見積もられてきた。[56]もしすべての国が物品税を引き上げ、タバコや酒や甘味料入り飲料の値段が50パーセント上がったら、世界全体で今後の50年間で5000万以上の人々が若死にを免れるいっぽう、歳入をトータルで20兆ドル以上増やせる可能性がある。[57] また、より健康的な決断を人々にさせるためにお金を払うというやり方も可能ではある。たとえばラテンアメリカでは、子どもにワクチンを接種させるのを条件に現金の給付が行われることが時おりある。

貧困地域に影響を及ぼすのはどんな場合でもいちばん困難だが、行動変革の促進を目的にしたその他の介入がうまく機能する可能性もある。慢性疾患の管理補助を目的としたあるプログラムが、30カ国で100万人以上の人々を対象に行われたことがあった。被験者は少人数のワークショップに参加し、痛みや憂うつのコントロールや運動、薬の適切な使い方、栄養管理、新しい治療の評価、そして治療にあたってくれる人々とのコミュニケーションの仕方などを学ぶ。厳密な評価の結果、プログラムに参加した人々は参加しなかった人より入院の頻度が低く、入院の日数も短かった。そしてそれによって、かなりの医療費を節約できた。[58]「禁煙クイットライン」という、禁煙支援のためにカウンセラーが定期的に参加者に電話をかけるというプログラムは、非常に低コストでありながら多くの国々とさまざまな人種において効果を発揮したことがわかっている。人々に運動を促し、カロリー摂取を控える行動を支援する学校型のプログラムも、質調整生存年の向上に関して費用対効果が高いことがわかっている。[59]

そうした介入の持続性に関するエビデンスは明確でないが、多くの国々は人々により良い選択を促すために「ナッジ」を用いてきた。[60] たとえば、人を取り巻く環境において、あるいは意見の提示のされ方において、無意識の嗜好や行動パターンをコントロールするように設計されたごく小さくて目立たない介入が行われることはしばしばある。おそらくいちばん効果的なナッジは「デフォルトオプション」と呼ばれるものであり、個人は望ましい行動や選択をオプトイン〔訳注　明示的に許諾〕するのではなく、それらをオプトアウト〔訳注　明示的に拒否〕するかどうかをたずねられる。[61] 人間には慣性傾向があり、デフォルトオプションがあればたとえどんな内容でも、それに従う傾向がある。

たとえば臓器提供について、人々が別の選択をしないかぎり同意を前提とするスキームが運用されている国では臓器提供への同意は4倍も多くなる傾向がある。デフォルトオプションはまた、インフルエンザワクチンの接種やＨＩＶの検査や、割引プランや年金プランへの登録などを増やすうえでも有効であることがわかっている。そうした介入は、1回限りの変化を求めるもの（ワクチンの接種など）であれば、より効果が高く、永続的な変化（食生活や運動計画などの変更）を求めるものであると効果が出にくい。ナッジがしばしば最大の効果を発するのは、それを補完するような法の改正（屋内での喫煙禁止など）や公共情報キャンペーン（タバコの箱にラベルを貼るなど）が行われているときだ。

だが、個人の健康行動を促すのが重要であるいっぽう、他の一連の社会的要因のほうがもっと重要であることが、大量の研究から示されている。不健康なライフスタイルは、貧困の中で育ち、貧困の中で暮らしていることと密に結びついている。[62] 世界中のどの国でも、金持ちは貧乏人よりも長く健康な人生を送っている。これは、富裕な人々はより良い健康を手に入れるチャンスに恵まれているという事実を反映している。そうしたチャンスは次のような点から発生する。まず、誕生から最初の数年の時期にどんな質の体験をするか。どんな教育を受け、個人および集団として困難から立ち直る力を身につけるか。質の高い仕事と職場を見つけられるか、健康な生活を送るのに十分な収入を得られるか、健康的な環境で暮らせるか、喫煙や肥満などの問題について公衆衛生対策が受けられるか。[63] これら6つの分野に効果的な介入が行われれば、全員にとって医療のコストを大幅に引き下げることができるはずだ。だが、これらの要因はどれひとつとして医療制度の質とは結びついていない。むしろそれらは、本書で述べる社会契約の他の側面によって決定される。

　この章では、健康に関する新しい社会契約をいかに形成するかを論じてきた。新しい社会契約の核心にあるのは、万人のための最低限のプライマリ・ケアと公的医療の保証だ。国の収入が増加するとともに、政府は各種の進んだ医療技術を提供できるようになるだろう。そうした改善にかかるコストは、費用対効果と公平性に注意を払い、より個人的な在宅ケアを目的としたデジタル技術と組み合わせることで、捻出できる。そして財政政策や、健康的な生活様式を推進するナッジを通じて、個人の行動の変容を促すことは可能だ。だが、それらすべてを支えているのは、全体としての社会契約だ。健康な生活を享受するチャンスを万人が手にするようにできるのは、社会契約だけなのだ。

第5章　労働者を守り、育てる

ベルリンの壁が崩れたあと、私はスロバキアにあるかつての戦車工場を訪れた。高度に統合されたソ連の軍需産業の一部だったその工場は、町でほぼ唯一の産業になっていた。雇用の創出はもちろん、地元の幼稚園や運動施設やコミュニティセンターの財政も、すべてその工場が賄っていた。そこで働くエンジニアは、共産主義経済の崩壊に対処するすばらしい計画をつくりあげ、戦車の生産をフォークリフトの生産に切り替えていた。私と世界銀行の同僚が工場を訪れたとき、職員らは玄関で私たちを出迎え、新しく製造したリフトで奇妙なバレエを披露してくれた。クラシック音楽に合わせてフォークリフトは優雅に腕を上げ、くるくると回った。これは、死にかけた産業が新しく生まれ変わった稀有な例だ[1]。

すべての社会において健常者の男性は、そして徐々に多くの女性も、自分自身と家族の生活のために、そして納税を通じて公益を支えるために働いている。これは、人が社会契約に関与し、コミュニティや社会に貢献するもっとも重要な方法だ。だが労働は、人に目的意識や自尊心を与える自己決定の重要な一部でもある。そして私たちは、現役のあいだは社会に貢献することで、次世代が昔の自分たちと同じように公共支出から恩恵を得られるようにし、さらに、自分たちが老いたときにふたたび公共支出から恩恵を得られるようにしている。第1章で述べたように、福祉国家とは往々にして、単に富める者から貧しい者へとお金を移して（ロビン・フッド機能）いるわけではなく、それよりも人々がそれぞれの人生において消費を均等にするのを手伝うものであり、さらに重要なことには、ものごとがうまくいかなくなったときに補償を人々に与える（貯金箱機能）ものなのだ。

ソ連の崩壊およびベルリンの壁の崩壊は、無数の人生に影響を与え、すべての産業と地域社会に適応を強いた大きな出来事だった。だが、こうした例に限らず経済的混乱はしばしば発生している。突然激しく起きることもあれば、ゆっくりと気づかないように進むこともある。そしてどちらの場合も、しばらくのあいだ失業を発生させる。そうした状況が起きたとき、人々がふたたび仕事を得て社会に貢献できるようになるまで、いかに社会が人々を支えるかは社会契約によって決定される。

この先の数年間、経済的混乱はおそらく続く。コロナウィルスの世界的流行とその余波のせいだけではない。デジタル革命と自動化に関連した急速な技術の発展も要因のひとつだ。こうした混乱に対する不安はすでに、多くの国の政治に影響を及ぼしている。いっぽうで豊かな国でも貧しい国でも、雇用の安定が失われるとともに、労働力の多様化が進みつつある。

こうした変化によってことに大きな影響を受けてきたのは、炭坑労働者のように地理的に孤立した産業に従事する人々や、前述のスロバキアの町のように、町にひとつだけの大きな工場によって全体の生計が支えられている地域の住民だ。現代の経済地理学は、才能や資本を大都市に引き寄せ、そうした中心地と取り残された地域の人々とのあいだに軋轢《あつれき》を生む。[2] 取り残された地域の住民はしばしば、自分たちは繁栄のチャンスを奪われたと感じる。ソ連崩壊後に東欧の大部分で起きた出来事は、米国のいわゆる「ラスト・ベルト」でも起きたし、イギリス北東部でも、そして開発途上国の中でも特に収奪的な産業に頼っていた地域で発生した。

この章ではこれから、経済の衝撃や技術の変化と効率的かつ人間的につきあっていくうえで、労働にまつわる社会契約がどのように変わっていかなければならないかを論じる。これはつまり、個人と家族、雇用主と社会全体とでリスクをいかに共有するかを考え直さなくてはならないということだ。

労働市場の変化

先進国における労働の伝統的なモデルは、大人の大半がフルタイムの仕事に従事し、何らかの形の納税を通じて社会に強制的な拠出をするというものだった。その代わりに、彼らは失業手当を受け取ったり、老いたときには年金をもらったり、国によっては医療保険を利用したりできる。いっぽう低所得国ではインフォーマルセクターで働いている人が非常に多く、そうした人々は法的な労働契約を結んでおらず、失業手当や何らかの社会保障を受けたりすることはできない[3]。彼らは、経済的に困窮したときには家族やコミュニティに頼るほかない。しかし昨今、労働力の構成が劇的に変化したせいで、こうした仕組みにも影響が生じてきている。

伝統的には、労働力とは主として18歳から60歳の男性だった。今日では大勢の女性が、世界中で労働市場に参入しているが、若者の労働参入は減っている。彼らは人生の後期に高い給料を得ることを期待して、より長く教育機関にとどまるようになっているからだ。多くの若者は20代に入るまで労働に参入しようとしない。いっぽう、高齢になっても働く人は増えている。多くの国で退職年齢が引き上げられ、また、多くの高齢者はさらに老いたときに備えてお金を貯めておく必要があるからだ。今日の世界の労働力は高齢化の傾向にあり、性別や働き方も多様になってきている。

労働力の多様化は結果的に、よりフレキシブルな就労環境で働く人々の割合を増やすことになった。じっさい、それこそがこの数十年、雇用を増やしてきた主たる要因と言える。[4] 現在の労働市場の特徴は、契約社員やパートタイマー、そしてインターネットのプラットフォームを利用して複数の雇用主から仕事を請け負う、いわゆるギグワーカーが増えていることだ。こうした労働者は社会保険などの恩恵を受けられないことが多く、経済的混乱のリスクは単一の雇用主と共有するのではなく、労働者のみが負担しなくてはならない。労働者が負うべき責任は増加している。どれだけの時間働くか、どのようにスキルを磨き続けるかを自分で管理し、病気になったら自分で何とかし、年をとったときのためにお金を貯めておかなければならない。

興味深いことに、こうした現象は国を問わず起きている。私たちは、利益の少ない臨時仕事のインフォーマル経済を、ごく一部の労働力しか政府や大企業などのフォーマルセクターに雇われていない開発途上国とつい結びつけがちだ。だが、豊かな国でも貧しい国でも、インフォーマルセクターで働く人は増えている。先進国において、これまで正社員がやっていた仕事がパートタイマーや個人事業主や「ゼロ時間契約」の従業員に徐々に置き換えられているからだ。彼らはいつでも手に入る労働力であるいっぽう、労働時間も収入も保証されていない。

仕事の安定性は、ひとりの労働者がある職場にどれだけ長く勤めたかで測定されるが、先進国全般でその数値は減少している。[5] いちばん下落が著しいのは、後期中等教育を受けていない（学校に9年までしか通っていない）低学歴の労働者だ。過少雇用——つまり、労働者はもっと長時間働きたいと望んでいるのに、それが叶わない状況——はとりわけ若者や女性、そして高い教育を受けてこなかった人々のあいだで増加している。高い学歴をもたない若者はとりわけ、往々にして過少雇用やひどい低賃金労働を通じて、厳しい生活を強いられている。学歴のある若者はそれよりはましな生活を送っているが、それでもOECD諸国全体で平均すると、昔そうした若者が就いていたような高収入な仕事には就けず、低収入の仕事に甘んじがちだ。

こうした現象がもたらされたのは、80年代から90年代以降に労働市場の規制が緩和されたからだ。先進諸国では効率化が推進された結果、雇用主は雇用と解雇について、そして従業員に提供するべき福利厚生について、より柔軟な対応をしてよいことになった。労働市場の規制がもっとも厳しいと通常考えられている欧州においてさえ、被雇用者のおよそ3分の1は「代替的契約」と呼ばれるものを結んで働いており、賃金は低く、ボーナスや利益分配や残業手当などは通常受けられず、何かの訓練を受けたりキャリアを発展させるチャンスを得たりすることもない。[6]

皮肉なことに、こうした「代替的契約」が誕生することになった主たる原因は、規制の厳しいフォーマルセクターの構造を雇用主が回避しようとし、その結果、二層式の労働市場が生まれたことだった。ひとつは、非常に規制の厳しい公式な市場で、もうひとつは、規制の厳しくない市場だ。昨今、多くの国における政府の政策は、こうした柔軟な労働を許容し、促進する方向で計画されてきた。たとえばドイツで2002年に始まったハルツ改革は、臨時雇いの労働者の数を被雇用者全体の5パーセントまで増加させた。これは、およそ100万人に相当する。[7] 臨時労働のおおかたはせいぜい3カ月程度しか続かない。そして小売りやサービス業や建設など、低賃金の分野に偏りがちだ。ゼロ時間契約で働く人々は現在、イギリスの労働人口の約3パーセントを占め、米国では2・6パーセント、フィンランドでは4パーセント、オランダでは6・4パーセントを占めている。[8]

米国ではアウトソーシングの拡大により、職場の分裂が生まれた。人々を雇うのは、彼らの労働から利益を得る企業ではなくなった。経済学の企業理論によれば、そもそも企業が存在する理由は、すべてを契約するのが不可能であるゆえ、ひとつの組織内に活動をおさめるのが理にかなっていたからだ。アウトソーシングをする企業の多くはまず、清掃やケータリング、セキュリティ、経理などの非中核的な仕事をしばしば派遣労働者に任せるところから始めてきた。しかし徐々に、多くの中核的な仕事も、コンピュータプログラマーやプロダクトデザイナーや弁護士や会計士や建築家に、出来高払いでアウトソースされるようになってきた。米国の労働市場において、代替的契約で働く人の割合は１９９５年の11パーセントから２０１５年には16パーセントまで上昇している。[9] こうした流れにさらに拍車をかけたのは、ウーバーやデリバルーなどの出現だ。それらの技術プラットフォームは、個々の労働者が従業員とは全く考えられていなくても、自身の労働力を会社に売ることを可能にした。だが、これにはさまざまな点で問題が生じつつある。

個人事業主やギグワーカーはおそらく、就労形態の中ではもっともフレキシブルな位置にある。ギグワークの特徴は低賃金と短時間労働であり、労働力全体の中では（往々にして拡大しているとはいえ）小さな割合しか占めていない。イタリアでは5パーセント、イギリスでは7パーセント、米国では14パーセントだ。[10] ギグワーカーの大部分は、いつどこで働きたいかを自分で選ぶことができる。調査によると、こうした労働者の80パーセントはギグワークを、本収入が低かったときにそれを補完するものとして、あるいは何か必要があったときに収入を上乗せするものとして利用している。ギグワークを唯一の収入源としている労働者は少数派だ（ある調査によるとギグワーカー全体の16パーセント）。

労働市場の柔軟化というこの傾向は、組合に代表を送る労働者の割合が減少するのと並行して進んでいる。ここ数十年間、世界中で組合の力は確実に減少している。組合の加入率は１９９０年には労働者の

36パーセントと見積もられていたが、2016年には18パーセントに半減している。[11] 減少の原因となった要因は多々ある。たとえば、サービス業に比べて製造業が縮小したことや、柔軟な働き方をする労働者が増えたことや、若者の行動が変化したことなどだ。今日、労働組合への加入率は国によって大きく異なる。デンマーク、スウェーデン、フィンランドなどの北欧諸国では加入率が60パーセントを超えているのに対し、開発途上国の大半では10パーセントに届いていない。[12] 労働者を個人的および集団的解雇から保護する法律として定義される「雇用保護」も、弱まる傾向にある。

多くの先進国において労働市場の改革が自由化や規制緩和を目ざしているのに対し、多くの開発途上国では正反対の傾向があった。つまり、フォーマルセクターで働く割合的には少数の労働者に対して労働市場の規制を拡大しようとしてきたのだ。その目的は、適切な社会保障制度の補完にあり、契約終了の通知要求や、有期労働契約および退職金の支払い義務の規定などにしばしば関連していた。[13] つまり安定の欠如を補うために柔軟性を抑制し、少数の労働力のみに保護を提供したわけで、そうしたお寒い政策の選択は、欧米にあるのと同じ二層構造の労働市場を形成しがちだ。フォーマルセクターの労働者が保護されるいっぽう、それらの外にいる（往々にして若く貧しい）労働者は保護を得られない。

フレキシブルな仕事は労働者にとって何を意味するのか？

フレキシブルな就労形態が生まれたことは、多くの雇用が創出された重要な理由のひとつだ。企業は、需要がなくなったときに解雇が可能だとわかっていれば、すすんで人を雇う。農業や旅行業のように人手が周期的に必要になる分野の雇用主は、必要なときには労働力を増やし、必要でないときには減らせるようになる。柔軟さは効率の改善につながり、おそらくそのせいで企業は、２００８年の世界的な金融危機の後にもすばやく人々を再雇用できた。女性など一部の労働者にとっては、柔軟性が増したことで仕事と生活のその他の側面とのバランスもとりやすくなったはずだ。

だが柔軟性はいっぽうで、労働者の側がより多くのリスクをかぶり、安定性を失うことを意味する。コロナウィルスの世界的流行は、こうした構図の危うさを浮き彫りにした。不安定な職種の人やフリーランサーや契約社員らは世界中で、もっとも生活困窮の危険にさらされた。それは、労働者の肉体的・精神的健康に重大な影響を及ぼした。収入が不安定になった労働者の多くは支払いができなくなる不安にさいなまれ、生活設計ができなくなった。解雇された労働者は病気を新たに患ったり、寿命が短くなったり、人生の後半での収入が減ったり、他人を信頼できなくなったりする傾向が高かった[14]。企業もまた、従業員の解雇でネガティブな影響を受けた。評判に傷がついたり、株価が下がったり、スタッフの離職率が上がったり、残った社員の業績が悪化したり仕事の満足度が下がったりしたのだ[15]。これらはすべて、企業の生産性や、将来において新しい仕事を創出する能力に悪影響をもたらす。

こうした流れは、社会全般の生活水準にも影響を及ぼした。新しいタイプの雇用の出現は、衣料品や通信、家具、外食産業、航空会社など仕事が柔軟で競争が激しい分野の価格を引き下げ、その結果、平均的な人々は1年で6週間少なく働いても、２０００年当時と同じだけのものを消費できるようになった[16]。いっぽうで、住居や教育や医療など基本的な分野は競争が制限されており、その他の消費者物価よりも急速に値上がりし、世帯収入のより多くの部分を食いつぶすようになった。

おおかたの世帯にとって住居は最大の買い物だ。そして最高の仕事があるところほど、住居の価格は高くなりがちだ。いっぽう多くの場所で公営住宅は減少傾向にあり、民間セクターによる不動産への投資も、ゾーニング（都市計画）や規制や不適切なインフラ配備によって制限を受けている。平均的な人々は、20年前の人々と同じ水準の住宅環境や教育や医療を享受するためには4週間余計に働かなければならなくなっている。電化製品やデータやファストファッションは昔より安く買うことができても、もっとなくてはならない重要なもの――住居や医療――は昔より高額になっている。イギリスをはじめとするいくつかの国では、必需品の値上がりが、この20年のあいだに達成された収入の増加をすべて吸い取ってしまう。こうした流れは、なぜ多くの国々で収入が増えたにもかかわらず多数の世帯が「暮らし向きが悪くなった」と感じるのかを、いくらか説明してくれるだろう。

生活水準におけるトレードオフの格好の例と言えるのが、格安航空会社の業界だ。格安航空会社のおかげで多くの人々は、外国で休暇を手軽に楽しめるようになった。だが、航空料金が下がった理由の一部は、かつてはフルタイムの正社員が行っていた業務を今は契約社員やフリーランサーやゼロ時間契約の労働者が担っていることだ。パンデミックの前の欧州では、客室乗務員の20パーセントが、そしてパイロットの18パーセントが、単一の雇用主との終身の契約を結んでいなかった。よりフレキシブルな契約を結んでいる客室乗務員の97パーセントは格安航空会社で働いていた。[17] こうした格安航空会社を利用する人は、あきらかに利益を得る。いっぽうそこで働く人は、格安航空会社がなければその仕事に就くことはできなかったかもしれないが、おそらく、もっと伝統的な雇用契約が行われていた時代に比べれば暮らし向きは悪くなっているはずだ。

要するに、今日の労働者が直面している世界は、職の安定性が低く、失業や病気や高齢化に対して個人がより多くのリスクを引き受けなければならない世界なのだ。もし教育があり、高いスキルをもち、大都市に住んでいれば、うまくやっていける確率は高まる。そうでなければ、将来の見込みはあまり良くなく、安定してもいない。だが、この状況の上にはもうひとつ、仕事の未来を劇的に変えるだろう要因が覆いかぶさっている。それは、自動化だ。

不要になる仕事と新興の仕事

19世紀イギリスで、新しく自動化された織機工場の機械がラッダイト運動で破壊されて以来、技術革新の波が起こるたび、必ずそれに伴って失職の不安も生じた。もちろん、技術はしばしば人間の労働に取ってかわる（そこからこそ多くの生産性向上は生まれるのだ）が、新しいチャンスをつくることで就労を補完もする。

今日、自動化や機械学習はいくつかの職種──反復的なルーチン作業をする職場──で人間に取ってかわる傾向があるが、いっぽうでそれ以外の人々──問題解決をしたり何かを創造したり、人と関わったりする仕事の人々──の生産性を高めてもいる。医者は乳癌の診断をするさいに機械に頼るかもしれないが、それによって、治療計画について患者と話し合う時間をより多くとることができ、おそらく結果的により良い健康転帰を達成できる。表2に示されているのは、自動化が進んでもほとんど影響がない職業と、不要になるかもしれない職業と、未来に仕事のチャンスが生まれるだろう新しい職業だ。興味深いことに、不要になりそうな職業にはデータ入力者や運転手などの低スキルの職業だけでなく、弁護士や金融アナリストなど、伝統的に高スキルとされてきた職業も含まれている。[18]

ロボットが人間の仕事の大半を奪うのではないかとか、将来大量に発生する失業者のために所得移転の方法を見つけなくてはと心配するのは、おそらく早計だ。技術の進歩による失業を懸念する動きは

安定している仕事	
専務取締役と最高経営責任者	情報セキュリティの分析者*
ゼネラルマネジャーおよびオペレーションマネジャー*	経営と組織の分析者
ソフトウェアとアプリの開発者および分析者*	電子工学のエンジニア
データの分析者と科学者*	組織の開発の専門家*
販売とマーケティングの専門家*	化学処理工場のオペレータ
販売業、卸売業、製造業、科学機器産業	大学および高等教育の教師
人事のプロフェッショナル	コンプライアンスオフィサー
金融と投資のアドバイザー	エネルギーと原油のエンジニア
データベースおよびネットワークのプロフェッショナル	ロボットの専門家およびエンジニア*
サプライチェーンとロジスティクスの専門家	原油および天然ガス精製工場のオペレータ
リスクマネジメントの専門家	

新興の仕事	
データの分析者と科学者*	イノベーションのプロフェッショナル
AIと機械学習の専門家	情報セキュリティの分析者*
ゼネラルマネジャーおよびオペレーションマネジャー*	電子商取引およびソーシャルメディアの専門家
ビッグデータの専門家	ユーザーインターフェースの開発者
DXの専門家	訓練と発展の専門家
販売とマーケティングの専門家*	ロボットの専門家およびエンジニア*
新しいテクノロジーの専門家	人と文化の専門家
組織の開発の専門家*	得意先情報および顧客サービスの労働者*
ソフトウェアとアプリの開発者および分析者*	サービス＆ソリューションの開発者
情報テクノロジーサービス	デジタルマーケティングと戦略の専門家
業務自動化の専門家	

不要になる仕事	
データ入力者	レジおよび出札係
経理、人事給与要員	機械の修理者
管理責任、執行責任の専門家	テレマーケッター
組み立てラインおよび工場の労働者	IT機器の設置・修理業
得意先情報および顧客サービスの労働者*	銀行の窓口係および関連する仕事
企業サービスの管理職	各種車両の運転者
会計士と監査役	売買の代理・仲介業
文書保存、売り場管理の要員	訪問販売業者、路上の新聞販売、その他関連する仕事
ゼネラルマネジャーおよびオペレーションマネジャー*	金融保険業における計算業務
郵便配達	弁護士
金融アナリスト	

表2　安定している仕事、新興の仕事、不要になる仕事

＊は複数の「仕事」にわたって登場する。これは、ある業界全体では需要が安定または減少している可能性があるいっぽう、別の業界では需要が多いかもしれないという事実を反映している。

1960年代にも起きたことがあるが、そのときノーベル賞経済学者のハーバート・サイモンはこう書いている。「それが経済問題であるかぎり、今の世代と次の世代における世界の問題は、過剰なほどの豊富さではなく不足の問題だ。自動化のお化けは、心配する能力を消費し尽くす。本来その能力は、人口問題や貧困、爆弾、そして私たち自身の神経症など、現実の問題のためにとっておくべきものであるのに」[19]。

それよりも、真に重要な問いは次のようなものだ。私たちはいかにして、柔軟さの利点を保持しつつ、労働者にとってのリスクや不安定さを軽減することができるのか？　どうすれば新しい就労形態のもとで、労働者に所得の保証や利益を与えることができるのか？　より質の高い仕事はどうすれば創出できるのか？　自動化や機械学習に応じて仕事が変化するとともに——仕事は必ず変化するはずだ——労働者が学び、順応していけるようにするにはどうすればよいのか？

柔軟性と安全性のバランスをとる

おおかたの国の労働法規および社会保障のシステムは、現在の労働市場に徐々に広まってきている働き方には合致していないし、私たちが今直面している「仕事の破壊と創造」の速いスピードにも即していない。全体的なバランスは、労働者に十分な安全や支援を与えるほうにではなく、柔軟性を与える方向に強く傾いてしまっている。

現在、各国が人々に与える柔軟性と保護の正確なバランスは、図10に見られるように、国によって大きな差がある。欧州の大半の国々が与える柔軟性は低く、保護の度合いは高い。いっぽう米国のような国は、柔軟性は高く、保護の度合いは低い。アジアやアフリカ、中東やラテンアメリカの大半の国々は、フォー

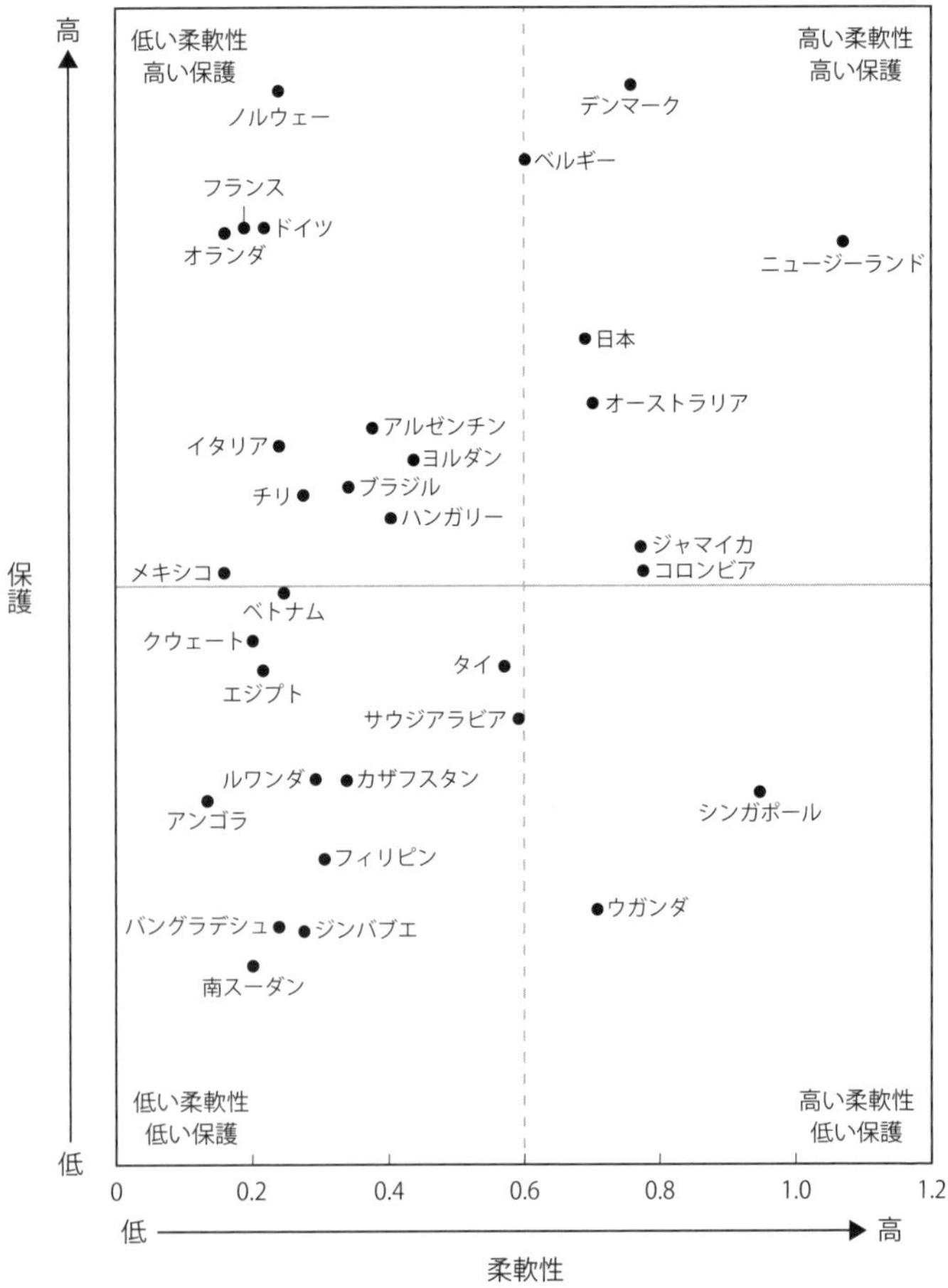

「柔軟性」は勤務時間の硬直性、雇用の制限、解雇にまつわる財政負担、解雇のための手続きの必要性などへの対極として定義される。「保護」は、健康、教育、所得支援、雇用サービスへの公的支出などがGDPに占める割合として定義される。各国について、利用可能な最新のデータを使用した。より多くの国を含む完全版は、原典を参照。

図10　雇用者のための柔軟性と労働者の安全性とのバランスは、国により大きな差がある
国による社会的保護に対する労働市場の柔軟性の指標

マルセクターでは柔軟性も保護度も低く、インフォーマルセクターでは柔軟性だけが高い。デンマーク、ニュージーランド、日本、オーストラリアなどの少数の国は、柔軟性も保護度も高いという「いいとこどり」をしている。これらの国々は、経済的打撃に合わせて労働力を調整する柔軟性を雇用主に与えることと、ほどほどの生活水準を維持しつつ別の仕事に移れるように労働者を支援することとのあいだで、うまくバランスをとっている。

北欧諸国では、労働者は容易に転職をする[20]。じっさい、スウェーデンとデンマークとフィンランドの労働者は欧州のどの国よりも頻繁に職を替えている。これは、市場の状況に応じて労働力を変化させる柔軟性を雇用主に付与する。従業員が次の仕事をたやすく見つけられるだろうとわかっているからこそ、雇用主はそういう措置ができる。それは、政府が他のどんな国よりも、教育や労働者の再訓練に財政援助をしてくれるからだ。国民所得に占める割合で比べると、米国やイギリスの10倍以上にもなる。

柔軟性と安全性のバランスをうまくとる新しい社会契約には、複数の要素が必要だ。なぜなら、人々が直面する混乱はこの先も変化するだろうからだ。まず、どんなシステムであれそれを支える重要な要素は、万人が——住居と食料と医療のある——きちんとした生活を送れるような最低限の収入を保証することだ。第二に必要なのは非伝統的な、パートタイムやその他のフレキシブルな形で働く人々に、安全を提供することだ。第三に、労働者が経済的混乱に見舞われたとき、それぞれの直面する問題に合わせた支援をすることだ。場合によっては、同じ業種や職種や地域で新しい仕事を見つけることができるかもしれない。だが、労働者を再教育したり新しいスキルを身につけさせたりといった、もっと幅広い対応が必要になる場合もある。それぞれの局面について——収入について、働き方によらない安全の確保について、そして再教育と新しい仕事を見つけることについて——順に見ていくことにしよう。

最低限の収入を保証する

伝統的な社会において、苦境に陥った者は経済的な支援を家族やコミュニティに頼らなくてはならなかった。だが、家族やコミュニティは、支援ができるときもあればできないときもあった。社会が金銭的に豊かになるにつれ、失業や金銭的損害がもたらすきわめて深刻な結果から人々を守るための、もっと信頼性も一貫性もある手法が模索されるようになった。そのひとつが、最低限の収入の保証だ。世界の国々はそのためにさまざまな手法を考えてきた。

ほぼすべての国では最低賃金が法によって、あるいは労働協約の産物として定められている[21]。それらは、多くの人々の賃金が停滞する国においてとりわけ重要な役目を負ってきた。最低賃金はたしかに収入減に歯止めをかけるし、労働者が雇用者に搾取されるのを防いでもくれる。だが最低賃金はあくまで、労働者の努力を公正に保証するための措置だ。だから、最低賃金の設定は高すぎないことが重要だ。なぜなら、その金額に見合うだけの十分な生産性がないと判断された労働者が、解雇されてしまう危険があるからだ。そうした労働者には「負の所得税」（もしくは勤労所得税額控除）のほうが、労働へのインセンティブを保ちつつ最低限の生活水準を提供する仕組みとしてすぐれている。

最低賃金に加えて、先進国のおおかたが採用しているのは、失業者を支えるための手当だ。その金額は、（カザフスタンやポーランドのように）元の給料のわずか30パーセントというところから、（モーリシャスやイスラエルのように）元の給料の90パーセント支払うところまで国によってかなり開きがある。いっぽうで、失業手当が給付される期間はカザフスタンが1・2カ月であるのに対し、ベルギーのように無期限の国もある。一般的に、先進国の失業手当はより寛大だが、受給のためには次の仕事に就く準備をしていなければならず、定期的に当局に報告をする義務がある。たとえばデンマークの「ワークフェア」制度は失業者に非常に高額（元の賃金の約90パーセント）の失業手当を給付するが、職業訓練を受けることと、それを完了したら最後には就職の斡旋《あっせん》を受けることが必須だ。だが、おおかたの雇用保険は正式な雇用契約で働いていた人しか支援せず、世界の労働者の4分の3はインフォーマルセクターで雇われている——その多くは開発途上国の労働者だ——ため、雇用保険ではカバーされていない。

収入を確保するもうひとつの方法は、もっとも困窮している世帯に現金給付をすることだ。メキシコやブラジルでは貧困家庭を対象に、子どもを学校に入れたり公的なワクチン接種計画に参加させたりすることを条件に、定期的な現金給付を行うプログラムが始まっている。アフリカでの現金給付プログラムは無条件のものが多く、それらは非常に低い収入を補うことを目的にしている。

130以上の開発途上国が現在すでに、もっとも困窮している家庭にセーフティネットを提供するために何らかの形の現金給付を導入している。対象世帯が失業中か否かは問題にされない。そうした取り組みが可能になったのは、携帯電話が普及し、政府が最貧困家庭を特定できるようになったためであり、最低限の管理コストで相手の銀行口座に直接お金を振り込めるようになったからだ。こうしたプログラムが何十も実行され、綿密に評価されるのを、私は世界銀行の国際部門やIMFに勤務していた時代に、この目で見てきた。そこからは、こうした取り組みが効率的かつ効果的に貧困を防ぎ、人々の栄養状態を改善し、子どもの教育を支え、世界でもっとも貧しい人々の健康状態を改善するという圧倒的な証拠が得られた。[22]

各国は、いちばん困窮している人にきちんとこうした恩恵を届かせ、かつ仕事へのインセンティブも保てるようなさまざまな手段を考えてきた。インド政府の考えた雇用保障計画では、失職したすべての国民に100日間、低スキルの労働――通常は建築現場など――に従事してもらうかわりに最低賃金を支払うというものだ。このやり方が理にかなっているのは、提示される仕事がきついものなので、ほんとうにお金に困っている人だけがそれに申し込むという点だ。理想的には、保証される最低所得は、当事者の収入や富が増えるにつれて徐々に減少していくべきだ。それは、いわゆる適格性の崖を回避するためだ。この崖があると、福利厚生を受ける身から低賃金雇用へと移るときに暮らしむきが悪くなってしまい、仕事へのインセンティブが失われてしまう。

　昨今、ベーシックインカムの提供が盛んに議論されている。徐々に支持を集めつつあるこの概念には、支給対象を絞り、仕事に参加したり子どもを学校に通わせたり健康維持プログラムに参加したりするのを条件に最低所得を支払うという発想はない。ベーシックインカムの場合、すべての成人は無条件に同額の支給を受ける。支持者らの主張によれば、ベーシックインカムは労働者に力を与えるだけでなく、経済的打撃に備える最高のセーフティネットにもなる。それゆえ、自動化によって多くの人々が失職の危機にさらされる世界において、ベーシックインカムの必要性はさらに高まるのだという[23]。

　ベーシックインカムについては多くの実験がすでに行われている[24]。もっともよく設計された実験はフィンランドで行われたもので、25-58歳までの2000人に無条件に毎月560ユーロが支給された。たとえ仕事を見つけても、ベーシックインカムを受け取る権利は奪われない。2年後に示された結果は、ベーシックインカムが雇用に何ら影響を及ぼさないというものだった。実験の参加者は、失業保険を受給している人と比べて仕事に就ける確率が高くも低くもなかった。ただ、ベーシックインカム受給者は従来型の失業保険を受けている人に比べて、幸福度がわずかではあるが高くなっていた。だが、ベーシックインカムについてのこの実験は政府の目標――（単に人々の幸福度を増すだけでなく）新しいスキルの習得を支援することで人々が新しい職を得たり新しい仕事を起こしたりするのを手伝うこと——を達成できず、2018年にプログラムは終了になった。先進国で行われた実験のおかたでもこれと同様、明確な結果は出ていない[25]。

私の見るかぎり、大半の国はベーシックインカムよりはるかにすぐれた社会契約を提供することができる。ベーシックインカムの大きな問題のひとつは、コストが法外に高いことだ。ベーシックインカムの設定が寛大な場合、GDPの20－30パーセントに達する可能性もある。そうなると、とんでもなく高い税金をかけなくてはならない[26]。

ベーシックインカムが最善の解決策になるケースも多少はあるだろう。たとえば給付対象を絞る制度的能力のないきわめて貧しい国の場合や、エネルギー補助金のようにもっとまずい政策のかわりにベーシックインカムが導入される場合などだ（2011年のイランでは、それまでのエネルギー補助金制度にかわって全世帯への現金給付が行われた[27]）。だが大部分の国にとって、貧困の解消が目標であるならば、より望ましい選択肢は対象を絞って現金給付をすることだ。理想的にはそこにさらに、仕事をするのが可能な人にはみな働いてもらい、社会に貢献してもらえるようなサポートを組み合わせるとよい。労働者に力を与えられるのは、最低賃金の向上、現金給付、組合、そして再訓練のプログラムだ。

最低限の収入の確保より、同じ量の富を人々に与えることで、人生におけるチャンスを均等にするほうがよいのではないかと主張する人々もいる。たとえばトマ・ピケティはすべての25歳が12万ユーロを受けとれるように、富裕層に毎年重い税をかけることを提唱した[28]。こうした方策を、規模はだいぶ小さいながらともかく試みた唯一の国はイギリスだ。2002年から2011年まで同国の労働党政権は、チャイルド・トラスト・ファンド制度の一環としてすべての子どもに250ポンドを給付した。貧困家庭の子どもはさらに250ポンドを受け取ることができ、18歳になってからそれを使うことができた。驚くべきことではないが、この政策の成果は、投じられた金額を考えると比較的つつましいものだった。

公平性の改善に加えて、単に収入を移動させるだけでなく、資産を――現金という形でも、土地や、収入を生むのを助ける何かの機械などの資産でも――移動させるほうが、より持続的な効果があるのではないかと論じる人もいる。収入を移動させるだけでは、人々はなかなか貧困から抜け出せない。バングラデシュで行われた資産移動のプログラムの柱は、貧しい女性に家畜や、収入を生み出せる他の何かを与えるというもので、最貧層の家庭を永続的に貧困から脱却させることに成功した[29]。重要なのは、この資産移動プログラムとあわせて女性のために大量の助言や支援が行われたことであり、それがプログラム成功のカギになった。だれかに魚を一匹あげるより、釣竿をひとつあげるほうがよいが、それを使った魚のとりかたを教えるのは、釣竿そのものと同じほど重要なのだ。

要するにどんな国でも、最低賃金と最低収入保証を何らかの形で組み合わせるのは可能なのだ。開発途上国では現金給付プログラムが、もっとも貧困な家庭を支えるうえで有効であることが実証されている。先進国では、（勤労所得税額控除などを通じて）低スキルの人々の賃金を補足し、生活水準を引き上げるというやり方もうまくいっている。資本移動というアイデアはまだあまり実証が進んでおらず、この先さらに研究が必要になる。私自身の考えでは、第3章で論じたような教育や学びなおしに資金を投じるのは、未来の世代に投資をして平等を達成するうえで、より受け入れられやすく、そして長い目で見れば、より効果的な方法になるはずだ。LSE出身の偉大な経済学者であり、ノーベル賞受賞者でもあるアーサー・ルイスはこう言っている。「貧困に対する根本的な治療は、お金ではなく知識だ[30]」。

フレキシブルな労働者に安全をもたらす

コロナウィルスの世界的流行は、危機の時代において不安定な仕事がいかにあやういものかを浮き彫りにして見せた。コロナウィルスの流行により、人口のかなりの割合が突然無収入になった結果、先進諸国の政府はフリーランサーや柔軟な働き方をする労働者の支援に踏み出さざるをえなくなったが、いっぽうで、より伝統的な雇用主が従業員を解雇せずにすむように資金援助もしなくてはならなかった。いちばんひどい影響を受けたのは往々にして若者で、低いスキルしかもたない人や民族的少数派がことに多かった[31]。開発途上国においては、コロナ禍で仕事を失ったそうした労働者は、そのまま生活の糧を失った。

すでに述べたように、雇用主はフレキシブルな雇用形態をありがたがるものだ。なぜなら、社会保険や退職金や年金や健康保険に使うお金を減らせるからだ。たとえばオランダでは、雇用主が正規の社員のために払うお金は、同じような仕事をしている非正規社員のために払うお金より60パーセントも高い可能性がある。柔軟な働き方をする人々がとくに弱い立場になるのは経済的混乱のときだけではなく、年をとってからもそうだ。なぜなら、大半の国々においてそうした就労形態の人は、年金制度にまったく――もしくはごくわずかしか――貢献をしていないからだ。米国のような国では、健康保険はしばしば雇用と結びついているため、非正規社員は良質な医療保障を受けることができなかったりする。いっぽうで正社員は、それらを失うことを恐れて、転職に及び腰になる。

この問題に取り組むには、本質的には2つの選択肢がある。ひとつは雇用主に対して、非正規社員の社会保険料も勤労時間に応じて支払うようにさせること。もうひとつは、社会保険料の重荷をすべて雇用主の肩からおろし、その代わりに一般的な税を通じて資金を集め、就労形態にかかわらずすべての労働者が守られるようにすることだ。いずれの場合も、就労形態に関係なく労働に課税する一貫性のあるアプローチをとることが、競争や革新や財政の持続可能性に役立ついっぽう、柔軟な働き方の労働者にもより大きな安全をもたらす。さらに、この方法で得られる社会保護をさまざまな仕事や業種や雇用形態にも広げられれば、仕事の自動化に伴ってこの先起きる大きな問題にも的確に対処できるようになるだろう。多くの国は、どのようにそれを行うかの実験をすでに始めている。

たとえばオランダでは、パートタイマーへの差別的措置を法で禁じ、雇用主はすべての従業員にそれぞれの勤労時間にもとづいて、社会保障やその他の権利を与えなければならないとした。その結果、77パーセントの女性と27パーセントの男性がパートタイムで働くようになった。これは世界でもっとも高い率だ。[32]同様にデンマークでも、非正規労働者に伝統的な労働者と同じ利益を与えることが義務付けられている。

個人事業主に対しても、条件を公平にすることは可能だ。大半の国において、個人事業主は被雇用者ほど社会保険制度に貢献をしない。たとえばイギリスでは、国民保険〔訳注　失業者や就労困難者向けの拠出制手当、公的年金等を含む単一の社会保険制度〕のために雇用主が被雇用者に対して13・8パーセントの拠出をするが、個人事業主に対しては何も払わない。この仕組みを変える試みはこれまで失敗に終わってきたが、フリーランサーを雇うにも給与労働者と同レベルの税金をかければ、柔軟な働き方をする人への偏見は減り、社会保険に貢献する資金のプールは大きくなる。[33]

より多くの政府が今、雇用主に対して、より多くの安全を非正規労働者に与えるよう求める政策を導入し始めている。たとえばカリフォルニアの州政府は、ウーバーやリフトなどのデジタルプラットフォームサービスの会社に、契約社員を従業員として扱うよう求める法律を導入しようとした（が、結局失敗に終わった）。オレゴンやニューヨーク市、サンフランシスコやシアトルやフィラデルフィアはすでに、企業が従業員に対して勤務時間を保証し、スケジュールを前もって知らせることを求める法を通過させた。この試みが目ざしているのは、より予測可能で信頼できる収入を確保できるようにすることだ。そのほかに、部分的な選択肢や自主的な選択肢も存在する。ニューヨーク州が創出した「ブラックカーファンド」という非営利の保険業は、ニューヨークのリムジン運転手がけがをしたときに現金給付を行うものだ[34]。この基金はさらに乗車代金に2・5パーセントの課税をし、加盟している運転手を対象に安全運転についての訓練を行うことで、リスクを減少させている。

自分がしたいときに働く利点と就労の安定とのバーターに満足している労働者も多いと主張する人々もいる。彼らが特に引き合いに出すのは、収入を補うためにオンライン上で仕事をする若いギグワーカーだ。だが、米国とイギリスの非正規労働者はもっと伝統的な就労形態で働きたいと望んでいるというエビデンスもある。それによれば、おおかたの回答者は、時給が半分になっても正規雇用になりたいと考え、そして時給の35パーセントが減ってもいいから、1カ月ごとの契約ではなく年間契約を結びたいと答えている[35]。イギリスとイタリアと米国のギグワーカーを対象にした調査によると、回答者の80パーセントは、雇用主とともに「共同セキュリティアカウント」をつくり、収入を安定させるという考えを支持している。収入の安定に次いで仕事関連の福利厚生で重要視されているのは、イタリアとイギリスにおいては年金であり、米国では健康保険だった[36]。

マクドナルド社は近年、イギリスで働く11万5０００人の労働者に、ゼロ時間労働契約から週に最低限の時間の労働を保証される有期労働契約に切り替えるチャンスを提示した[37]。ゼロ時間契約で働く労働者の多くは、住宅ローンを組んだり携帯電話の契約を結んだりすることができない。定期的な収入があると証明することができないためだ。にもかかわらず、そして先の調査結果とはうらはらに、80パーセントの社員は現在のままのフレキシブルな雇用形態にとどまることを望んだ。これは労働者全般の傾向というよりも、マクドナルドの労働力の特徴を物語るものなのかもしれない。だがおそらく、もっとも興味深い発見は、社員たちにフレキシブルな契約と堅実な契約のどちらかを選ぶチャンスを与えた後、顧客と従業員の双方の満足度が向上したとマクドナルドが記していることだ。

多くの大企業は、株主価値を最大化することばかりではなく、会社としての目的やさまざまな株主へのサービス提供など、もっと広いものごとに目を当てるようになっている。従業員により多くの安全と利益を与えることも、そのひとつだ。[38] 一部の経済学者は、「良い仕事」を創出したり「ハイロード（王道）経営者」を盛り立てたりする重要性を論じてきた。「ハイロード経営者」とは、訓練に投資をし、仕事の質を向上させることで、市場よりも高い給料や福利厚生をもたらすことのできる経営者だ。[39] 多くの経営者が何とかそれをやりとげ、しかも競争力を保っている事実は、それが現実に可能であることの何よりの証拠だ。そうしたイニシアチブが賞賛され推奨されるべきなのはむろんだが、私の見るかぎり、道義的勧告はまだ不十分であり、この先、企業の社会的責任や福利厚生、そして訓練などのすぐれた取り組みをみなに実行させるために、法律や規制が必要になるだろう。そうすることで、すべての企業のあいだで公平な競争の場がつくられる。

非正規労働者のさらなる安定を求めるうえで、組合は重要な役目を果たす。柔軟な働き方をする労働者は組合にとって、潜在性を秘めた新しい重要な構成員だ。非正規労働者が組合に加入するという事例はあちこちで生まれている。イタリアでは、配達労働者の組織と、労組と、ボローニャの自治体のあいだで綱領が結ばれた。それにより、デリバルーやウーバーイーツなどの家庭配食サービスに対して、最低賃金や労働時間や保険についての条項が定められた。同意を拒否したいくつかのプラットフォームには市長がボイコットを組織し、結果的に同意を取りつけた[40]。インドでは自営女性協会という組織が労組および協同組織として活動し、２００万人以上の女性が市民的・社会的・経済的権利を獲得するのを助けてきた。フレキシブルな仕事の拡大をもたらしたデジタル技術は、フレキシブルな労働者らがそうした仕事に対して自らを組織するためにも用いられている。

失職の危機にある労働者を再訓練する

就労形態を問わず、最低限の収入や福利厚生しか得ていない労働者を支援するのは、新しい社会契約の重要な一要素だ。いっぽうで、仕事を失った者は肉体的・精神的に可能であるかぎり、一定の義務を負う。それは必要に応じて再訓練を受け、可能なかぎり速やかに労働市場に戻ることだ。では、失職した人が生産的な仕事に戻れるようにするために、社会はどのような支援をすればよいのだろう？　スキルが時代遅れになったという理由で大勢の労働者が仕事を失ったときには、何が起こるだろう？　低スキルの労働者や衰退している地域の住民に再訓練を施して、新しい仕事を見つけさせることは可能なのだろうか？

労働者の再教育プログラムの有効性については、先進国でも開発途上国でも学術的な調査が数多く行われている[41]。その結果は明確ではないものの、何が効果的かについてははっきりした教訓がある。就職斡旋に焦点を合わせた介入――新しい仕事を探すのを手伝ったり、求職者の行動をチェックしたりといった――は人々を、それもとりわけ低スキルの人々を短期間で復職させるのに効果が高く、コストも安い。雇用主の特定のニーズを満たすように設計された訓練プログラムは実務経験と結びつけば、民間部門とは無関係な教室での訓練よりもはるかに大きなインパクトをもち、はるかに効果的でもある。この種の訓練にはコストがかかるかもしれないが、数年のスパンで見れば利益は多大だ。長期間失業している人には、とりわけ恩恵が大きい。訓練が何らかの認定や資格の取得につながれば、なおよい。低スキルの労働者にとっては、参加者に公的なサポートを提供するプログラムは、より良い雇用結果に結実する傾向がある。[42]

いっぽうで、どんなプログラムの効果が低いかもわかっている。大学や職業訓練センターで行われる教室での訓練に単に人々を送り込むだけでは、たいがい投資に見合った結果は得られない。失業者の雇用を促すため企業に支払われる助成金は、たしかに雇用を増やすのに役に立つが、結局は無駄になるともいえる。なぜなら企業が採用するのは、助成金があろうとなかろうと雇っていただろう人材だからだ。民間部門を巻き込んで雇用を人工的に創出するプログラムは、ほぼ例外なく失敗している。そして労働者に訓練をより有効に施すなら、すでに失職の危機に瀕してからではなく、テクノロジーの変化を予感した段階でそれを行うことだ。[43]

集団解雇の危機に瀕した労働者支援を目的に計画された包括的なアプローチの好例が、スウェーデンの雇用保障評議会だ。この組織は、個々の労働者が仕事を失うより前に、助言や訓練や経済的支援や、新しく仕事を始めるためのサポートなどを行う。[44]評議会は組合や雇用者とも協力して活動し、技術的な理由や経済的な理由で解雇の危機にある対象者にコーチをつける。コーチはじっさいの解雇の6‐8カ月前から労働者と活動を始める。一連のサポートの資金は、雇用者から給与の0・3パーセントを徴税したものがあてられる。このプログラムの成功率はかなり高く、受講した74パーセントの労働者は新しい仕事を見つけたり、さらに訓練を受けたりしている。そして、仕事を見つけた人々の70パーセントはそれまでと同じかそれ以上の給料を手に入れることができた。[45]

理想的には各国は、未来の仕事がどこに発生するかを戦略的に考え、若い人や現在働いている人々を未来に向けて準備させなくてはならない。１９５０年代と60年代においては、人的労働力の計画配置——当時はそう呼ばれていた——の評判はひどいものだった。当時、ソ連式の中央計画を進める人々は、未来の経済にどのくらいたくさんの溶接工やパン屋や教師や看護師が必要かを非常に正確に評価しようと試みたが、当然というべきか、彼らの予測は不正確だった。未来に起こるテクノロジーの変化を、そしてそれらが人々の仕事を粉砕することを予測できなかったからだ。でも今は少なくとも、テクノロジーの進化のおおよその予測がつく以上、具体的にどんな仕事が必要かは無理でも、どんなスキルが未来において必要になるかは予想できるだろう。

たとえばデンマークは、そうした分析を用いて教育と労働者研修の政策をつくってきた。デンマークは世界のどの国よりも多くの予算を（ＧＤＰのおよそ1・5パーセント）積極的労働市場政策に費やしている。それは、労働者のスキルを新たにし、仕事を失わないようにするのを助けるプログラムだ。「デンマークのワークフェアおよび破壊《ディスラプション》についての評議会」は、自分たちの目標を次のように述べている。「私たちはすべての国民を、未来の勝者にしなければならない。私たちは、変化によって恩恵を受ける者と、変化ゆえに取り残される者とに二分されてはならない[46]」。

こうした姿勢をもとに、初等教育から職業訓練に至るまでの包括的かつ進歩的なプログラムがつくられることになった。職業訓練の焦点はとりわけ、障がい者や昨今の移民や低スキルの人々など、雇用される確率の低い人々を支えることにあてられている。このシステムは寛大ないっぽう、厳しいものでもある。失業手当を受け取れるのは1年までで、以後は最長3年まで訓練や実習などに積極的に参加することが必須だ。失業者は積極的に監督され、ケースワーカーにサポートを受ける。そして大部分は1年以内に——言いかえれば、求人市場から切られてしまうよりかなり前に——新しい職場を見つける[47]。その結果デンマークは一貫して、世界でもっとも失業率の低い、そしてもっとも就労率の高い国であり続けている。

そのほかに、労働者を早い段階でテクノロジーに適合させることが本人にとってはもちろん、会社全体の生産性や効率性にとっても有益だと示すエビデンスは増加している。[48] たとえば、ニューヨーク州の304の介護施設を対象にした、電子カルテのシステム導入についての調査がある。それによれば、職員らが新しい技術を実践するうえで協力したり、意思決定や問題解決に関わったりすることを推奨されていた施設は、結果的にきわめて高い生産性を達成できた。[49] いちばんよい成果をおさめた施設では、新技術の導入よりかなり前に職員に通告を行い、そうした技術の恩恵を最大化できるように訓練を受けたり実習をしたりするチャンスを与えていた。あるいは、新技術がそれまでの仕事を代用するようになった場合に備えて、新しいポジションのための再訓練を受けるチャンスを与えていた。

繰り返しになるが、そうしたアプローチは単に労働者のためだけではなく、雇用主の利益のためでもある。会社が従業員を解雇し、新しい職員を雇うときには、退職や採用のための、そして研修のためのコストが新たにかかる。米国で行われたある評価によれば、仮に再訓練のためのコストを勘定に入れたとしても、そして再訓練が行われているあいだの損益をそこに含めても、新しい職員を雇うより、この先10年の技術革新で仕事がなくなってしまう従業員の25パーセントを再教育し、新しいスキルを身につけさせるほうが、雇用主にとっては得だという結果が出ている。[50] 再訓練の費用を業界全体で分担できれば、企業にとっては労働力の半分に再訓練を施しても経済的には見合う。雇用の維持というもっと広い公益を——そして税金の継続的な支払いや福祉費用の削減を——考慮すれば、職を失う可能性のある労働者の77パーセントを再訓練したほうが理にかなっているのだ。

この章では、労働に関して新しい社会契約が必要かつ可能であることを示してきた。貧しい国では、もっとも貧しい世帯に最低限の収入を与えるというやり方ができるし、社会が豊かになるにつれてその額は増やしていけるだろう。先進国では最低所得の供給はすでに可能だが、生産的な仕事への復帰を促すようにそれらを設計することもできるはずだ。就労契約の性質にかかわらず万人に福利厚生を与えることで、より柔軟な仕事も安定性の増加によってバランスをとれるようになる。もし自分が働けなくなっても、そのリスクを他者と分けあえるとわかっていれば、不安定性は大きく軽減する。そして最後に、人が生涯を通してスキルを学びなおすのなら、その援助へのさらなる投資は、人々が速やかに労働市場に戻るのを、そして長期にわたって社会に貢献し続けるのを促すことになる。

第6章　高齢者の暮らし

私たちはみないつか（幸運であれば）老境に至る。そして老いるにつれ、2つの大きな問題に直面する。ひとつは、もう働けなくなったときに、経済的に生活をどう支えるかという問題。もうひとつは、自立した生活を送れなくなったときに、だれにどうやって面倒を見てもらうかという問題だ。おおかたの社会は、年をとって働けなくなった人や自分の面倒を見られなくなった人が、それでもなんとか生活を送れるように最低限のレベルの支援をするべきだと考えている。社会契約についてのあらゆる面と同じように、ここでも重要な問題になるのは、老いにまつわるリスクをいかに個人と家庭と社会と、さらには市場とで分けあうべきかという点だ。だが、社会契約の他のどんな側面よりも老後の計画が難しいのは、自分がどれだけ長く生きるのか、どれだけ健康的に生きられるかはだれにもわからないからだ。私の父方の祖父は科学者で、堅実な人だったが、それでも自分が94歳まで生きるとは想像もしていなかった。贅沢好きだった母方の祖父は72歳で突然亡くなった。家族の農場の中からオレンジの畑を売り払い、そのお金で新しい衣服を注文した直後のことだった。

歴史的に言って、大半の男性は60歳を超えても働き続けていた。退職や隠居という考えは20世紀的な現象なのだ。伝統的には、老いた人々は身内の女性に家で世話をされていた。だが、寿命が延びたことや、働かないで過ごす時間が人生の後期において増大したことや、家の外で働く女性が増加したことなどで、高齢者の直面する問題はより切実になった。高齢者への尊敬の念は東へいくほど高くなると一般に言われるが、日本や韓国などの国においてさえ、複数の世代が同居する世帯は少なくなってきており、高齢者は自分たちだけで暮らす傾向にある。社会契約の多くの部分と同様に、老齢にまつわるリスクを引き受けるのは徐々に個人としての私たち自身になってきているのだ。

社会は個人に対してどのくらい、退職後の生活と世話を引き受けるべきなのか？　年金の受給資格を手にするには、人はどのくらい長く働かなければならないのか？　老いた人々が極貧にならないように社会は最低限の所得を提供するべきなのか？　高齢者の世話と人生の終わりのケアを、人間的にも財政的にも持続可能な方法で組織するにはどうすればよいのか？　大半の国では、この問いに答えが出るよりも速いペースで高齢化が進んでいる。危険なのは、高齢者がほどなく自身を世話する手段や能力を欠くようになることだ。

高齢化と年金の問題

先の一世紀をかけて人間の寿命が延びたのは、すばらしい達成だった。しかし、それは重大な困難を引き起こすことになった。労働年齢にあたる人々が、増加の一途をたどる高齢者の生活を支えなければならなくなったのだ。日本は労働年齢（20－64歳）の人口に対する65歳以上の老年人口の割合がもっとも高い国だが、この比率は今後50年間で、先進国全体で2倍になると見込まれている。その時点では、労働者1人が少なくとも1人の高齢者を支えることになっているだろう。中所得国の大半は今のところ先進国より若年人口が多いが、現時点ではまだ初期の段階とはいえ高齢化が急速に進んでおり、それに対処するリソースは少ない。アフリカや南アジアの低所得国は若年人口が多い傾向にあるが、十分な雇用をいかに創出するかという問題と、退職後の適切な生活費を確保するメカニズムをどうやって打ち立てるかという問題がある。

社会は、個人が受給できる退職後の生活費について政治的プロセスを通じて決定し、何歳から年金の支給対象になるかを定めている。ドイツのビスマルクが1889年に世界に先駆けて強制加入年金の仕組みをつくったとき、退職年齢は70歳と設定されていた。当時の平均寿命を考えると、国が年金を提供しなければならない期間は平均で7年間だった。その後、1916年にドイツの定年は65歳に引き下げられた。それが今日意味するのは、政府がおよそ20年分の年金を支払わなければならないということだ。

同様のパターンはいま、ほぼすべての国で起きている。定年が延びるスピードが平均寿命の延びるスピードより遅いため、結果的に年金生活が長くなっているのだ。ほとんどの中所得国や高所得国では、現在の労働者は人生のおよそ3分の1の時間を定年後に過ごすことになる（図11）。働くことに費やされない時間の延びがことに大きいのは、オーストリア、ベルギー、チリ、ドイツ、ルクセンブルク、ポーランド、スロバキア、スペインだ。

基本的な問題は、定年後の年数が仕事をしていた年数に比較してあまりに長くなっていることだ。だから、労働生活中に年金に投入した金額が、老いたときにサポートが必要になる年数ぶんを賄いきれないのだ。これがもっとも顕著にあらわれるのは、昔働いていた人の年金を今働いている人が支払う賦課方式のシステムだ。老齢人口が膨らむいっぽうで生産年齢の人口が縮小したら、働いている人々にのしかかる経済的重荷は甚大になる。2060年までにすべてのG20諸国では人口が縮小する。そして、生産年齢人

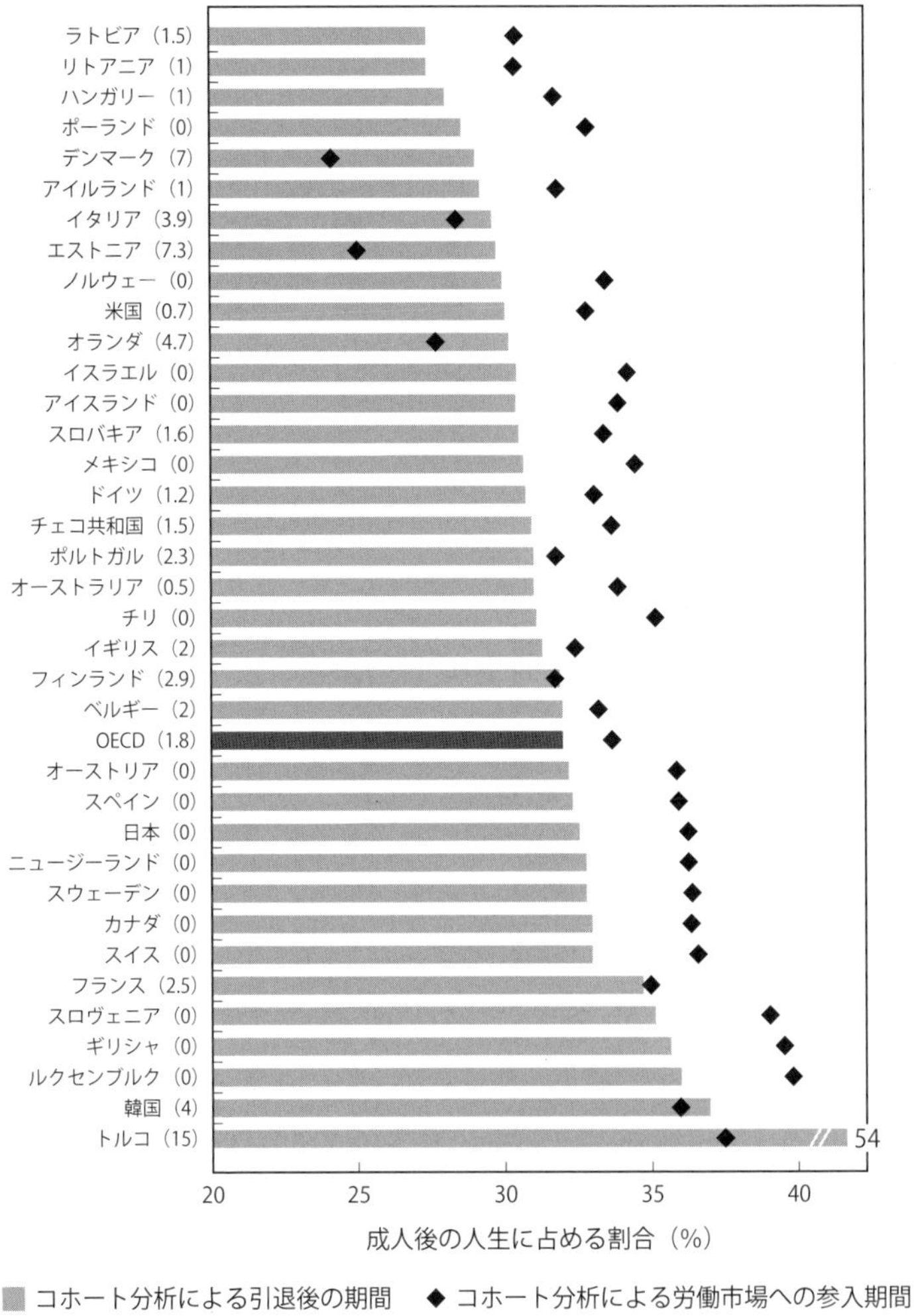

カッコ内の数字は退職以降、年金を満額で受け取るまでに必要な年数をあらわしている。

図11　労働者が引退後に過ごす時間は長期化しつつある
成人後の人生に退職後が占める時間の割合

口に支えてもらわなければならない65歳以上の人口は、少なくとも2倍になっているはずだ。そのお金を工面するためには、大半の国は税金を大幅に上げるか、債務負担を大きく増やすしかない[1]。

ここでの問題は、寿命が延びすぎたことではなく、人々が十分なお金を貯めてこなかったこと、そして早く退職しすぎることだ。同時に、高齢化社会は少子化の問題も抱えているため、若い世代にもっと投資をする必要もある。それによって若い人々が十分生産的になれば、増大する老齢人口をなんとか支えられるかもしれない。どちらにしても、重要なのは貯蓄と投資の増大だということだ。

この問題をさらに難しくしているのは、現行の年金制度が雇用形態の変化に追いついていないこと——とりわけ、前章で述べたフレキシブルな就労の増加という、ますます重要度を増している事態に追いついていないことだ。多くの国において、個人事業主は年金制度から脱退することも可能だし、将来の給付金が減ることを覚悟で拠出金を低くすることもできる。年金制度によっては、頻繁に仕事を替える人にペナルティを科すこともある。ひとりの雇用者のもとに長く居着かない労働者は多くの場合、個人年金に加入するしかない。それでは定年後の貯蓄が不足しがちで、老後が危険にさらされる。とりわけ女性は、フレキシブルな労働やパートタイマーに適合できる年金がないことで、年金不足という問題におちいりがちだ。要するに、年金の改革は必須だということだ。

年金改革にあたっての困難

前述したように大半の先進国は今、リスクを個人に転換することで高齢化の財政的圧力に対処しようとしている。確定給付型として知られる伝統的な年金においては、雇用主が従業員に対して、個々の給料や勤労年数に応じて決まった額の年金（確定給付）を与えることを約束する。従業員の拠出金が年金のコストをカバーできないかもしれないというリスクは、雇用主が負う。こうした形の年金は今、確定拠出型の年金に取ってかわられつつある。企業型の確定拠出年金においては、雇用主は一定の金額の拠出（確定拠出）を行い、それを用いて加入者である従業員が運用を行う。雇用主は、そうした運用がどれだけうまくいくのか、それが労働者の老後を賄うのに十分であるかどうかには関与しない。そうしたリスクを管理する金融上のスキルをもつ人はきわめて少ないにもかかわらず、確定拠出型の年金は今、広く普及しつつある。[2]

いっぽう開発途上国では、年金が存在するのはフォーマルセクターだけで、しかも多くの場合、フォーマルセクターは経済のほんの一部しか占めていない。高齢者を介護するコストは、傾向的にまず個々の家庭が負担し、それより低い割合ではあるがボランティア組織が負担している。問題はそうした開発途上国において、年金制度が広まるより速いスピードで社会が高齢化しつつあることだ。より多くの労働力が年金制度に加入しないかぎり、家庭にかかる負担や、政府資金によるセーフティネット型の年金制度にかかる負担は過剰になってしまう。開発途上国はそれゆえ、フォーマルセクターの仕事を広げることや、強制加入年金の普及、定年についての現実的な設定などに優先的に取り組まなくてはならない。

昨今の改革にもかかわらず、年金制度の持続可能性は大半の国において厳しい状態にある。金利の低い国々ではことに年金の運用リターンも低くなるので、状況はきわめてひっ迫している。解決策として可能性があるのは、次の3つだ。定年を引き上げること。年金への拠出を増やすこと。そして年金の支給額を予定より減らすことだ。この数年のあいだ、さまざまな国がこれらのすべての選択肢を試してきた。[3]年金拠出を増やすひとつの方法は、移民の流入を容認して、生産年齢人口をよそから輸入することだが、これは政治面や社会面で別の問題を引き起こすことになる。

言いかえれば年金改革には、もはや実行不可能になった社会契約の再設計が必要なのだ。これが意味するのは第一に、個々人が定年後に備えてもっと貯蓄をしなくてはならないということであり、もっと長く働かなければならないということだ。さらに、非正規労働者の年金加入をもっと容易に、もっと自動的にすることや、リスクをより効果的にプールする方法を個々人に提供することも含まれる。一種のセーフティネットとしての年金制度は、全員に最低限の年金を提供することを意味しており、いちばん弱い立場の人――とりわけ低所得者や、キャリアを中断させられた人々（主に女性）――が老いたとき困窮するのを防ぐことを目ざしている。理想的な年金制度とは、最低限の公的年金を全員に支給し、さらに保険ベースのさまざまな選択肢を通じて、老後の収入を補えるようにするものだ。

問題は、年金改革が非常に議論を招きがちであることだ。人間はふつう、自分が対価を支払ったと信じている何かや既得権益をあきらめるのに、非常に抵抗を感じる。年金改革はまた、高齢者の投票率が若者よりも高いという単純な理由ゆえ、きわめて政治的な問題になりがちだ。たとえばＯＥＣＤ加盟国の中で、２０１２年と２０１３年の選挙で投票した有権者は55歳以上では86パーセントにのぼるが、若者に限ると70パーセントにとどまる。高齢者はまた、ロビー活動にもきわめて長けている傾向がある。先進国において中位投票者の年齢が上がるにつれて、年金への公的支出がＧＤＰの０・５パーセントぶん増加しているのはけっして偶然ではないのだ[4]。

おおかたの国において改革は、財政的な圧力が高まった危機の瞬間に行われる。しかし、年金改革について政治的なコンセンサスを得るには通常、いわゆる「既得権条項」が絡んでくる。つまり、すでに行われた約束は尊重されるべきであり、変化が適用されるべきなのは、長い過渡期を挟んだ未来の世代だということだ。アフリカや中東や南アジアなど現在若年人口が多い国々にはぜひ、持続不可能な約束の中で既得権益が固定される前に、早く行動を起こすことを助言したい。

長く働く

良い知らせ——少なくとも年金を提供する側から言えば——と言うべきは、人々がすでに長く働き始めていることだ。そして人々は、この先も長く働くことを望んでいる。たとえばＯＥＣＤ加盟国のあいだでは、55－64歳の人々の就労率は２０００年の47・7パーセントから２０１８年の61・4パーセントへと大きく増加している。いっぽうで25－54歳の就労率にはほとんど変化がない[5]。職業人生の期間がもっとも延びているのはドイツ、イタリア、フランス、オーストラリアなどの国々で、教育を受けた労働者のあいだでことにその傾向が強い。退職年齢は世界中のどこでも上昇しており（図12）、60代後半まで延びている国もある。高所得国の中には、定年が70歳を超えるところもある。中所得国の大半は、長寿化への対応が先進国よりゆっくりしており、定年は60歳以下がまだ一般的だ。

だが、人々が働く年数が増えたとは言っても、長くなった老後のコストをカバーするにはまだ足りない。その隔たりを埋めるいちばん明快な方法は、定年と平均寿命とを直結させ、働く年数と定年後の年数の割合をつねに適正に保つようにすることだ。デンマーク、エストニア、フィンランド、ギリシャ、イタリア、オランダ、ポルトガルなどの国では、すでにそうした方策が取り入れられている。ポルトガルの場合、定年は平均寿命の延びの3分の2のペースで上げられている。この方式なら、年金制度の財政的な持続可能性を改善しつつ、長くなった人生を人々が豊かに過ごすことも可能になる。どんな方式を採用するにせよ、

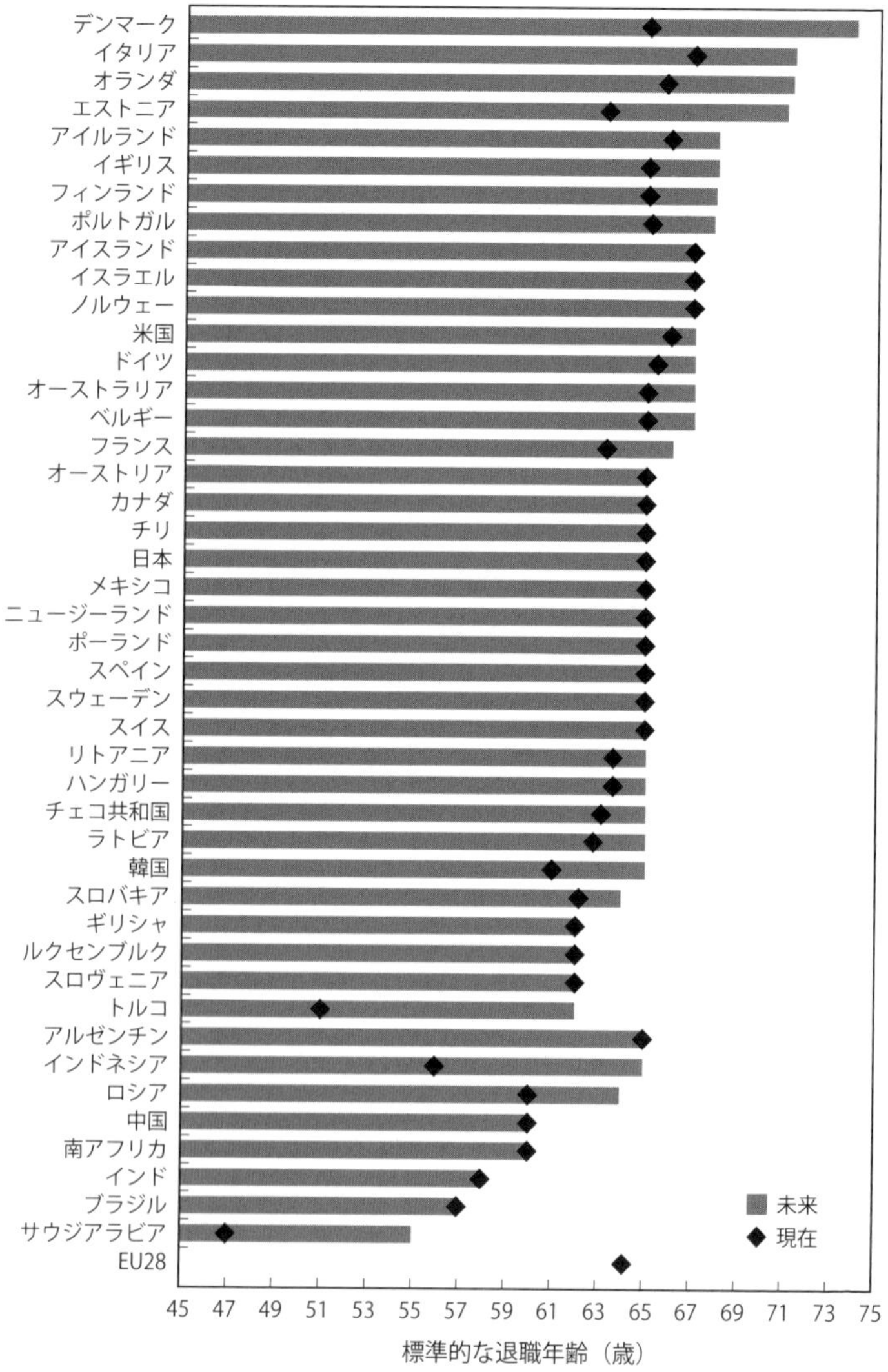

図12　退職年齢はどこの国でも(十分な速さではないものの)上昇傾向にある
22歳で労働市場に参入した男性がキャリアを全うした場合の、標準的な退職年齢

勤労年数と定年後の年数の関係を比例させ、余命が延びたときも自動的に調整ができるようにすれば、定年の引き上げについて頻繁に政治的議論をする必要がなくなり、予測を調節する時間を人々に与えることができる。

しかし、このアプローチには賛否両論がある。いくつかの国は政治的な反対を受けて、政策を撤回した。スロバキアは平均寿命と定年を結びつけるのをやめ、単純に定年を64歳まで延ばした。イタリアは一部の労働者に対して、平均寿命と定年をリンクさせるのを２０２６年まで延期した。スペインもまた延期を決定し、オランダは政策の実施を一次的に凍結した。同様の揺り戻しはカナダやチェコ共和国やポーランドでも起きている。[6]

定年引き上げに対する反対の声はたいてい、公平性についての懸念から生じている。定年延長によって引き延ばされた何年かは健康なものでない可能性があり、体の具合が悪い人に働くよう期待するのは道理に合わないという主張もある。だがそうした主張は必ずしも事実でないことが、エビデンスからうかがえる。新たな定年までの数年間はおおむね健康なものであり、人々に長く働く能力が十分あると推察されるのだ。

もうひとつの主張は「貧しい者ほど早く死ぬ傾向にあり、さらに、肉体的に厳しい仕事をしている者はこれまで以上に長く働くことはできない可能性がある。だから、定年を引き上げることは、これらの集団にとっては退行的な処置だ」というのだ。確かに一理ある主張だが、じっさいにそうした人々が被る不利の程度はごくわずかであることが、複数の評価によって示されている。[7]とはいえ、平均寿命における社会経済的な差を考慮に入れることは、複雑ではあるが、可能ではある。そうすることによって、より高い健康リスクを抱える人にも現状より大きな利益を提供することが可能になるかもしれない。[8]

公正さは、女性の年金について考えるさいにも重要な問題だ。多くの国では、女性のほうが男性より平均寿命が長いのに、女性の定年が男性よりも早く設定されている。女性のキャリアが男性よりも短くなりがちな事実や男性よりも概して低賃金である事実とあいまって、女性が受け取る年金は低額になる。たとえば欧州では、女性の平均的な年金は男性より25パーセント低い。だからこそ、高齢者の貧困は不均衡なほど女性に多い。ただ、男性と女性の定年についてはゆくゆくは統一しようという流れがあり、仕事の世界で男女に同等の機会を与えようという政策と合わせて、性による年金格差を埋める一助になるだろう[9]。

すべての人を年金制度に引き入れる

多くの人が年金制度に寄与してプールが大きくなり、リスクを大勢で共有できるようになれば、それだけ制度は効率的になり、持続可能性も高まる。だから、公費による最低限のセーフティネットとしての年金を万人に保証するためには、万人がそれに寄与する必要がある。

これまでの章で述べた最低賃金や医療を受ける権利と同じように、年金の最低額のレベルも国によって、それぞれの国の財政状況に応じて大きく異なってくるはずだ。だが少なくともそれは、老後の貧困を避けるのに十分な額であるべきだ。そして、長期にわたって公正なやり方でその価値を維持するためには、公的年金は、物価や賃金や平均所得の組み合わせに連動しているべきだ。老後の貯蓄のためのいくつかの税制優遇策にもおそらく価値はあるが、裕福な人々のあいだで広まりつつある任意加入年金を公的な最低限の年金にプラスし、普通の貯蓄と近い率の課税をするという手もある。

だが、それでも問題は残る。低所得労働者は貯蓄の能力が限られており、必要な財政的スキルをもたないことも多く、高所得の年金貯蓄者が利用できる税制上の優遇措置の恩恵を受けにくい。そんな彼らを、どうやって年金制度に引き込めるのだろう？　ニュージーランドをはじめとするいくつかの国は、マッチング拠出や初回のボーナス提供などの優遇策によって、労働者を年金制度に加入させようとしてきた。だが、人々を年金制度に加入させるいちばん効果的な方法は、単に自動的に登録させることだ。

自動加入方式と呼ばれるこのやり方は、年金制度への加入をデフォルトにし、あとでオプトアウトするという選択肢を設けている。これを実施しているブラジル、ドイツ、ニュージーランド、ポーランド、ロシア、トルコ、そしてイギリスなどではすべて、年金への加入率が大幅に向上した。米国では任意の企業年金制度への加入がデフォルト選択になり、加入者数は倍増した。チリはさらに踏み込み、年金制度への加入を必須にした。自動加入方式ならば、大半の労働者は年金制度にとどまり（とりわけ雇用主も拠出を義務付けられている場合は）、登録は簡単で、さらにはオプトアウトを思いとどまらせるための金銭的優遇策まである。労働者が定期的に拠出を増加できるようにしたり、将来の昇給の一部を自動的に年金に割り当てたりするプログラムも、これまでのところ成功をおさめている。[10]

年金制度もまた、前章で述べたようなフレキシブルな就労形態の急増に適応する必要がある。大半の人々は老後の貯えが十分できておらず、個人事業主やパートタイマーや契約社員はとりわけそうしたリスクに弱い。こうしたカテゴリーの労働者に多いのは、女性や若者や高齢者、そして低所得の人々だ。そうしたフレキシブルな労働者を年金制度に取り込むメリットは、拠出金のプールが大きくなることだけではない。彼らを雇う企業に対して、本人に代わって年金拠出を要求することで、単にコスト削減のために非正規契約を使おうというインセンティブを減らすこともできるのだ。

だが、個人事業主を魅力的にし、さらにはインフォーマル経済で働く誘惑を減らすために、多くの国は個人事業主に所得ベースの年金制度加入を要求していなかったり（オーストラリア、デンマーク、ドイツ、日本、メキシコ、オランダなど）、個人事業主の年金拠出額を低くすることを認めていたりする。そしてその結果、老後の年金減少をもたらしている（カナダ、フランス、イタリア、韓国、ノルウェー、ポーランド、スロバキア、スウェーデン、スイス、米国など）[11]。

もっと包括的な制度は、非正規労働者を自動的に任意の年金に加入させるいっぽう、彼らを雇う企業に、他のスタッフに対するのと同じように非正規労働者のぶんも年金拠出をするよう要求するものだ。これはパートタイマーや契約社員に対してはきわめて単純な話だが、個人事業主についてはもっと事情が複雑だ。個人事業主は労働契約を結ばず、多数の雇用主のもとで働いていることがあるからだ。ひとつの選択肢はそうした労働者に、被雇用者としての拠出と雇用者としての拠出の両方を行わせることだ（ただしこれは、自営という労働形態の魅力を減じることになる）。もうひとつの選択肢は、非常に低所得な個人事業主の年金拠出を国に行わせ、そうした人々に老後のための貯蓄を推奨することだ。

時とともに年金制度にとっても、正規の労働者とフレキシブルな労働者とのあいだで補償範囲や拠出金や権利を調和させるのが理にかなうようになっていくだろう。それにはさまざまな理由がある。そういう措置をとることで、老後の貧困にまつわるリスクを減らしたり、公正さを保証したり、リスクをより効率的にプールしたりできるうえ、労働者がもっと自由にさまざまな雇用形態を移動できるようになるからだ。

年金制度に寄与する労働者を増やすもうひとつの方法は、単純に、もっと多くの人々に就労してもらうことだ。第2章ですでに述べたように、女子の就学率が向上し、社会規範が変化し、保育が利用しやすくなったほぼすべての地域で、労働力への女性の参入率は向上している。日本のように高齢化が急速に進んでいる国は、子育て支援の増強や、女性の復職の妨げとなる税制度の改革などにより、女性の就労を積極的に後押ししている。[12] 差別的な政策を撤廃したり、保育や高齢者の介護提供に投資をしたりすることで女性が職場にとどまるのを支援すれば、年金制度の持続可能性はより高まるはずだ。同様に、移民労働者も年金制度への新しい重要な貢献者になってきている。米国では労働力の増加分の65パーセントを、ＥＵ全体では労働力の増加分の92パーセントを移民労働者が占めている。[13] もちろん移民の受け入れには社会的・政治的影響が伴うが、年金制度に寄与する若い労働者のプールを拡大することは、解決策の一部になるはずだ。

リスクを共有し、老後をよりフレキシブルにする

おおかたの人々は、十分な貯蓄をしていない。１４０カ国を対象にした調査によれば、先進国の成人の半数が、そして開発途上国の成人の84パーセントが老後のための貯蓄をしていなかった。[14] 幸運なことに、ネットバンキングやモバイルバンキング、新しい貯蓄商品、そして低コストで投資のアドバイスをしてくれるロボアドバイザーの出現により、貯蓄の機会は大きく広がってきている。

いわゆる「ナッジ」もまた、貯蓄の促進に効果的に用いられてきた。たとえばケニアでは、インフォーマルセクターで働く労働者の貯蓄を促す実験で３つの異なる介入が用いられ、どれがいちばん効果的かが調べられた。１つめは、被験者の子どもが書いたかのようなテキストメッセージでリマインダーを送るというやり方。２つめは、毎週貯蓄できたかどうかを目で見て確認できる特製の金色のコイン。３つめは、貯蓄額に応じて10－20パーセントのボーナスを支払うというプログラムだ。実験からは興味深い結果が得られた。金色のコイン作戦は貯蓄率の倍増に成功し、テキストメッセージやボーナスのインセンティブよ

りも効果が高いことがわかったのだ[15]。

フィリピンでは、広く観察されている人間心理にもとづいたある介入が行われた。その心理とは、利益を求めそれを享受しようという気持ちよりも、同じだけの損失を案じたり避けようとしたりする気持ちのほうが強いことだ。参加者は貯蓄をする約束をし、目標を達成できなければペナルティを受ける。これは結果的に、貯蓄を81パーセント増加させることにつながった。貯蓄にまつわる決断には心理学的要素が深く関係しており、行動上の介入がどのように助けになるかをこれらの例は示している。

だが、多くの人々は単純に、投資に関する決断の責任を引き受けたがらず、老後の資金については安定性を望みがちだ。カナダ、デンマーク、オランダなどの国は、そうした要望をかなえるために確定拠出年金に代わる集団的確定拠出年金という代案を模索してきた。集団的確定拠出年金は、労働者と雇用主の双方からの拠出を財源にしている。しかし、各自がそれぞれの年金用ポットをもつのではなく、拠出金は集合的なポットの中に入る。その利点は、投資のリスクが大きなグループの中に広まることで不安定性が減り、コストも下がることだ。ある調査によれば、集合的制度は過去50年間で給料の28パーセントを安定的に提供したのに対し、確定拠出制度が提供したのは17パーセントから61パーセントのあいだだった[16]。

集団的確定拠出年金は、キャリアの早い段階でもっとリスクの高い投資のポートフォリオを好む若い労働者には適さない可能性もある。集団型の場合、リターンの最大値は低めになる。いっぽうで、リターンがきわめて低くなる可能性もとても少ない。そしてもうひとつの利点がある。確定拠出金制度の場合は通常、加入者が年をとるにつれ、ハイリスク・ハイリターンの株式から利回りは悪くてもより安全な債券に年金基金を移行するよう助言されるものだが、集団型の場合はそうした面倒がない。拠出者が偶然、市場の業績が悪いときに退職することになった場合も、年金に悪い影響が及ぶ可能性を減じることができる。

キャリアを上るのは、梯子を上るのよりも木を登るのに似ているが、同じことは定年にも当てはまるべきだ。多くの人々にとって、突然フルタイムの勤務から完全な退職に移行するのは魅力的でない。そして、そう驚きではないかもしれないが、死亡率の上昇というリスクも――とくに男性には――伴う。キャリアの階段を65歳でいきなり飛び降りるより、木を徐々に降りていくほうが望ましい。年金制度は、人々が定年を段階的に実行するのを可能にするものであるべきだ。つまり定年後、フレキシブルに働いたり、パートタイムで働いたりしても、それが年金受給に悪影響を及ぼさないようであるべきだ。たとえばスウェーデンでは、定年に達した人は年金受給額を100パーセント、75パーセント、50パーセント、25パーセント、0パーセントから選ぶことができる。当座受給しなかったぶんはそのまま運用され続ける。そして定年後も働き続ければ、のちに受給する年金額はそのぶん加算される。

働く人のおおかたは、定年後しばらくはパートタイムで働いてから年金生活に入りたいと言う。だが、そうした選択肢を提供してくれる雇用主はわずかだ[17]。強制的定年の廃止や、フレキシブルな勤務時間と勤務場所（家庭でのリモートワークも含む）の導入、そして第3章で述べたような高齢の労働者のための生涯学習プログラムの導入はみな、生産的な職業人生の拡大に貢献してくれるはずだ[18]。

遠からず私たちは、高齢者がさまざまな原資――最低限の公的年金、任意の企業年金、個人の貯蓄、パートタイムの労働など――から収入を得ているのを思い描けるようになるだろう。図13には、さまざまな国の高齢者が今すでに多様なところから収入を得ていることが示されている。フランス、イタリア、ドイツでは、65歳以上の収入のいちばん大きな部分は公的年金が占めている。トルコでは、企業年金が最重要な位置を占める。チリ、韓国、メキシコなどでは、65歳以上の収入でもっとも大きいのは仕事による賃金だ。こうした高齢者の収入源の多様化は、この先もっと一般的になっていくだろう。

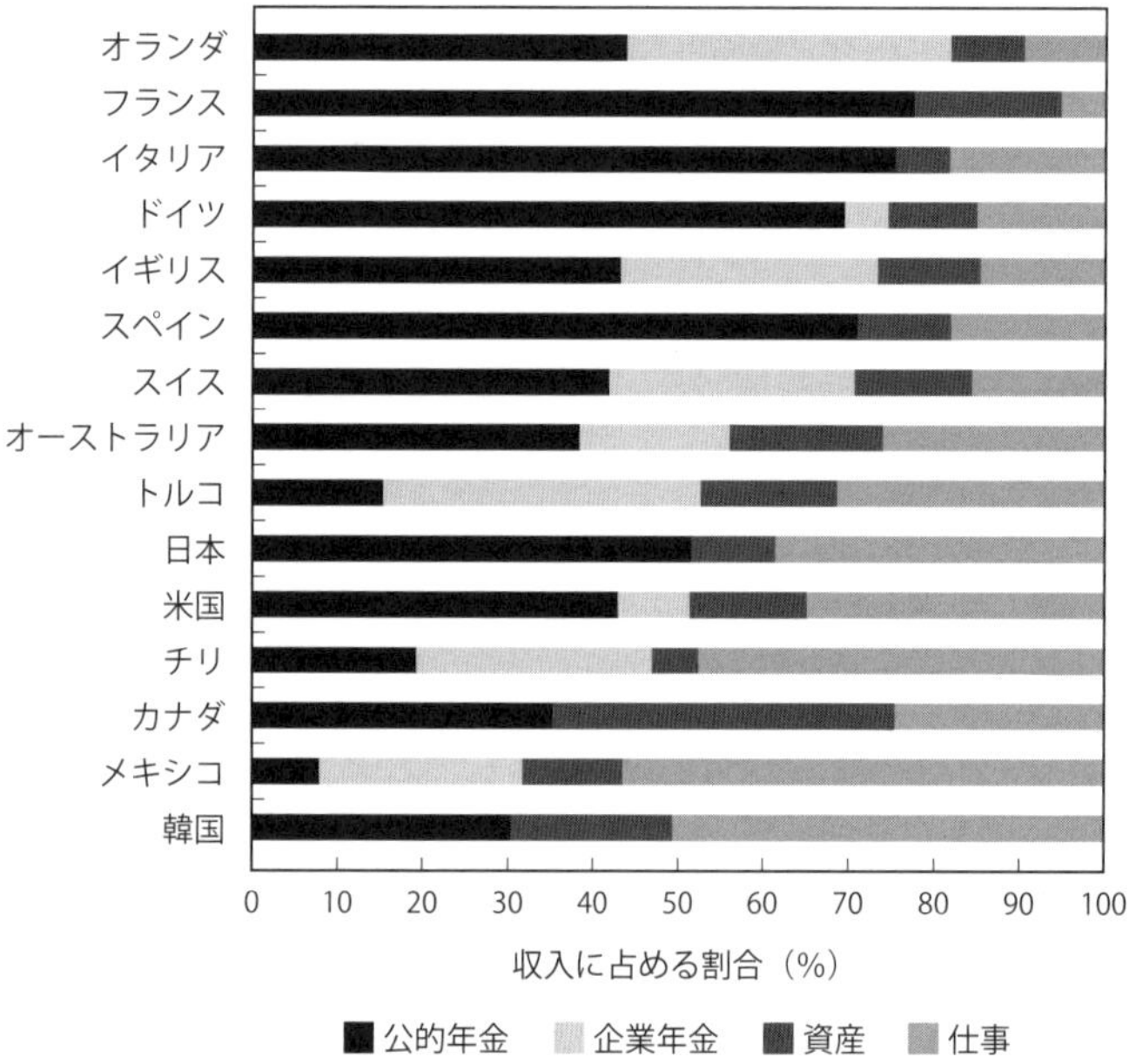

図13　退職者はさまざまな財源から収入を得ている
65歳以上の人々の収入の財源

だれが高齢者の世話をするのか？

　エジプトで私の祖母は、数世代の家族が過ごす家の長として暮らしていた。その家は一族の中心的な存在だった。昼食はいつも午後2時ごろ（祖母が食事をしたいと思った時間）に始まり、午後6時ごろまで続いた。まず、孫とひ孫が学校から帰り、次いで大人たちが仕事から帰宅する。時には祖母の17人のきょうだいのだれかやその子どもたちが、そこに加わることもあった。まわりから助けられてはいたが、それでもこの複雑な世帯を率いる役を担っているのは間違いなく祖母だった。祖母は、争いごとを解決する主任外交官であり、家庭問題の首席スポークスマンであり、あらゆる主要な行事のオーガナイザーでもあった。家族と一緒にいるのが好きで、それに伴うたくさんの責任を引き受けてもいた。高齢になると、昔自分が世話をした世代から世話されるようになった。今も世界の一部にこうした家族モデルは存在しているが、徐々に核家族や高齢者の単身世帯に取ってかわられつつある。

ここまで私たちが考えてきたのは、働けなくなった人々を財政的にどう支えるかという問題だ。ここからは、老いた人々が直面する第二の困難を考えていきたい。それは、ひとりで生活できなくなった人をどう世話するかという問題だ。

この章の最初に述べたように、あらゆる社会において高齢者は、歴史の大部分にわたって圧倒的に、身内の女性から世話を受けていた。今も世界の大半の地域では、このやり方が続いている。だが、家庭の小規模化、多くの女性の労働市場への参入、高齢者とその子どもの双方の社会的態度の変化、そして高齢化による介護期間の長期化などにより、多くの人々がさまざまな模索をしている。日本は、高齢者にさまざまなサービスを提供できるロボットを開発している。欧州の国々は、介護福祉の分野の移民労働を促進している。共同生活、地域密着型介護、そして「エイジング・イン・プレイス（住み慣れた街で年を重ねる）」の新しいモデルが今、試されているのだ。

だが昨今では、欧州や米国で若い人々が世帯をもつこと自体が困難になってきており、西欧的な核家族化の流れは逆戻りしつつある。２０１１年の段階で、ＥＵに住む18－34歳の若者の48パーセントは親と同居していた。同様に米国でも、親と一緒に住む18－34歳の割合は36パーセントという歴史的な高さにまでなっている。[19]

この現象の原因になっているのは住居費の高騰と、第5章で述べたように若者のあいだで不安定な就労が増えていることだ。「ブーメランチルドレン」と呼ばれる、一度親元を離れたものの、戻ってきてまた親と同居する子どもの割合がことに高いのは、イタリアやスペインなど、２００８年の金融危機後に激しい経済的苦境を経験した国だ。そのころ多くの若者たちは職を失い、親元に帰らざるを得なくなった。いっぽう多くの国々では税制と住宅政策により、老後の収入の源泉として住宅資産の価値を利用することが推奨されてきた。そうして親世代が次々に住居を買い占めた結果、若い世代は親の援助なしには住まいを購入できなくなった。こうして、いわゆる「賃貸世代」や「家主世代」が生まれることになった。

興味深いことに、先進国の家庭も開発途上国の家庭も今、同様の問題に直面しており、収入やリスクを世帯内でプールしなければならなくなっている。それは次のようなものごとに対処するためだ。経済面の不安。不安定な仕事。年金。高騰する住宅費。そして大量の持ち家や公営住宅を奨励した政策の転換。若者は徐々に、親の援助のないひとり暮らしを始めることができなくなってきており、いっぽう、高齢化していく親は十分な年金を得られず、やむなく子どもと同居したり、収入を補うために家主にならざるを得なくなるケースもある。こうした圧力に直面し、家族が標準的な生活を維持するためのひとつの手段が、私の祖母のような多世代同居家族であることが明らかになってきている。

とはいえ、多くの高齢者は――とりわけ女性は――この先の数十年間で、ひとりで暮らすようになるだろう。理由は単純だ。人間が長寿化したからだ。

21世紀において長生きするということ

21世紀において長寿は、ひとつの標準になるだろう。男性の場合、おそらく85歳まで生きる人が現在の

50パーセントから2100年には75パーセントまで増えているだろう。女性については、64パーセントから83パーセントまで増える見込みだ。[20] カナダ、フランス、イタリア、日本、イギリス、そして米国では、2000年以降に生まれた人々（私の子どもたちもその一部だ）は100歳まで生きる可能性が50パーセントある。[21]

高齢者の大半は、可能な限り長いあいだ家でひとりで、もしくは家族と暮らすことを望む。高齢者がその望みをかなえることができるかどうかは、彼らがいかに老いるか、そして余分に生きることになった数年が健康的なものか否かにかかっている。老化に関する調査からは、それらの数年がじっさいに健康的なものであることが次々に確認されている。[22] とはいえ、多くの高齢者は入浴や食事の支度などの日課に助けを必要とするようになる。健康に老いる可能性がもっとも低いのは低所得の人々で、彼らは人生の早い時期に窮乏生活を送っている。言いかえれば、老後にいちばん助けが必要になりそうなのは、いちばんその費用を工面できなさそうな人々だということだ。家庭での介護は往々にして施設での介護よりも安上がりではあるが（いちばん重度の介護が必要な人は除く）、低収入の高齢者には基本的なサポートさえ手が届かないことがしばしばある。[23]

おおかたの先進国では、費用を支払えない高齢者も制度的な介護を受けられる。いっぽう開発途上国の大半はそうした責任を家族や地域社会に担わせている。この先必要になるのは、可能な限り長く家庭での介護を支援する一連の政策の導入だ。そこには、家族による介護提供を容易にしたり、プロの介護者が家庭を訪問するのをサポートしたり、技術をもっと創造的に活用したりすることなどが含まれている。そうした政策が財政的な面も含め、医療と高齢者介護のより良い調和や統合を意味していることは、非常に重要だ。大半の国において、高齢者の介護は医療制度と切り離されており、結果的に多くの非効率をもたらしている。その端的なあらわれは、ほんのわずかなサポートがあれば家でのほうがより良い生活が送れるのに、それがないために高齢者が、高額の病院のベッドに行きついてしまったりすることだ。[24]

こうした政策は徐々に、開発途上国にとっても重要なものになりつつある。特に、高齢化が急速に進んでいるアジアの国々ではそれが顕著だ。そうした国々では、少子化や若い世代の移動の増加、そして女性の就労の増加などにより、昔のようなしっかりした介護が家庭ではできなくなってきている。たとえば中国政府は、在宅介護者のために訓練や金銭的援助などのサポートをすでに導入しており、さらに地方自治体が配食サービスに加えて高齢家族のための宿泊施設の提供なども行っている。[25]

根本的には、家庭で老後を過ごすために必要なのは、これまで無償で行われてきた介護の仕事を――たとえそれを行うのが介護のプロであっても家族であっても――価値のある、有償の仕事に転換していくことだ。オランダや北欧諸国などいくつかの裕福な国では、収入にかかわらずすべての国民は長期的な介護の代金を国からカバーしてもらえるが、おおかたの国は公的支援の対象を、経済力のない人々に限っている。自身の老いた家族（や親せき）を介護する人にも金銭的支援を拡大するのは奇妙に見えるかもしれないが、それは高齢者にとっても介護者にとってもより人道的であり、コストの面でも施設による介護に比べれば効果的かつ効率的なのだ。身内に介護してもらうことは孤独感や鬱の緩和にもつながる。[26] よく設計された長期的な介護システムには、介護の分野により多くの雇用をつくり出すというメリットもある。そして、より多くの女性が働き続けるのを可能にし、結果的に、税金や年金拠出を通じて高齢者介護の財源づくりに貢献もできる。

すべての国において、プロではない介護者への支援提供でもっとも恩恵を受けるのは、女性たちだ。[27] 女性たちは高齢者の介護という重荷のほとんどを担っており、そのために収入が減ったり精神的な健康に問題が生じたりして、それが皮肉にも自分自身が老いたときの困窮につながるケースもある[28]。プロでない介護者を支える政策──現金給付や年金クレジット〔訳注　イギリスの制度。低年金の基礎国家年金受給者に対する補足的公的扶助給付〕、休憩《レスパイト》ケア〔訳注　高齢者を介護する家族の負担を軽くするために一時的に施設が預かる介護サービス〕など──はプロではない介護者に休息を与えてくれる。そして、労働者が介護のために休みを取得できる柔軟な就労体制をつくることは、すべての人に利益をもたらし、ことに女性にとって助けになるはずだ。オランダ、デンマーク、スウェーデン、スイスなど、長期的介護のための最良の財政制度をもつ国において女性の就労率が高いことや性による不平等が少ないことは、当然の帰結なのだ。

テクノロジーも助けになる可能性がある。第4章では遠隔医療や、スマートフォンやウェアラブルな機器を通じた家庭ベースのヘルスモニタリングにより、患者が在宅したままでも多くの症状をリモートで処置できるようになったと述べた。

日本は、欧州がしているような、介護労働者を補うために大量の移民を受け入れるという事態を避けるために、介護ロボットに大きな投資をしている。介護ロボットは患者のバイタルサインを計測したり、救急サービスを呼んだり、薬の摂取や運動の必要を人々に思い出させたり、基本的な会話を交わしたりすることさえできる[29]。転倒に気づき、助けを呼ぶこともできる。音声に反応する技術や自律走行車は、高齢者が人に頼らずに機器を操作するのを助け、移動能力を保持する。コロナウィルス流行に伴うロックダウンのあいだ、私たちは、孤立して暮らす高齢者が家族や友人とつながり続けるためにテクノロジーがいかに役立つかを目の当たりにしたはずだ。

だが、介護者が行う物理的な仕事のいくつかをテクノロジーが代替はできても、人間同士のふれあいをそれらが補完することはできない。より多くの高齢者に自宅で自立的に生活させることを目ざすなら、孤独への対処が重要だ。

日本はいくつかの、きわめて興味深いモデルを発達させてきた。市町村の責任で「サロン」を組織し、高齢者向けの社会的イベントや文化的・教育的な集まりや体を動かす機会などをもうけ、人々がそこで出会えるようにしているのだ。調査によれば、こうしたサロンに参加した結果、長期的な介護の必要性は半減し、認知症の発生率も3分の1低下した[30]。学校の生徒に高齢者施設を訪問させたり、高齢者に学校を訪問させたりして両者の交流をはかる実験からは、高齢者と若者のどちらの側にもプラスの効果があったことがわかっている[31]。

尊厳ある死

コロナウィルスのいちばんやりきれない側面のひとつは、患者が、自宅で家族のそばで死を迎えたいと明らかに望んでいても、病院で孤独な死を迎えなければならなかったことだ。病院で死ぬとはつまり、高度な医療機器につながれ、QOLを改善するというよりただ単に時間を稼ぐだけの介入を受けながら亡くなる可能性が高いということだ[32]。社会契約の観点からすると、ここで問題になるのは医療コストの削減ではなく——終末期の高額な医療費は、一般的に余命の短い慢性疾患患者によることが多い[33]——「良い死に方」をいかに提供するかということだ。

「良い死に方」とは多くの人々にとって、痛みのない、そして愛する人々に囲まれた最期を意味する。じっさい、多くの国が病院での看取りから、必要な場合はホスピスケアを施しながら自宅で看取らせる方向へと転換しつつある。米国のメディケア加入者の中で２０００年から２０１５年にかけて、病院で亡くなった人は33パーセントから20パーセントに減少している。いっぽうで、家や地域社会で亡くなった人は30パーセントから40パーセントに増えている[34]。

どのような死を迎えたいかという本人の意思を前もってはっきり知っておくことは、当人はむろん家族の幸福にも大きな違いをもたらす。事前指示書や生前の意思表示があればこれらは明確になり、家族が担う決断の重荷を減らし、遺族の法的な争いやトラウマを最小限に抑えることができる。それらは入院率の低下やより良い心理学的な結果や、ケアの質に対する満足度にも関連してくる。こうした多くのメリットにもかかわらず、じっさいにそうした意思表示を行う大人はごく一部だ[35]。多くの国は、死について語ることをタブー視する。だが、入院したときに事前指示書を必ずつくらせるなどのナッジがあれば、おそらく役に立つはずだ。どのように実行するにせよ、高齢化社会における新しい社会契約には、終末期のケアについての明確さが含まれていなくてはならない。

老後を賄う

高齢化のコスト予測はたいてい指数関数的に増加し、巨大な警戒感を引き起こす。最近の流れにもとづくと、2100年ごろには先進国において医療や年金の支出はGDPの25パーセントを、開発途上国では16パーセントを食いつぶすと予測される[36]。国の歳入の4分の1を高齢化対策に費やすうえで必要なレベルの税金や借金は、おそらく持続不可能だろう。だからこそ、老後にまつわる社会契約を改めることが必要なのだ。もし今賢明な決断が下されれば、高齢世代を人間的に、しかも持続可能なやり方で支えるのは可能になるだろう。

すでに見てきたようにこれは先進国にとって、もっともハードルが高い。先進国はすでに高齢人口が多く、しかもその彼らが既得権益を確保しているからだ。低所得国や中所得国はまだ年金や介護の制度を打ち立てている途中であり、それらの国への重要な教訓は、高齢者の権益があまりにコストの高いものになってしまう前に、制度の中に最初から条件連動性と持続可能性を組み込んでしまうことだ。

高齢者に金銭的な安定を提供するには、定年を平均余命とリンクさせて人々の労働年数を延ばすことと、セーフティネットとしての最低限の公的年金を供給すること、正規と非正規を含むすべての労働者に雇用ベースの年金制度に強制的に加入してもらうこと、そうしてリスクを上手に分担することなどが必要だ。最低限の公的年金のための資金を、所得や消費に対する税金（付加価値税など）から出すようにすれば、費用はより公平に分担されるようになる。そうではないやり方――縮小しつつある生産年齢人口に追加の給与税を課すこと――は、新しい雇用創出を阻害することになりかねない。

高齢化はまた、低い利率にも関連してきた。経済への投資需要が弱いとき、大勢の人は老後のために貯蓄をしようとするからだ。先進国では――とりわけ日本や欧州では――高齢化によって、利率が0・75－1・5パーセントも下がった可能性がある。そしてこの影響は、政策の変更によって投資へのインセンティブが高まらないかぎり、ずっと続いてしまうかもしれない[37]。低い金利は確定拠出金制度のリターンを減少させ、確定給付制度の支払い能力を脅かすことになる。いっぽうで、金利が下がると公的債務のコストが下がり、政府が公的支出の資金を調達しやすくなる。そうして大きな公共投資がなされれば、民間の投資も活発化する可能性がある。

高齢者の介護において、家族はこの先もつねに重要な役目を果たすだろう。だが社会は、そうした家族の介護を金銭的に支援する必要がある。日本が長期的な介護保険制度をスタートさせたとき、そのスローガンは「家族による介護から、社会による介護へ」というものだった。[38] 政府が高齢者の介護にどれだけの金額を費やすかは、国によって大きく異なる。高齢化が急速に進んでいる日本ではＧＤＰの２パーセントだが、イタリアでは０・５パーセント、オーストラリアはそれよりさらに低い。それらの国々では、高齢者の介護はプロではなく家族によって行われ、費用は個人が支払っている。[39] だが本来なら、どのように支払われるべきなのか？　介護の費用は（私の94歳の祖父が言っていたように）きわめて予測しがたく、それこそが、国を通じてであれ民間市場を通じてであれ、ともかく保険によってリスクをプールする必要がある第一の理由なのだ。[40]

現実的には、これらには３つのモデルがある。北欧諸国には、収入に関係なく介護を包括的にカバーする、税金を財源にした普遍的なシステムがある。その他の国々には、介護の費用を包括的に補償したり（オランダや日本）、部分的に補償したりする（韓国やドイツ）専用の社会保険制度がある。たとえば日本では、大半の人々は介護費用の10パーセントのみを月ごとの限度額内で支払うが、収入の多い人は20パーセントを支払う。３つめの選択肢は介護費用をカバーするために国が現金給付を行うことで、イタリアではこの方式がとられている。イギリスと米国はこのモデルの変形で、現金給付はもっとも困窮している人を対象に行われ、より裕福な人は介護費用を全額自己負担するよう求められる。開発途上国ではリスクのプールはほとんど行われておらず、介護費用はインフォーマルな合意を通じて――言いかえれば、無給で介護をする家族によって――提供されている。

年金と同じように、介護のための持続可能な資金調達のカギは、拠出の基盤を広げることにある。たとえば日本とドイツでは、国民はみな――現役世代も退職した人も――公的な介護保険に拠出を行うことを義務付けられる。介護保険の民間市場はあまりうまく機能していない。介護が必要になる可能性が高いと知っている人は保険を求めがちであり、保険会社にとってそれは不採算になる。そしておおかたの人々は近視眼的で、長期的な介護費用をよくわかっていないからだ。ドイツは、介護保険を必須にした最初の国だ。それに続いた日本は、40歳以上の国民の介護保険加入を必須にした。そしてシンガポールは、国民が自動的に介護保険に加入するようにし、オプトアウトの選択肢を設けた。高齢化が進んでいるその他の国々も、介護保険の必須化を考えているはずだ。

老後は、私たちすべての人生の大きな部分を占めることになる。この章で考察した新しい社会契約は、長く働ける人に働いてもらう代わりに老後の安全性を向上させ、自宅で可能なかぎり長く自立した生活ができるシステムを提供する。自立した生活を送れなくなった人々を介護する責任はこれまで圧倒的に女性が負ってきたが、これからは社会に暮らすすべての人で一緒に担うようになる。そして、高齢世代を支えるという共通の献身が、老後の貧困や不安というリスクに取ってかわるようになるだろう。結局のところ、高齢世代は私たちを育ててくれた人であり、インフラや機構をつくってくれた人であり、それがあるからこそ私たちは今日、これだけ生産的でいられる。世代間の社会契約に目を向けるときには、この重要な要素を心に刻んでおかなくてはならない。

第7章　次世代への正負の遺産

考えてみよう。あなたは今この世界で平均的な収入を得るのと、まったく同じ収入を中世の世界で得て、裕福な地主のような暮らしをするのと、どちらを望むだろうか？　こうした選択肢を示すと、おおかたの人は過去ではなく現在のほうを選ぶ。なぜか？　たとえ平均的な収入しか得られなくても、現代の生活には――医療や社会的自由や屋内のトイレや携帯電話に至るまで――たくさんの恩恵や快適さがあり、それは、土地や農奴を所有することで得られるいかなる利益をも凌駕《りょうが》するからだ。

これは、世代を超える社会契約が成功してきたことの証だ。簡単に言えば、おおかたの人々は遠い先祖よりも良い生活をしている。じっさい、人がどの時代に（そしてどの地域で）生まれたかというのはおそらく、その人が享受することになる生活水準や手にするチャンスを決定する最大の要因なのだ。

こうして人類は時とともに成功を手にしてきたにもかかわらず、現代の多くの国の若者は自分が受け継ごうとしている世界に怒りを感じており、進歩の必然を承服できずにいる。この怒りには、2つの局面がある。[1]第一に、いくつかの国の若い世代は、ベビーブーマーら（第二次世界大戦終結から1960年代初頭までに生まれた人々）の下した決断に怒りを感じている。彼らの考えでは、それらの決断のおかげで今自分たちは教育も住居も手に入らず、収入の見込みも不安定だからだ。言いかえれば若者らは、今生きている世代間のリソースやチャンスの配分に不満を抱いているのだ。第二に若者たちは、前の世紀から受け継がれた決断の影響を心配している。それらの決断は地球の未来を左右するものだ。これは、それまで生きてきた者とこれから未来を生きていく者（そこにはまだ生まれていない者も含まれる）とのあいだでリソースやチャンスをどう配分するかという問題だ。これらの心配はどちらも、社会契約を通じて調停される。

家庭の中では、世代間の社会契約は容易に理解できる。親は子どもに、良い生活を送る能力と手段を与えたいと望む。いっぽうで子どもは、親が快適な老後を送ることを望む。親はもしできるなら、子孫にもっと広い可能性をもたらすために何らかの種類の遺産を与えるかもしれない。ひるがえって子どもは、親が年をとったときにしばしば介護や支援をしたりする。もちろん、子どもに負の遺産を残したいと望む親はいない。親の借金の責任を子が負わされるという習慣は、古代メソポタミアや封建時代のイギリスには存在していたが、今は世界中で禁じられている。[2]

社会的なレベルでは、世代間の社会契約はもっと複雑だ。私たちが未来の世代に残す遺産には、複数の局面がある。知の集積。文化。発明。インフラ。制度。自然界の状態などだ。現在の、そして未来の世代は、非常に多くのものを先祖に負っている。先祖が教育に投資をし、テクノロジーを発見し、組織や企業をつくり、富を生み出したからこそ、そして時には戦争をし、国としての独立や自由を勝ち取ってきたからこそ、今の私たちがある。さらに、おおかたの人々は自分たちが、けっして会うことのない未来の世代に何かを負っていることに、また、各世代は次の世代を、少なくとも自分たちと同じ程度の――望むらくは自分たちよりも上の――暮らしができるようにしてやるべきであることに、同意するだろう。

この章では、生活水準や負債や環境的遺産という観点で社会契約がどれだけのことをしているかを検証するのに加え、いま世代間に生じつつある亀裂を埋めたいなら、そして来るべき世代に対する義務をともに受け入れるのなら、これから何を変える必要があるのかを考えていこうと思う。

世代間の、そして国家間の生活水準の違い

ブラジルや中国、インドや南アフリカなどの新興国においては、大半の人々は「次の世代はその親の世代よりも良い暮らしができる」と思っている（図14）。それとはきわめて対照的に、フランス、ドイツ、イタリア、韓国、イギリスなどのより豊かな国では、大部分の人々が「次の世代の暮らし向きは今より悪くなる」と信じている。

開発途上国は経済成長率がより高く、技術的にもまだ伸びしろが多い。人口も全体的にまだ若く、「人口ボーナス」の恩恵を受けることができる。人口ボーナスとは、人口の大部分が就労しているときにもたらされる経済成長の伸びだ。こうした要因があれば、若者はじっさいに親よりも豊かな暮らしを期待できる。だが先進国においては、若者はまったくちがう将来像に直面している。ベビーブーマーたちは数十年にわたって持続的な経済成長の恩恵を受け、利益の出る安定した仕事や、健康面や社会情勢面でも大きな利益を手に入れた。いっぽう、X世代（１９６６－１９８０年に生まれた人々）やミレニアル世代（１９８１－２０００年に生まれた人々）が直面してきた世界では、仕事は第5章で述べたように昔に比べて柔軟かつ不安定であり、住宅の値段は上がり、２００８年の金融危機後は財政がひっ迫し、多くの国々で公共支出が減らされた。若者の多くはまだ20代のうちから、学生ローンやクレジットカードの支払いで重い負債を背負っている。そしてそのせいで、住宅ローンを組んだり世帯を新しくもったりするこ

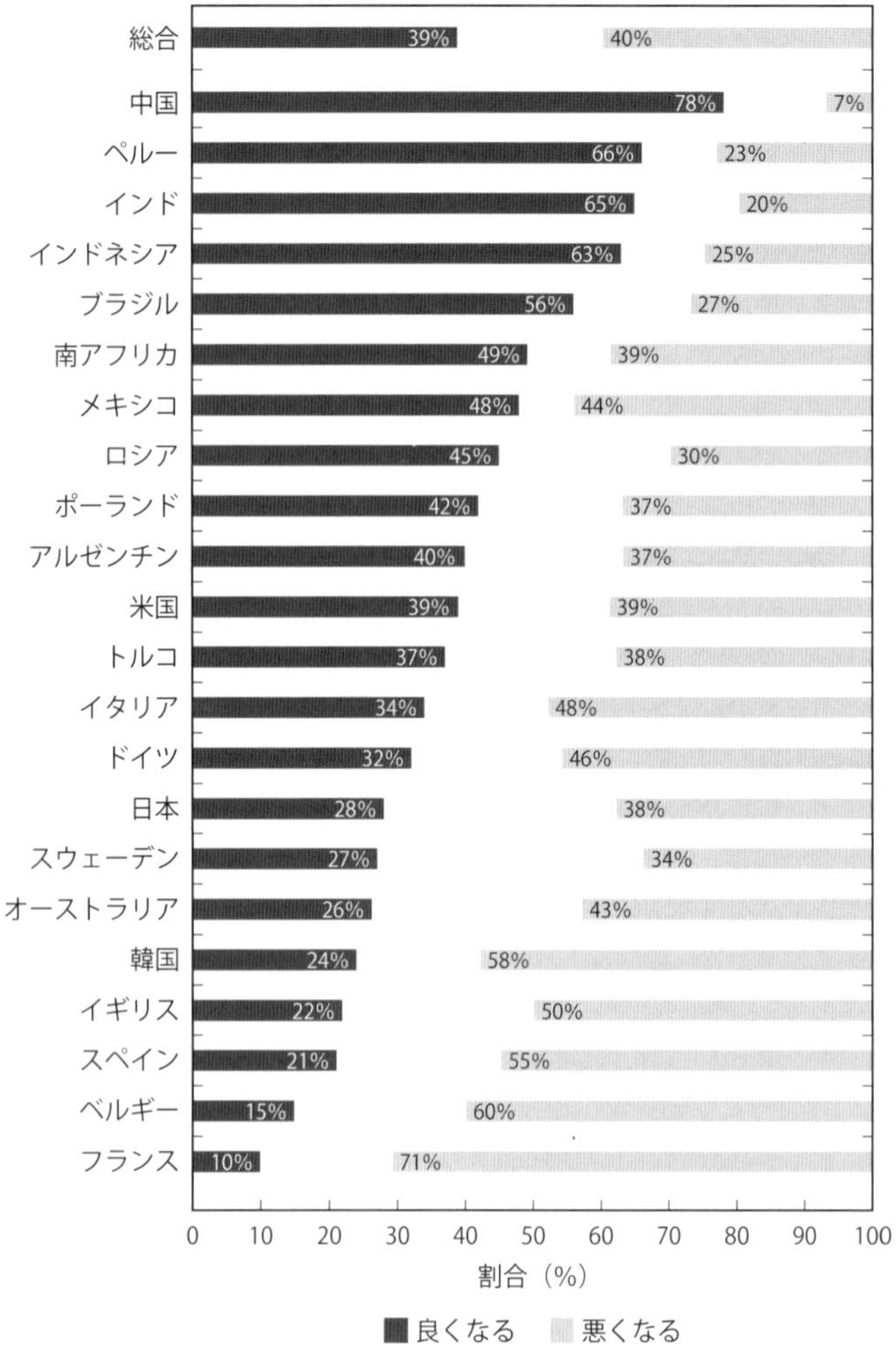

図14　次の世代の暮らし向きは、親たちよりも良くなるか、悪くなるか？
次の質問に対する各国の答え。「あなたは、今日の若者は親たちよりも良い生活を送るようになると思うか？　悪い生活をするようになると思うか？　あるいは同じ程度の生活を送ると思うか？」

とがなかなかできない。いっぽう、Z世代（２０００年以降に生まれた人々。ズーマーとも言う）は、気候変動に対する若者の抗議行動の最前線にいる。過去の世代が手に入れてきたような収入や安定の見込みは今、停滞するか、いくつかの国では退行さえしている。先進国において、貧困のリスクは高齢者から若者へと移行しつつある。[3]

多くの先進国における若者の将来への悲観は、広範な経済的潮流だけに原因があるのではなく、日々彼らが体験している状況に起因している。ほぼすべての先進国においてミレニアル世代とX世代は、親が同じ年齢だったころにもらっていたのとほぼ同じかそれ以下の収入しか得ておらず、親が若かったころよりも多くの借金をすでに負っている。[4] 将来の見込みの悪化は、イギリスや、ユーロ圏危機によって打撃を受けたギリシャやイタリアやスペインなどでことに顕著だ。こうした流れへの例外として目を引くのが北欧諸国で、次世代に対しても実質的に高い賃金を提供し、暮らしを向上させることにも成功している。

政府の借金――次の世代への負の遺産

親の負債が子に引き継がれることはないが、社会は現に若い世代に政府の借金という遺産を押しつけている。その借金は未来の税収によって支払われなければならないものだ。[5] そうした借金が新しい生産的な能力（より良い教育を受けた人材、新しい技術、より良いインフラなど）の育成に使われていたなら、そうした投資の結果として生まれる高い収入は、借金の返済を容易にしてくれるかもしれない。だが、消費を持ちこたえさせるために借金が使われたり、リターンの低い無用の長物的なプロジェクトに使われたりした国では、未来の世代はさらに多くの負担を負うことになってしまった。

2008年の金融危機後、多くの先進国は、その結果として起きた巨大な景気後退を緩和しようとすさまじい量の借金を重ねてきた。公債の額はGDPの50パーセントから90パーセントまで幅があるが、とびぬけて多いのは、GDPの100パーセントをはるかに超えている日本とイタリアだろう。いっぽう開発途上国の多くには、きわめて低い金利で世界の金融市場から借り入れができるという利点があった。低金利の世界で少しでも高いリターンを生み出そうと必死な投資家たちは、アフリカやアジアやラテンアメリカの多くの国々に喜んで融資をし、結果的にそれらの国々は、それまでよりも格段に良い条件でたやすくお金を借りられるようになった。

しかしながら多くの国々は、コロナ禍の中で、この膨大な借金を返済しなければならない未来の世代の負担をすでに案じている。結果的に、先進国においても開発途上国においても、負債のレベルは人類史において——第二次世界大戦終了後だけに限っても——見たこともない水準にまで達している。先進諸国はパンデミックの経済的影響をのりきるために、すでに膨大な借金をしている。金利が低いため、この債務の返済は今のところなんとかなるように見える。開発途上国はそこまで多くの借金ができなかったし、債務返済のモラトリアムによって恩恵を受けている低所得国も一部にある。だが、世界の現状はきわめて深刻だ(図15)。日本、イタリア、ギリシャ、ベネズエラ、レバノンなどの国は、経済の2倍もの規模の公債を抱えている。これらの国々の若者は、政府が負った債務のために将来の収入のかなりの部分を食われることになるだろう。

大きな問題は、未来の世代がどのようにしてこの借金を返済するかということだ。これまでは高額の負債を負ったとき、各国政府は3つの策を通じて返済をしてきた。ひとつは急速な経済の成長。もうひとつは増税をしたり公共支出を削減したりという緊縮財政。さらにもうひとつは、利率を人為的に低くして高

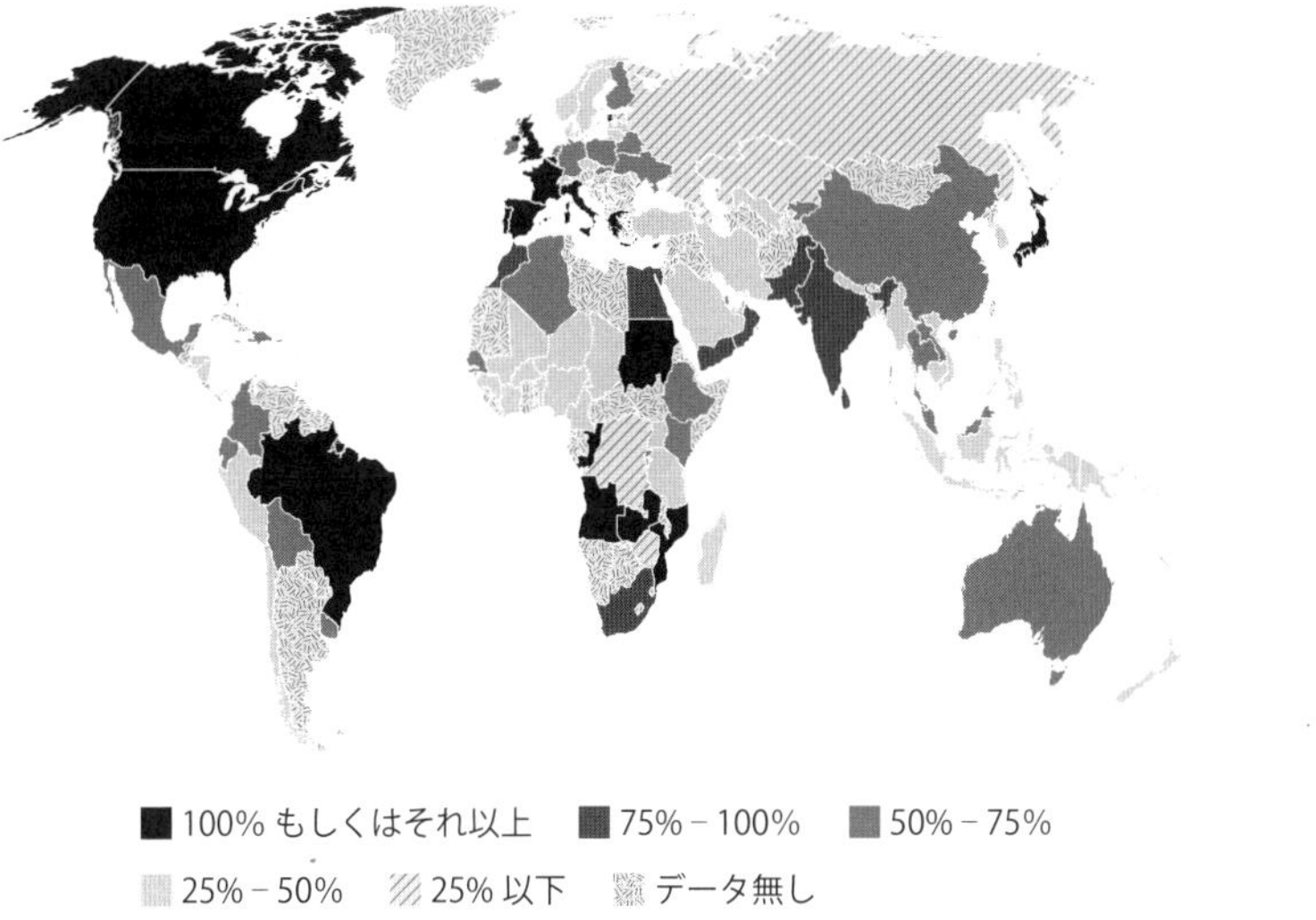

図15　多くの国が高レベルの債務を抱えている
債務がGDPに占める割合

インフレを容認する、経済学者が「金融抑圧」と呼ぶ方法だ。最後に挙げた方策は、債務者と政府の負担を軽減するために、預金者や民間部門には痛みを強い、すべての人々に高いインフレを我慢させるものだ。

いちばん魅力的なのはもちろん、経済成長を加速させることだが、これはとても達成が難しい。私はＩＭＦにいたとき膨大な時間をかけて、国が負債を返済できるかどうかを査定した。そのときにわかったのは、経済成長率がごくわずかに（０・５パーセント）変わっただけで、主に複利の力によって、債務の持続可能性には大きな影響が出ることだ。本書で紹介した政策の多く――教育への投資増強や、女性の労働市場への参入促進、定年の延長など――は、将来の成長や生産性向上を助け、未来の世代がこれらの負債を背負うのに力を貸してくれるだろう。

残る２つの選択肢――緊縮財政と、インフレによって債務を目減りさせるやり方――はどちらも魅力的でない。コロナ禍後、おおかたの政府は特に医療と、パンデミックが明らかにした不平等への対処に多くの財政を投入するよう圧力を受けるはずだ。そして金融抑圧は、金融市場がグローバル化した世界においては、ことに実現が難しい。唯一の希望の兆しは、金利が低くとどまる見込みが高いことであり、そうなれば負債の返済はしやすくなる。だから、おそらく当面は今の高い債務水準を維持できるだろう。だが、そのあいだに賢い投資を行い、未来の世代が経済的に栄えるように十分なことをしてやらなければならない。それだけが、未来の世代が私たちのつくった負債を支払える唯一の道だ。

環境的な遺産

経済学者はそれぞれの世代の遺産を、国の生産能力や富を規定するさまざまなタイプの「資本」として考える傾向がある。そうした「資本」は三層になっている。人的資本（教育を受けた人材、そして彼らが形成する制度や社会的機構）。人工資本（テクノロジー、機械、インフラ）。そして自然資本（土地、気候、生物多様性）だ。人的資本や人工資本に対する変化は往々にして逆転があるが（人間の考え方しだいで、それらへの投資は増減しうる）、自然資本に対する変化だけは取り返しがつかない。何かの種《しゅ》がひとたび絶滅すれば、あるいは氷河が溶けてしまえば、それを元には戻せない。だからこそ自然資本を強奪するさいには何かの種が絶滅するというリスクを――そこには、高度な相互依存関係にある生態系への影響も含まれる――頭に置いておかなければならない。

気候について言えば、私たちが次の世代に残す地球が、私たちが前の世代から譲り受けたときより暖かくなっていることはまちがいない。科学者の評価によれば、人間の活動によってすでに世界の気温は、産業革命前のレベルよりおよそ1℃上昇している。[6] これは、この先数世紀のあいだおそらく続く。私たちの惑星の未来にとってそれが何を意味するのかは、はっきりわからない。温度がもっと上がった場合に起こりうる複合的な作用は、さらにわからない。今確実にわかるのは、こうした作用を私たちが、暴風雨や洪水や干ばつや砂漠化や海洋酸性化や海面上昇などの形で、世界の水を通じて感じていることだ。これらはすべて自然と、人間の幸福に影響を及ぼす。

もうひとつ確実なのは、私たちが次世代に残す生物多様性が今より乏しくなるだろうことであり、そして生物多様性が人類の歴史の中でかつてないほどの速さで失われつつあることだ。絶滅率は、過去数百万年の平均と比べて100倍から1000倍にもなっている。平均すると、哺乳類、鳥類、魚類、爬虫類、両生類において過去40年のあいだに60パーセントの種の減少があった。およそ100万の動植物の種が今、絶滅の危機に瀕している。[7]

現在までの資本や富の世代間の移譲のあり方は、純粋に経済的にはどう分析できるのだろう？　この問いに答えるひとつの方法は、人々が将来の世代にどれだけの資本を与えようとしているか、そしてそれが時間とともにどのように進化してきたかを計測することだ。140カ国を対象にそうした試みが行われ、1992年から2014年にかけての推移が図16に示されている。[8] それによれば未来の世代はみな、人工資本については現世代のほぼ2倍を受け継ぎ、人的資本については1・13倍を受け継ぐ。しかし、自然資本については現世代の4割減となっている。この移譲のパターンは、未来の世代の暮らし向きを現世代より良いものにするのだろうか？

世界中の若者の行動から見るかぎり、彼らはそう考えていないようだ。「あなたたちは高齢ゆえに死ぬだろう。私たちは気候変動で死ぬだろう」。これは2019年9月20日にロンドンで行われた気候ストラ

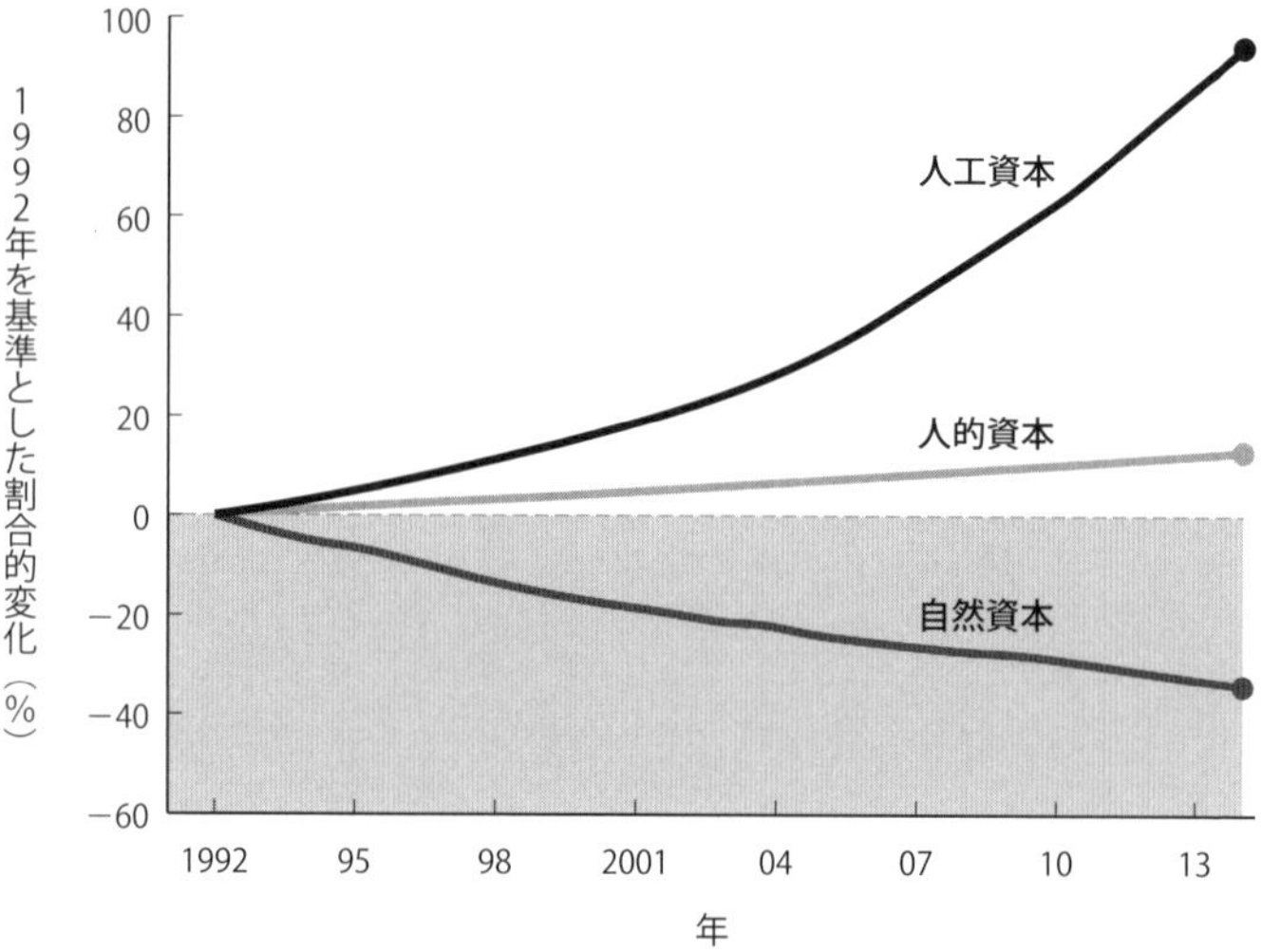

図16　人工資本、人的資本、自然資本の地球規模での受け継がれ方

イキのときに、抗議デモに参加した学生のプラカードに書かれていた言葉だ。この日は世界の150を超える国々で、環境問題への行動を求めて2500余の抗議活動が行われた。参加者の大半は学校を休んで抗議に来た若者たちで、一部の学生は、スウェーデンのグレタ・トゥーンベリが始めた「フライデーズ・フォー・フューチャー」という運動に参加するために毎週学校を休んでいた。これはおそらく、多くの若者が抱いている「古い世代が若者の未来を盗んでいる」という思いの、もっとも顕著なあらわれだ。だが、彼らの批判は正当なのだろうか？

純粋に経済学的な分析によれば、この問題は次のように組み立てられる。私たちは未来の世代に、自然資本を激減させたことを補うだけの十分な人的資本もしくは人工資本を与えたのだろうか？　あるいは私たちは、人的資本や物的資本に過剰な投資をするいっぽう、自然資本への投資をおろそかにしてきたのだろうか？　経済学者から見れば問題は、環境の価値の多くが市場価格に反映されていない点にある。多くの場所で人間は、ほぼゼロに近いコストで河川を汚染したり、森林を伐採したり、二酸化炭素を排出したりできる。だから、自然資本への投資は過少になる傾向がある。自然に投資をしてもそのリターンは、市場ベースの計算にはあらわれてこないからだ。だとしたら、自然資本の収益率をどのように計測できるのだろう?

　この問題に取り組んできたのが、環境について多くの研究をしてきた経済学者のパーサ・ダスグプタだ。ダスグプタは自然資本の収益率を評価するために、地球が毎年生産するバイオマスの総量をそれまでの蓄積と比較する方法を用いた[9]。この方法でダスグプタが計算したところ、自然資本の収益率は年に約19パーセントで、住宅や企業の株式などの人工資本の平均収益率である5パーセントをはるかに上回っている。この計算にもとづくと、世界はこれまで人工資本に過剰な投資をし、自然資本に過少な投資をしてきたことになる。社会に対する環境の真の価値が適切に測定されれば、もっとはるかに大きな収益を自然資本はもたらすことになる。ダスグプタはまた、環境への投資は流動性や不安定性を減じ、他の投資へのリターンにも影響すると主張している。たとえば、マルハナバチの種がたくさんあればリスクは分散し、生態系に一種の保険をもたらす。

　世代間の社会契約の全般的な査定は、おそらく次のような結論になるはずだ。私たちは未来の世代のために巨大で人的な富と物的な富を、知識やテクノロジーやインフラや制度という形で残した。だがいっぽうで私たちは、未来の世代に残すべき自然環境を荒らし、気候と生物多様性に深刻な影響をもたらした。先進国においては、生活水準の向上が鈍化する兆候もあらわれてきており、未来の世代は前の世代が経験してきたような恩恵に浴せない可能性もある。そしてすべての国において、負債は——コロナウィルスの流行や高齢化に対処するために——累積してきており、それは未来の世代に重くのしかかってくるはずだ。

もっと持続可能な世代間の社会契約とは、どのようなものなのだろうか?

現在と未来を天秤にかける

現世代と未来の世代のあいだの持続可能な社会契約については、たくさんの定義がある。地球規模の持続可能な発展を促進するために1987年に国連によって設立されたブルントラント委員会によれば、それは「現世代が自身の必要を満たしながらも、未来の世代が必要を満たす能力が損なわれないような発展」と定義されている[10]。その4年後に経済学者のロバート・ソローは次のように書いた。「持続可能性とは、後の世代を貧しくすることで己の欲を満たしてはいけないと禁止するものだ[11]」。

現在の人々と未来の人々とで幸福を分けあうことが持続可能性であるだけに、そこには、現在における消費のメリットとこの先の世代への投資や供給のメリットを天秤にかけることが含まれてくる。問題は、今日の市場や政治的システムの中に未来の世代の代表者がおらず、社会契約における自身の利益を確保する交渉に参加することができない点だ。

ならば、社会契約はいかにして、まだ存在しない人々のことを考慮に入れるべきなのだろうか? 道徳哲学者は次のように主張しがちだ。それは、今生きている人々にするのと同じだけ未来の世代の幸福にも重きを置くべきだというものだ。そうしなければ私たちは単純に、いつ生まれたかをもとに差別を行うことになってしまうからだ。経済学者は概して、これとは違う見方をとる。経済学者は一連の行為のコストと利益を比較するとき、将来の世代に現在の世代ほど重きを置かない傾向があった。経済学の言葉で言えばそれは、将来の世代の収入を今生きている人々の収入よりも割引し(価値を減らし)、結果的に将来の利益の価値を今日の利益よりも少なくしているのだ[12]。

この社会的割引率を支持する人々は、次のように主張する。未来の世代は現在の世代よりも裕福になり、現在の人々が想像もできない多くの技術も使えるようになっているはずだ。人類の過去数千年の歴史を見るかぎり、その通りのことが起きているではないか——と。彼らはさらに主張する、今の世の中には貧しい人々がたくさんおり、そうした人々に向かって、まだ存在もしていないだれかの仮の幸福のために犠牲を強いるのは筋違いではないか——と。

いっぽうで、「〝割引〟は未来の世代の選択肢を（潜在的にはその存在をも）あまりに大きく減らすのではないか」「私たちがもたらす損失のいくつかは取り返しがつかないのではないか」「遠い未来の決定において考慮しなければならないリスクや不確実性がこれほど多いのだから」と割引への反対を主張する人々もいる。

未来の世代の収入を割り引いて考えるか否かは、退屈で難解な経済的議論のように見えるかもしれないが、これは、気候変動についての行動の緊急度を決定する重要な問題だ[13]。割引についての議論を、マシュマロとジャムとスイミングプールの例を使って説明しよう。

1972年にスタンフォード大学で行われた有名な「マシュマロ・テスト」の実験で、子どもたちはそれぞれ1個のマシュマロを前にして一人きりで部屋に残され、15分間それを食べるのを我慢できれば、2個目のマシュマロをもらえると告げられる[14]。子どもたちの年齢は3歳から5歳だ。彼らはそわそわしたり、目を手でおおったり、誘惑を退けるために気晴らしをしようとしたりする。このとき「マシュマロを食べたい」という欲望の成就を遅らせることができた子どもは後年、他よりもすぐれた学業成績をとっていたことがわかった。現在の満足よりも将来の消費に価値を置いたこれらの子どもたちは、マシュマロをすぐに食べてしまった子どもと比べて、将来の利益に低い割引率を用いていたと言うこともできるだろう。

私たちの目的に関してここで得られる教訓は、己を抑制できる者は最終的には他より良い暮らしができるだろうということだ。とりわけ、高収益な投資を――たとえばわずか15分待つことでマシュマロを2倍もらったり、未来の世代がより良い暮らしを送れるように教育やインフラに投資をしたりすることを――行えば、その確率は高まる。

今度は、ジャムについて考えてみよう。ルイス・キャロルが1871年に著した『鏡の国のアリス』の中で、白の女王はアリスに「一日おきにジャム」の約束をする。だがこれは、中身のない約束だった。なぜなら「明日もジャム、昨日もジャム――でも今日はジャムじゃないというルール」だったからだ[15]。

20世紀の偉大な経済学者、ジョン・メイナード・ケインズはこの逸話を、未来について頭を悩ませる危険を例証するのに用いた。「『目的意識のある』人はつねに、自分の行動にまつわる利害を時間の中で先送りにすることで、その行動の見せかけだけの、架空の不死性を確保せんとしている。そいつは自分の猫を愛しているのではなく、その猫の子猫たちを愛している。いや、じっさいはその子猫たちでもなく、その子猫の子猫をという具合に、その猫の家系の果てまで永遠に続く。そいつにとって、明日のジャムでないかぎりジャムはジャムではなく、今日のジャムはジャムではない[16]」。

ここでの教訓は、人々に――とりわけ、明日の暮らしに困っているような窮乏した人々に――今日何かを犠牲にしてほしいと頼むことは、私たちの経済が目ざしているものと根本的に折り合わない可能性があるということだ。私たちの経済が目ざしているのは万人が、尊厳をもって生きるのに十分なものをもてるようにすることだ。過剰な節制は停滞につながる可能性があり、時には今、より多くを消費することが経済的破滅を避ける最善の方法にもなるのだとケインズは主張した。

最後に、スイミングプールについて考えよう。1992年に世界銀行は、環境についての初めての大きな報告書を作成した。その仕事に私が取り組んでいたとき、スイミングプールは湖の代わりになるかという議論が起きた。もちろんスイミングプールは、湖がもついくつかの利点――泳いだり遊んだりするための場所の供給――を兼ね備えている。だが、湖のもつ他の機能――野生生物の生態系や分水界としての働きや、淡水の貯蔵などの機能――はスイミングプールには望めない。言いかえれば、世界にはたやすく代用が見つかるものと、そうではないものがあるということだ。

たとえば、仮に世界中の銅を使い果たしてしまったとしても、十分似た性質をもつ物質はいくつか存在しており、代用として用いることは可能だ。いっぽうで、簡単に何かに置き換えられなかったり、その物自体の価値のために保存したいと私たちが望んだりするものもある。その場合、私たちの計算式はいささか違ったものになるはずだ。ここでの教訓は、私たちが目ざすべきは次の世代に、私たちが受け継いだのとまったく同じリソースを残すことではなく、同等のチャンスを渡すことだという点だ。

マシュマロ、ジャム、そしてスイミングプールについての話から、私たちはどんな結論を引き出すことができるだろうか。歴史の教えによるならば、「未来世代は現在より豊かになる」という推測をもとに「割引」をするのは正当だ。たとえ、「未来世代の幸福は現在の幸福より価値が低い（経済学者はそれを、純粋な時間の割引と呼ぶ）という主張は正当でない。公正な社会契約とは人がいつ生きているかをもとに差別をするべきではないのだから」と私たちが考えたとしても――。

とはいえ、グリーンテクノロジーなどの分野に高リターンの投資を行うために今節制をするのは理にかなっている。なぜならそれは、「明日のマシュマロ」を獲得する見込みを増やしてくれるかもしれないからだ。同時に、人々が飢えてしまうのであれば、いくらかのジャムは今日食べるべきだろう。そして、今と未来とで幸福を得るチャンスを平等化すべきであるいっぽう、モノとサービスが代替可能だと私たちが信じているなら、「チャンス」の性質は変わってくるかもしれない。単純に言えば、私たちはいくらかのジャムを今日食べるべきであり、マシュマロを明日まで我慢すべきであり、スイミングプールがすべての代替にはならないと認識するべきなのだ。

もちろん、何より重要で避けて通れない問題は、未来の世代がどんなチャンスを得たいと思うか、そして未来の世代がどんなテクノロジーを手にしているかは、現在の私たちにはわからないという点だ。だから、未来の世代のために今決断をすることには、多くの不確実性が伴う。そうした状況において通常ベストなのは、未来の選択肢をオープンにしておける決断をすることであり、異なる未来の可能性に照らしても揺るがない堅実な決断をすることだ。

はるか先のことについて決断をするときには、さまざまな倫理的・実際的な仮定に対して検証してみるのがベストだ[17]。たとえば、未来の技術的進歩についての、あるいは破滅的な出来事にまつわる危険についての多様なシナリオにおいて、それぞれの判断を検証してみることだ。この用心深いアプローチが役に立つのは、私たちが必要な情報すべてをもってはいないときや、未来の世代の嗜好や起こりうる結果について十分な知識をもっていないとき、そして、取り返しのつかない損失を避けたいと望んでいるときだ。

どこで線引きをするかという選択には、ある程度、現在の状況も影響してくるだろう。たとえば、こんな問いを考えてみてほしい。今日、まだたくさんの人々が貧困の中に暮らしているのに、未来のための犠牲を現在の世代に求めるのは公正なことだろうか？　多くの開発途上国は次のように見ている。過去の環境破壊のおかげで、先進国は富を蓄積することができた。だから、いま豊かな国々は問題を解決する責任を負うべきではないかというのだ。

しかし、今日の貧困層の窮乏が切実で、そちらに対応することが今必要であっても、それは気候変動のリスクに取り組まなくていいという言い訳にはまったくならない。必要なのは、さまざまな国の財政状況と、環境破壊への相対的な関与を考えたうえで、負担を分けあう公平な道を見つけ出すことだ[18]。負担の公平な分担は、気候変動についての交渉の核に存在する。そしてもっと効率の良い解決策の多くは、より低いコストで排出量を減らすために、豊かな国から貧しい国へとリソースを移すことを含んでいる[19]。

環境へのダメージを軽減し、回復する

あなたの曽祖父母がタイムトラベルで過去の世界から、現在のあなたに会いに来たと想像してみよう。かなり多くのケースにおいて、曽祖父母らはおそらく自分たちが残した遺産について好意的な見方をするだろう。私たちは、彼らには想像もつかないほどの物質的豊かさを手にしている。飢餓や貧困で命を落とす率も、彼らのころと比べれば格段に少ない。情報や教育へのアクセスも過去とは比較にならないほど向上しているし、政治的・社会的にも彼らがうらやむほどの自由を私たちの大半は手にしている。戦争で多くの命が失われたことを曽祖父母らは惜しむかもしれない。森林破壊や絶滅種の出現を、そして気候にまつわるリスクを憂うかもしれない。だがおおむね彼らは、自分が受け継いだよりも良い世界を子孫に残すことができたと思うことだろう。

ではもし私たちが未来にタイムトラベルをして、自分たちのひ孫に会ったとしたら、私たちはなんと言うだろうか？　教育や物的資本については、私たちは投資を続けてきた。その結果得られた利益は、ことに開発途上国においては、巨大なものだった。だが私たちは――ことに先進国の私たちは――おそらく自

然資本についてはは十分投資をしてこず、世界中から自然資源をあまりに多く強奪してしまった。その一部は、新しい技術やスキルによって補うことが可能で、それらは未来の人々の暮らしを豊かにするだろう。だが、自然資本のいくつかの損失は、未来世代の幸福を確保するためには、何としても元に戻す必要がある——とりわけ潜在的な転換点や取り返しのつかない損失が目前にあるときには。今日の多くの若者は明らかにそうした見方を共有し、環境運動を支持してきた。

私たちが自分で引き起こした環境的損失にふたたび取り組むための指針は明確だ。第一に、ヒポクラテスの誓いにあるように「害を加えてはならない」。あるいは現状に即するなら、「これ以上害を加えてはならない」ということだ。現在、世界中の政府は農業や水の利用や漁業や化石燃料のための環境搾取を積極的に推進しており、そのために出される補助金の額は年間で合計4－6兆ドルにもなるという[20]。それらに補助金が支払われるとはつまり、自然界からの強奪は無料であるどころか、人々が収めた税金をだれかに支払って行われるものだということだ。

第二に、私たちは生物圏の保持と回復のための投資を、たとえば植林などを通じて、もっと多く行わなければならない[21]。現在、環境保全に使われている金額は公共と民間のものを合わせて910億ドルくらいで、これは環境悪化に使われている総額の0・02パーセントに満たない[22]。環境保全の支出を仮に50倍に増やしても、環境保全でない用途の補助金をなくせば、浮いたお金の99パーセントがまだ残る。

第三のステップは、ものごとを的確に計測することだ。環境の役割の真の価値を市場価格が伝えないのなら、それをなんとか私たちの計算や決断に盛り込む方法を見つけなければならない。今は、環境の影響を計測したり、それを適切に国民会計に盛り込んだりする手法がよく発達している[23]。私たちが正しい計測と値付けを行わなかったら、市場自体が自然資本の過剰な搾取をさらに後押ししてしまう。企業は、お金を払わなければならないもの（労働など）を節約し、お金を払わなくてよいもの（空気の質や過度な集中や多様な自然環境など）を乱用する技術をつくりあげる傾向がある。同様に、成功の唯一の指標としてＧＤＰばかりに着目していたら、私たちは道を外すことになる。ＧＤＰだけでなく人々の幸福度や能力など、もっと幅広い指標を成功の尺度に用いなければいけない。

ものごとを適切に計測することの中には、自然がもたらすあらゆる寄与を考慮に入れることも含まれている。たとえば、クジラが担う貢献について考えてみよう。クジラはもちろん海の生態系の中で非常に重要な役目を果たす印象的な動物だが、彼らはまた、大量の炭素を取り込むというはたらきもしている。この「炭素の回収」を考慮に入れると、生きている１頭のクジラには２００万ドルの経済効果があるとＩＭＦは試算している（同様にマルミミゾウ１頭には１７６万ドルの経済的価値があるという）[24]。地球全体のクジラの数を回復させれば、20億本の木を植えるのと同じだけ炭素を除去する効果がある。自然は世界でもっとも優れた炭素吸収技術であり、その効果を計算の中に含めれば、きっとより良い投資がなされるようになる。

イギリスのウェールズ地方は、そうした価値を考慮に入れた興味深いアプローチを発達させ、世界で初めての「未来の世代のための大臣」というポストをつくった[25]。その任務は、輸送やエネルギー、教育などの分野で政府の政策の監視を行い、まだ生まれていない人々の利益がきちんと考慮されるようにすることだ。たとえば、ウェールズ地方のニューポート周辺に計画されていた道路建設は、生物多様性に与えるだろう打撃と国の負債への影響を理由に待ったをかけられた。未来の世代のための大臣は決定を覆すことはできないが、耳を傾けてもらえない人々の声としてはたらき、ものごとにきちんと取り組んでもらえるよう圧力をかけることができる。

環境の損失を取り戻す第四のステップは、財政政策を用いて——いわば、国の力で課税や支出を行って——インセンティブを変え、環境損失を逆転する方向に大衆の行動を促すことだ。たとえば炭素税は温室効果ガスを削減する明確な手法のひとつで、他の税の代替にもでき、全体の税負担を増やさずにすむ可能性もある。こうした措置によってもともと低収入の人がさらに打撃を受けることがもしあれば、それは補償する必要がある（この点を甘く見たフランスのマクロン大統領は、「黄色いベスト運動」という騒動に巻き込まれた）。次の第8章では、炭素税が果たす潜在的役割についてさらに詳説していく。

財政政策には、グリーンテクノロジーへの助成金もおそらく含まれる。そうした助成金は太陽光発電や風力発電などの多くの再生可能エネルギーの技術開発に役立ってきた。それらは今商業的にも成功をおさめ、グリーンエネルギーへの移行をより速く、より手ごろな予算で行ううえで役立っている。こうした投資の恩恵は、未来の世代にも実感してもらえるはずだ。次世代の人々はこうした投資によって、自然資本の保全についてより多くの選択肢を得ることになるからだ。

だがもっと短期的にも、この先の20年間で開発途上国を中心に発生するだろう１００兆ドルを超える投資次第で、たしかな違いが生まれる可能性はまだある。ＬＳＥのニコラス・スターンも言っている。「輸送やエネルギー、水、建造物、そして土地などの分野でいかに投資が行われるかによって、地球温暖化を２℃以内におさえられるかどうかが、そして私たちが、移動も呼吸もできない都市や、崩壊する生態系に運命づけられているかが決定するだろう[26]」。

世代間の新しい社会契約に向かって

コロナウィルスは、世代間の緊張を数多くあらわにした。高齢者は健康面において、この病気のいちばんの衝撃を受けた。若者は、高齢者を支えるために経済的にも社会的にも犠牲を強いられた。若者らはまた、パンデミックとの闘いのために膨らみつつある莫大な国の借金をいつか支払わなければならなくなる。大半の先進国では、若者たちの将来の収入は親世代より少なくなるとすでに予測されていたのに、さらにこの打撃である。18－25歳という多感な時期を通じてパンデミックを体験したことで、若者たちは政治的機構や政治的リーダーに対して非常に大きな、容易にぬぐえない不信感を抱くことになったはずだ。市民が政治に対応や説明責任を期待する民主主義国家においては、それがことに顕著だった[27]。

社会契約の世代間のバランスはどうすれば改められるだろう？　私たちは、破壊された環境を修復するためにできるだけのことをしなければならないうえ、未来の世代が負う財政的負担を減らす方法も見つけなければならない。それを達成するには、今の高齢者は昔より長く働かなければならず、そのうえ、第6章で述べたように平均余命と定年を明確にリンクさせる必要も生じてくる。第4章で紹介した手段――テクノロジーの利用などを通じて基本的医療を広く実現させ、医療費の高騰を抑える――も、財政的圧力を減らすのに役立つだろう。

より長くなるだろう職業人生を通して次世代が生産的になれるように、彼らに投資をする必要もある。理想的にはすべての若者は、人生を歩み始めるときから教育を受ける権利を手にしているべきだ。それがあれば、第3章で論じたように職業人生を通じて新しい技術を獲得していける。第5章で述べた積極的労働市場政策――労働者に再訓練を施し、将来仕事に就けるように支援する――もまた、生産性を支えてくれるだろう。そして、より良い幼児教育や働く女性への支援もまた、社会のすべての才能を利用することにつながる。結果として生産性が向上すれば、高齢化する人口の介護費用を賄う一助になり、将来の負債はより背負いやすいものになる。これらは、ひとつの世代から次の世代への賢明な投資でもあり、世代間の新しい社会契約の土台を提供する。

これまで見てきたように、そうした変化の政治学は複雑だ。それは、高齢者は若者に比べて政治の力を効果的に用いる傾向があるという事実による。研究によれば、高齢者が人口に占める割合は公的支出のパターンに非常に大きな影響を与える[28]。単純に言えば、高齢者がより多くいれば年金への支出は多くなり、教育への支出は減るということだ。高齢の有権者は概して、低金利や量的緩和などの政策で経済的需要を増やし、完全雇用維持を目ざすやり方には消極的だ。そうした政策は貯蓄の利息を減らし、インフレを引き起こす危険があるからだ。また、すでに退職している高齢者はたいてい、一般市民と比べて失業にそれほど関心をもたない[29]。

ドイツや日本などの高齢化社会における政党は、高齢者のこうした偏向に徐々に応じざるを得なくなってきている。高齢者が裕福になればそれだけ、相続を通じて次世代に譲り渡されるものも大きくなるという主張もあるかもしれない。だが、相続を通じた富の分配は非常に不平等性が高く（これについては次章で論じる）、そしてたとえば環境のように、個人的に譲り渡すことは不可能な、全体で分けあうしかないものもある。

打開策として、ケンブリッジ大学の政治科学者デイビッド・ランシマンが（いささか揶揄《やゆ》を込めて）主張しているのは、投票ができる年齢を6歳に引き下げることだ（あなたの読み違いではなく、6歳である）。そうすることで民主主義の増しゆく年齢差別を修正し、バランスをとることができるという[30]。そうでもしないかぎり、若者の関心が国会や投票に適切に反映されることは永遠になく、まだ生まれていない者の利益はかけらも配慮されないということだ。

上院議員ダイアン・ファインスタインと、「グリーン・ニューディール」を主張する米国の熱烈な生徒たちが出会った意義深い瞬間に、ファインスタインはこう反論した。「でも、あなたたちは私に投票していない[31]」。この言葉の意図は、あなたがたは私に投票すべきだったということではない。年若い彼らに、それはどのみち不可能なのだ。ファインスタインが言っているのは、私に票を入れてくれた者の利益を代表するのが私の義務であり、その中にあなたたちは含まれていない、ということだ。

学校をボイコットして、気候変動への行動を求めるデモに参加すれば、新聞の見出しを飾ることはできる。それでも、民主主義において変化を起こすもっとも強力なメカニズムは投票だ。いずれにせよ、若者や未来の世代の声や利益にもっと重きを置く方法を見つけることは必須だ。さもなければ、未来を形づくる社会契約は、未来を見届けることのない者によってのみ設計され、未来を見届ける者からのインプットは何もないことになってしまう。

第8章　新しい社会契約

7月4日の独立記念日、アメリカ国民は花火を上げ、バーベキューをしながら独立を寿ぐのが常だ。だが、ジョン・F・ケネディ大統領が1962年7月4日の独立記念日の演説で行ったのは、「相互依存《インターデペンデンス》の宣言」だった。ケネディが知らしめたかったのは、人も国もたがいに大きく依存している以上、協調こそが双方に大きな恩恵をもたらすということだ。ケネディがとくに言及しているのは、新興の欧州経済共同体（EEC）と175年も前に建国された米国との相互依存だ。[1] だがケネディの言葉は、国内での相互依存にも等しく通じる。[2]

5年後、米国の市民権運動の偉大な指導者であるマーティン・ルーサー・キング牧師はクリスマスの説教で同様の趣旨のことを述べた。「真の意味で、すべての人生は相互に関連している。すべての人々は、相互関係という逃れられないネットワークの中にとらわれ、運命という単一の衣の中で結びあわされている。ひとりに直接影響するものは、間接的に全体に影響する。私は、あなたがたがあるべき姿になるまで、己のあるべき姿になることはけっしてできない。そしてあなたがたも、私があるべき姿になるまで、あるべき己になることはけっしてできない[3]」。

コロナウィルスの流行は多くのことをさまざまなやり方で日のもとにさらしたが、こうした人間の相互依存性も明白になった。コロナウィルスは世界を巡り、万人に影響した。とりわけ大きな影響を受けたのは、健康に弱点をもつ人々だった。私たちの生活は、会ったこともない無数の人々が責任をもって行動してくれるかどうかに、そして遠いどこかの国の医療制度がコロナウィルスに対処できているかどうかに左右された。それぞれの国の中では、どの労働者が不可欠かがはっきり理解された。看護師やトラックの運転手やスーパーマーケットの店員や清掃業者がいなければ、私たちの生活は機能しなくなってしまう。きわめて皮肉なことに、こうしたエッセンシャル・ワーカーの多くは最低賃金で働いており、最小限の雇用保障で不安定な労働に従事している割合が非常に高かった。

　本書ではここまで、多くの社会で人々がこれほど大きな失望を感じている理由は、技術的な変化や人口統計的な変化の重みで従来の社会契約が壊れたことにあると述べてきた。その結果、以前よりも多くのリスクを個人が引き受けるように――たとえば育児を自分でしたり、失業したら自分でスキルを身につけたり、老いたら自分で自分の世話をしたりするように――なっている。私たちは徐々に、「自分のことは自分で」という社会に生きるようになっている。その結果、怒りの政治や精神的不調の蔓延《まんえん》、そして老いも若きも自身の将来を憂うるという事態が引き起こされている。[4]だが多くの分野において、個人がリスクを引き受けるのは不公平であるだけでなく、効率という点でも生産性という点でも、リスクを社会で分けあうのと比べてはるかに劣っている。

　今必要なのは、万人に安心と機会の双方をよりうまく組み立てて提供してくれる社会契約であり、「私」よりも「私たち」を重視し、私たちの相互依存性を認め、双方に利益をもたらすためにそれを用いる社会契約だ。私たちに必要なのは、より多くのリスクをプールしたり分けあったりして、みなが直面する不安を減じるいっぽう、社会の中で才能の活用を最適化し、個人がそれぞれ最大限社会に寄与できるようにする社会契約だ。それはさらに、自身の子や孫だけでなく、他人の子や孫の幸福をも気づかうことを意味する。なぜなら、彼らはみな同じ未来の世界に生きる人々だからだ。

次にあげる3つの大きな原則は、これまでのすべての議論の根底にある。

1. **すべての人に安心を。**文化的生活を送るうえで最低限の収入を、万人に保証するべきだ。この「最低限」のレベルは、国がどれだけお金を出せるかに左右される。
2. **能力に最大限の投資を。**社会は、市民が生産性を発揮し、公益に可能なかぎり長く貢献する機会を創出するために、できるだけ多くの投資を行う必要がある。社会はさらに公益のために、たとえば炭素の排出や肥満など、私たちが望まないものごとを減少させるようなインセンティブを提供するべきだ。
3. **効率的で公平なリスクの共有を。**今はあまりに多くのリスクが間違った場所に課されている。個人、家庭、雇用主、国とのあいだで割り当てを変えれば、もっと適切なリスク管理が可能になるかもしれない。

この章では、これらの原則にもとづいた新しい社会契約がどんなものになるか、その概要を紹介し、そこからどんな経済的利益が得られるのか、そしてその財源や配布のしかたについても提案していく。

私たちはたがいに、さらに多くを負う

これまでの章で述べてきた教訓をまとめると、この新しい社会契約のじっさいの要素はどんなものにな

るだろうか？　いちばんの土台から話を始めよう。新しい社会契約の根底にあるのは、文化的生活を送るうえで必要なごく基本的なもの——最低限の収入、教育を受ける権利、基本的な医療、そして老いたときに困窮しないための守りなど——を万人が保証されることだ。

最低限の収入を保証するには、さまざまな方法がある。最低賃金を定めたり、低所得労働者の収入に税額控除で実質的な上乗せをしたり、もっとも困窮している世帯を対象に現金給付をしたりすることなどがそうだ。最低限の教育を受ける権利には、幼児教育や生涯学習も含まれるべきであり、生涯学習の財源は一般課税や雇用主によって賄われたり、あるいは寛大な条件のローンなどで支払われたりするべきだろう。最低限の医療には、ＷＨＯが推奨する「基本医療のパッケージ」の要素がすべて含まれていなくてはならない。さらに、どの保健介入が公金で行われるかを定義する閾値がなければならない（その値は１人当たりの所得とともに上昇する）。病気休暇や失業手当などの最低限の給付金はすべての労働者に、どんな雇用契約を結んだかにかかわらず、給付されるべきだ。そして老後の貧困を防ぐために、平均寿命とリンクした最低限の公的年金がなければならない。

そうした経済的に実行可能な社会契約をつくるためには、社会におけるすべての能力を活用し、生産性を向上させることだ。高い生産性は高い収入につながり、さらには高い税収へとつながる。そして、教育や社会保険に寛大な投資をする資金力が増すことになる。世の中にはまだ利用されていない才能がたくさんある。教育を受けた女性やマイノリティの人々や、貧困家庭に生まれ育った結果、潜在力を発揮できずにいる人々などがそうだ。そうした人材のプールは今も増大し続けている。これは、平等という点で政治的に正しいとは言えない。

第２章で紹介したエビデンスを思い出してみよう。米国で１９６０年から２０１０年の間に生産性が

20－40パーセントも上昇したのは、白人男性だけが良い仕事を独占していた状況が崩れ、女性や黒人男性や民族的マイノリティなどの人材をより効率的に活用するようになったからだと考えられる。[5]同様に、もし今日の「ロスト・アインシュタイン」（女性、マイノリティ、貧困家庭の子弟）が裕福な家庭出身の白人男性と同程度、発明をする機会に恵まれていたら、イノベーションの速度は4倍になっていたかもしれない。[6]このように機会を増進する政策は、収入の再分配の必要を減じるいっぽう、人々により多くの能力と自由を与え、それぞれの「グッドライフ」を実現する手助けをする。

こうしたすべての才能を活用する労働市場形成の第一歩は、幼児教育の向上だ。就学前の介入は、機会を平等にしたり社会的流動性を増大したりするうえで、もっとも効果的かつ経済的な手法であるからだ。だが、眠っている才能を活用するにはさらに、育児や介護のサービス提供についての新しい方針が必要だ。育児や介護は今、女性たちによる無償の、膨大な労働力を吸い取っている。女性がもっと生産的になるのを可能にするためには、家庭の中でもコミュニティの中でも、もっと公平な労働分担が必要になる。

労働市場は今世界中で、より柔軟なものになってきている。だが、この先の社会契約においては、柔軟性と、より大きな安定性とのあいだでバランスをとることが必要だ。[7]そのためには、（給与税を通じて）雇用主とリスクを分けあったり、（最低賃金や、非正規労働者への福利厚生の義務付けなどの）規制を設けたり、非正規労働者のために団体交渉のメカニズムをつくったり、公的保険を用いたり、一般的な課税を財源にした成人教育を行ったりという方策を講じなければならない。そうすることで雇用主は、労働力を調節する柔軟性を保持できる。離職者が一定の生活水準を維持し、新しい仕事を見つける適切な援助を受けられることを雇用主が知っているからこそ、それは可能になる。いっぽうで従業員は、収入を安定させられるうえ、スキルに投資したり、家庭を築いたり家を買ったりということも含めて、人生を計画できるようになる。

これらを財政的に持続可能にするには、すべての人々が可能なかぎり長く、社会に貢献する必要がある。つまり、定年を延長すべきということだ。定年は平均余命と連動させ、働く年月と退職後の年月のバランスを保つようにしなくてはならない。そのためには、人生の後半で新しいスキルを学ぶ必要が生じてくる。こうした生涯学習のための財政確保は、人々が潜在的には50年以上も働ける柔軟な労働市場をつくるうえで、必須の要素といえる。

生涯学習のための財政は――税金や労組や企業を通じて――集団的に支えることが可能だ。だが、より効果をあげるためには、雇用主との密な協力のもとでそうした教育を行うのがベストだ。先見的な企業はこの先、環境的持続可能性をますます重視し、そのために相応の税を負担するのに加え、従業員や地域社会への貢献を戦略の中心に据えてくるはずだ。投資家も徐々にこれらの貢献を株価の評価に盛り込むようになり、金融市場はそうしたリスクを賢く管理する企業に報酬をもたらすようになる。さらに、万人に最低水準の生活を保障するような法規を整え、雇用主がみな公平に競争できるようにすることも必要だろう。

新しい社会契約をつくるためにはまた、個人が自分の健康にこれまで以上に責任をもつことも必要になる。とりわけテクノロジーを活用して、自立したセルフケアを向上させることが大切だ。医療費をみなで分担している社会では、ナッジや税金を利用して健康への留意を個々人に促したり、人生をそれぞれがどう終わらせたいかを明確にしたりする必要がある。たとえば、コロナウィルスの流行時には、感染拡大を防ぐために、社会が個々人にマスク着用を求めるのは１００パーセント理にかなっていた。同様に、ワクチン接種を求めたり、タバコや不健康な食物に税金をかけたり、運動を奨励したりすることは、健康のリスクを共有している社会においては正当な介入と言っていい。

今日の若者たちも、世代間の社会契約の見直しを求めている。今生きている世代は、環境破壊や負債などの負の遺産に自身が取り組む必要がある。気候変動や生物多様性の減少に対してなんらかの行動を起こすことは、私たちが環境という資産を過剰に引き出したことがエビデンスから明らかになっている以上、最重要の課題であらねばならない。グリーンテクノロジーへの投資促進は、健全な環境を次世代に残す可能性を高めるひとつの方策ではあるが、それだけでは不十分だ。若い世代は人的もしくは物的資本という形で現役世代から富を譲り受けるが、彼らは、過去に存在したことがないほど巨大な高齢者人口を支えなくてはならないのだ。将来私たちの介護費用を工面できるレベルまで生産性を向上させるためには、子どもたちの教育に十分な投資をすることが必須になる。

新しい社会契約の経済性と、それをどう工面できるかは、私たちがこれから向き合うことになる問題だ。すべての国々にとって、新しい社会契約をつくるには複数の政策の連携が必要になる。中でも重要な戦略は次の3つだ。生産性の向上。財政政策の見直し。そして産業界との新しい契約だ。

生産性の向上

これまで概説してきた多くの戦略は、生産性の向上を主眼に設計されたものだった。なぜなら経済学的に言えば、生産性の向上は究極的には、すべてを良いほうに向ける方法だからだ。パイを大きくすれば分け前は大きくなる。開発途上国には、生産性を先進国並みに引き上げるための、まだ活用されていないチャンスがある。生産性の向上で利益を得るには、より良い技術やより良い管理方式の導入や、教育およびインフラへの投資、そして競争を推進して効率性を高めることなどが必要だ。開発途上国にもまださらなる前進のチャンスはあるが、そのためには最新のデジタル技術の導入が必要だ。多くの国が固定電話のネットワーク構築を飛び越して、即モバイル技術の展開に進んだのはそのあらわれだ。

私は学生だったころ、夏にエジプトのある事務所で働いた。私が草案を書いた手紙の写しが必要になると、秘書はそれを3部タイプするよう求められていた。事務所のコピー機を動かす代金よりも秘書の労賃のほうが安かったからだ。この一見非合理的な決断は労働力が安い国や、生産性の低い仕事から労働者が抜け出せずにいる国では、じっさいに起きていることだ。[8]

2008年の金融危機以後の回復には――特に先進国における経済の回復には――ある特徴があった。より多くの人々が職を得たものの、それは生産性の低い仕事だったことだ。その良い例が、たくさんの国で手洗い洗車のサービスが復興したことだ。数十年も前に発明されたドライブスルー型の洗車機を使うことも可能なのに、車を手洗いする仕事に大勢の、たいていは移民の男性が雇われた。[9] こうした労働力が非常に安価なため、生産性を上げるツールに――たとえば機械設備やコンピュータやモバイル技術やより良いソフトウェアなどに――雇用主が投資をするインセンティブが削がれてしまったのだ。じっさい2008年以来、労働者1人当たりの資本の伸びは戦後もっとも遅いペースになっている。[10] 国家はスキルに投資をする必要があるし、労働生産性を上げる機械へのもっと大規模な投資を促すような環境をつくる必要がある。低炭素な未来に向けて経済を変容させることからは、こうした高レベルな投資を促す重要なチャンスが生まれるはずだ。

労働生産性を向上させるうえでもうひとつの大きなチャンスを提供してくれるのが、デジタル革命だ。1960年代から70年代にかけてのコンピュータ革命の黎明期《れいめい》に、経済学者のロバート・ソローは次の有名な言葉を残した。「コンピュータの時代という言葉を至るところで目にするが、生産性の統計では目にしない」。今日、私たちは同様の現象を目にしている。デジタルの特許やイノベーションはすさまじい勢いで増えているのに、生産性は停滞が続いているのだ。本書の第3章「教育」や第5章「仕事」で紹介した政策は、どうすれば生産性を向上させられるかについていくつかの答えを提示している。第4章では、デジタル技術を活用して医療制度の一部をより効率的にする方法を紹介した。だが、私たちはそれに加えて、今日生産性が低下しているもうひとつの原因にも取り組まなくてはならない。それは、経済全体にわたるデジタル革命のペースが低速かつ不均一であることだ[11]。

ある評価によると、デジタル・ポテンシャルの活用度は欧州全体でわずか12パーセント、米国でも18パーセントにとどまっている[12]。情報やコミュニケーション、メディアや金融サービスや専門的なサービスなどの分野では急速にデジタル化が進んでいるが、教育や医療、建設などの分野はその例ではない。コロナ禍により遠隔治療やオンライン学習が必然的に盛んになったことで、こうした遅れていた分野の一部でもデジタル化が加速される可能性はある。実店舗より2倍も効率が良いオンラインの小売りもまた、パンデミック後、市場でのシェアを大きく伸ばしていくはずだ。第3章と第4章では、より効率的で高品質のデジタルサービスを教育や医療に活かすさまざまな手法を見てきた。ただしそうした技術を活用するには、教師と生徒の、あるいは医師と患者のあいだに存在する重要な人間的側面を維持し、バランスをとる必要がある。

生産性を向上させるもうひとつの重要な方法は、競争の促進だ。今多くの国で、経済学者が「寡占」と呼ぶ、数少ない企業が特定の市場を支配する現象が起きていることが、そして多くの産業でも独占力が強まっていることが、多数の証拠から示されている。最近のデータによれば米国では、銀行業や航空機産業、製薬業、医療保険、テクノロジー・プラットフォームなどの分野で寡占の異常な増加が見られるという[13]。

その原因は、企業が政治的なロビー活動に注ぐ支出が増えたことにあるが、それは結果的に、労働者ではなく事業主に国民所得が向かう割合を増加させることになった。競争を復活させ、デジタル経済に合致した新しい競争のポリシーを考えることは、そうした現象が起こりつつある国で生産性を向上させるうえで、重要な方法と言える。[14]

財政政策の見直し——新しい社会契約の財政をどう賄うのか？

私がイングランド銀行の副総裁だった２０１４年から２０１７年は、ずっと低金利政策がとられていた。借り入れや支出や投資を促進して、経済を最大限に回すためだ。金利は現在、史上もっとも低いレベルにある。その理由は、世界の貯蓄高が投資に比べてきわめて高水準にとどまっているからだ。貯蓄高が高いのは、世界の人々が不安に直面しているからであり、人口が高齢化しているからでもある。だからこそ、世界でもっとも急速に高齢化が進んでいる日本や欧州では、金利がもっとも低い。低い金利はしかし、モノやサービスへの需要を減らし、経済成長率を鈍化させてしまう（第7章で紹介した、ジャムの消費を遅らせることについてのケインズの警告を思い出してほしい）。

社会保険の向上はこうした、経済学者の言う「長期的停滞」への流れを食い止める可能性がある。たとえば、中国の世帯は収入の30パーセント以上を貯蓄に回しているが、その理由は一部には、ごく最近まで中国には失業手当も健康保険も年金もまったく存在しないか、ほぼ無きに等しい状態だったからだ。より良い社会保険が中国に導入されれば、高かった貯蓄率は下がってくるはずだ。

等式の反対側から見ると、投資が伸びない理由は、成長の良いチャンスを企業が見出すような環境を政府がつくってこなかったことにある。だが、本書で述べた新しい社会契約の多くの要素（教育や、炭素の排出を減らすためのインフラなど）には、需要や投資を促進する可能性がある。リスクが減少さえすれば利益創出の機会がある開発途上国においては、とりわけその可能性が高い。経済の停滞という問題は、中央銀行や金融政策が解決できるようなものではないが、新しい社会契約にはそれが可能かもしれない。

だが、新しい社会契約には公的支出や税金の大幅な増加が必須なのだろうか？　それは状況次第だ。育児や幼児教育や生涯学習を公がさらに支援するには、もっと支出を増やす必要がある。国民皆保険や最低限の国民年金を確立するのにも同じことが言える。だが、そうした支出の一部は投資であり、いずれはるかに大きな税収をもたらす可能性がある（第3章で紹介した、教育への公的投資の収益率が10パーセント近いという評価を思い出してほしい）。あるいは第7章で述べたような環境の価値が適切に計測されれば、きちんと純益が出るはずだ。こうした投資はそれゆえ、借り入れを通じた資金調達が可能であるべきだろう。金利が歴史的な低さにある先進国なら、とりわけそうだ。だが、そうした支出の別の一部――たとえば年金や医療に支払われるお金――は継続的に必要なものであり、税収で賄われなければならない。それは実現が可能なのだろうか？

おおかたの国にとって、答えはイエスだ。先進国の大半はGDPの30－40パーセントにあたる額の収税をしている。新しい社会契約の財政を支えるには、これまで述べてきた生産性向上のための方策（勤労年数の長期化、才能の有効利用）と税収を組み合わせることが必要だ。税収は、穏やかな増税や課税源の見直しによって補塡することはできる。だが、税収をGDPの50パーセントを超える額まで持続可能的に引き上げるのに成功した国家は、これまでひとつもない。だからフランスやデンマークなど、すでに税率がきわめて高い国はおそらく税収をこれ以上増やすのは難しく、社会契約の変化のための資金は経済成長や課税源の見直しに頼らざるを得ないだろう。

いっぽう大半の開発途上国は、先進国に比べて割合的には半分程度しか収税をしていない（GDPの15－20パーセント）。それゆえ、歳入を増やす余地はまだかなりある。[15] 問題は多くの開発途上国において、公式な税率は先進国とほぼ同じであることだ。税率は同じなのに徴税とその順守がうまくいっていないせいで、歳入不足という事態が起きている。[16] 開発途上国では労働者のかなりの割合がインフォーマルセクターで働いているため（そしてそれゆえ納税をしていないため）、関税や消費税にさらに頼るほかない。それゆえ開発途上国にとっての課題は、より多くの労働者をフォーマルセクターに導き、歳入を増やすための政治的・行政的な能力を増強することだ。より良い公共サービスを求める市民の声は高まっており、それに応えるにはそうした策がどうしても必要なのだ。

開発途上国において、より良い社会契約にはどのくらいのコストがかかるのだろうか？　世界銀行の試算によると、妊婦健診、予防接種、就学前保育、幼児期の読み書きや計算能力の支援などを含む基本的パッケージにかかる代金は、低所得国でGDPの約2・7パーセント。低中所得国では1・2パーセントとなっている。[17] そこにさらに、水の利用や衛生や、より質の高い初等教育などを加えた包括的なパッケージの場合、GDPに占める割合は低所得国で11・5パーセント。低中所得国で2・3パーセントになる。もっとも困窮している大人への金銭的支援をさらに盛り込むと、最貧国はGDPの9・6パーセントを、低中所得国は5・1パーセントを、そして高中所得国の場合、GDPの3・5パーセントをさらに、新しい社会契約のための資金として上乗せしなくてはならない。合計すると相当な額になるが、大半の開発途上国には、多数の労働者をフォーマルセクターに移して徴税を増やしたり、VAT（付加価値税）やタバコ税、酒税など既存の税制をもっとうまく利用したり、エネルギーへの助成金を減らしたりすることによって、歳入を増やす余地は存在している。

新しい社会契約の財源を賄うには、富裕層から徴税した金を貧困層に移すというロビン・フッド的な解決策をとればいいと、つい思ってしまう人もいるだろう。だがほとんどの国は、機会の配分を根本的に変えて平等に近づけるやり方のほうが、富の再分配という事後的なやり方をするより、じっさいにはるかに効果があることを知っている。[18]良質な教育へのアクセスを平等化したり、困窮した地域に追加投資をしたりするなどの、いわゆる「事前分配」政策もまた、困窮した人々に大きな力を与え、国の支援に慢性的に頼るリスクを減らす効果がある。

そしてもし、労働市場を通じて（収入の良い好条件の仕事に貧しい人々が就くのを助けることで）より公正な結果を出せれば、救済に使われるはずだった現金給付や税金を減らすという副次的な利益も得られる。適切な規制があれば、期待を変化させ、こうした機会を生み出せるように雇用主が福利厚生を強化したり訓練をしたりするのを確実にできる。こうした政策が失敗したときにはじめて、社会保障制度を通じて富の再分配をするという策が必要になる。[19]

再分配が必要になったとしても、単に富裕層の税金を上げるのではなく、困窮者を支える給付金やサービスや介入などに公的支出をするという形のほうが効果的だ。それはそうと１９８０年代以降、衝撃的な潮流がある。世界中の大半の税制度において、富裕層の税金は減少傾向にあるのだ。最高限界所得税率は１９８０年代のレーガン／サッチャー革命以来、先進国でも開発途上国でも急速に減少した（図17）。外国の投資を引き寄せる競争が各国間で始まるとともに、法人税も引き下げられた。それとは対照的に、労働所得にかかる給与税は増加する傾向にある。その目的は、年金や医療や失業保険などの増大しつつあるコストを賄うことだ。とりわけ衝撃的なのは、賃金格差が広がっているこのときに、税制でそれを正そ

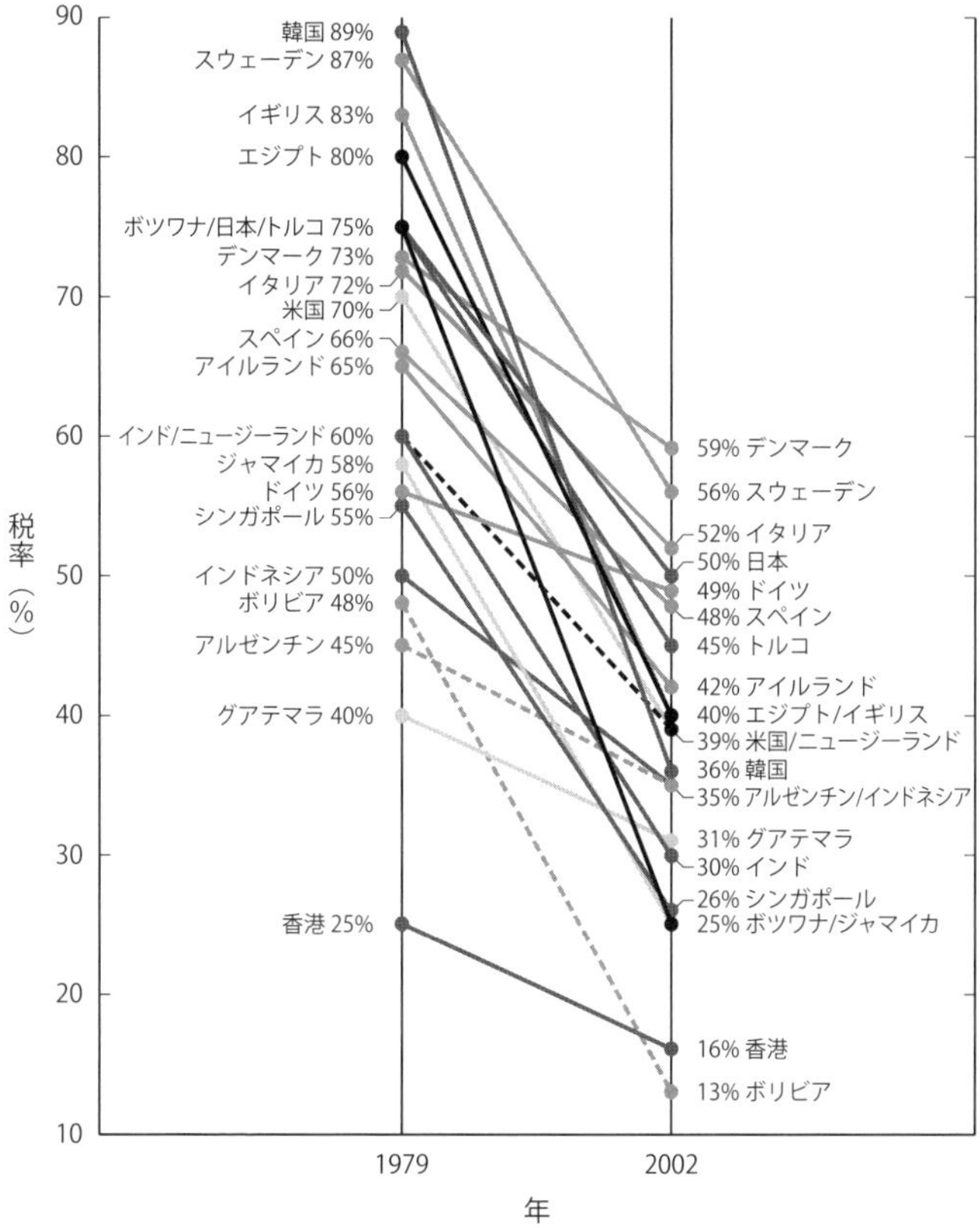

図17　最高税率はどこでも下がっている
所得税の最高税率（もっとも収入が多い人に課せられる最大の税率）

という動きはむしろ弱まっていることだ[20]。

税率を今とは逆方向に修正し、より進歩的なものにしても、社会契約の財源を賄うには十分でないが、助けになることは確実だ。だが問題は、税率を上げることで収入の格差を正すのが現実的にきわめて難しい点だ。なぜなら富裕層やその会計士らにとって、なんとか抜け道を見出して税金を減らすのはお手の物であり、場合によっては、税率の低い地域に自分自身を、あるいはビジネスの拠点を移すということもやってのけてしまうからだ。

富裕層の課税についての最近の経験からは、その難しさが浮き彫りになる。ともかく、富裕層に課税をする方法は3つだ。まず、相続を通じて次世代に富が譲り渡されたときに課税すること。そして株式としてもっている資産にも毎年、財産税などによって税金をかけることだ。多くの国々は相続や富による収入に税金をかけているが、富の蓄積そのものに税をかけている国はごくわずかだ（現時点では、コロンビア、ノルウェー、スペイン、スイスのみ）。政府の圧力または実施の困難さゆえ（あるいはその両方ゆえ）、フィンランド、フランス、アイスランド、ルクセンブルク、オランダ、およびスウェーデンでは、過去に存在していた富裕税が廃止に至っている[21]。

とはいえ、富の不均衡は収入の不均衡よりはるかに巨大であり、それゆえ多くの経済学者は相続（不労所得と見なされる）への課税とその再分配は、社会における機会の平等化のカギだと主張している。そして、富の格差の巨大化への懸念に加えて世界中の政府が歳入の新しい財源を探していることから、富裕税への関心は再浮上している。

LSEのアンソニー・アトキンソンは、すべての若者に資本の遺贈をするための進歩的な相続税の提案を、他に先駆けて行った[22]。もっと最近ではトマ・ピケティが、人々が自分の富を所有できるのは一時的にするべきだという主張をし、相続税や財産税を通じて時間をかけて課税を行い、それらを財源に25歳以上のすべての大人に資本の遺贈を行うべきだと述べた[23]。ピケティはフランスに対して、すべての若者がおよそ12万ユーロを受け取るようにすれば、社会の中で資本が回り、若者はいちばんお金が必要な人生の最初のころに幅広いチャンスを手にできるだろうと提案した。

他の昨今の研究も、富裕税の導入が不平等の解消だけでなく生産性の向上をもたらす可能性があることに着目してきた。ある有望な一連の研究によれば富裕税は、資産をもちながら低収益な活動しか行わない人々を不利な立場に置き、高い収益を上げている人々にはインセンティブを与えることで、経済の効率性を向上させるという[24]。それらの研究からは、年に2－3パーセントの富裕税を徴収すれば、政府は効率性を高め、経済成長を促進し、さらには不平等の是正もできることが示唆されている。

歳入を増やすためのもうひとつの方法が、経済学者が「バッズ」（「グッズ」の反対である）と呼ぶものに税金をかけることだ。世の中には私たちが、できるだけ目にしたくないものがある。たとえば公害や喫煙や、アルコールや不健康な食品の過剰摂取などだ。第4章で見てきたように、毎年数兆ドルものお金が人々のそうした不健康な行動のために消えており、租税政策を用いてこうした行動を変革すると、社会的にも経済的にも非常に大きな利益がもたらされる。また、第7章で述べたように多くの国々は人々に、エネルギーや水や土地利用のための補助金という形でお金を払い、地球を破壊させているとも言える。それらの補助金をなくすことは、環境的遺産を改善するための重要な一歩になるはずだ。

だが、気候の変化の速度を受容可能な域まで落とすためには、さらにもっと多くのことをしなければならない。そしてそのためには、炭素税以上に有効な解決策は皆無と言っていい。炭素税とは、あらゆる燃料源の炭素量に課せられる税だ。この遠大な税の長所は、経済におけるあらゆるものの値段を効果的に変化させ、それによって人々が何を消費するか、そしてどのように行動するかに影響を与えられることだ。

個人レベルで言えばたとえば、公共交通機関を利用することが突然、車を運転するよりもはるかに安上がりになる。近隣で生産された食べ物を買うことが自動的に、世界のどこかから飛行機で運ばれてきた食べ物を買うより、はるかに手ごろになる。企業にとって炭素税は、グリーンテクノロジーに投資をしたり、炭素を極力排出しないやり方で製品をつくったりする強力なインセンティブになる。それは人々の克己心に依存せず、定量的な目標を達成しようとする必要もなく、排出権取引を許可する必要も、自分のあらゆる行動の二酸化炭素排出量を複雑な計算式で算出する必要もない。市場はこれらすべてをあなたのために解決し、経済的にもっとも低コストで炭素の排出量を抑制する。だからこそ、経済学者はこの政策を支持する傾向がある。

税負担が増すことで貧しい人々に悪影響が及ぶかもしれないとして、炭素税に反対する声もある。その一例が、フランスで起きた「黄色いベスト運動」であり、ディーゼル燃料に高い税金をかけようとしたフランス政府に人々が猛反発し、政策に待ったをかけた。国民の怒りの原因は、気候変動と戦う手段そのものではなく、低炭素な未来へと方向修正するための費用をだれが担うかという点にあった。だが、税負担を重くしたりも、弱者を苦しめたりもしない形で炭素税を計画するのは不可能ではない。どのようにすればいいのか？

まず、最初は税率を低く設定し、その後徐々に上げていってみなが順応できるようにすること。第二に、この税でもたらされた収益が、現金という形であれ、他の税金を下げるという形であれ、市民に戻されることだ。もし100パーセント戻されるのなら増減税同額だが、それでも、経済において炭素を使うことへのインセンティブに大きな影響をもたらす。もし戻される額が100パーセント以下なら、国に収入をもたらしたことになる。大切なのはどこかの国が必ずリードをとり、他国に先駆けて炭素税を導入することだ。そうすることで残りの国は競争上、非優位な立場に置かれる。国境税に関する調整――炭素税の存在しない国からの輸入品には高い税金をかけること――は、条件の平等化に役立ち、炭素税導入のインセンティブを他国にも与える。究極的に目ざすべきは、破壊的な気候変動のリスクを減らせるレベルまで炭素税を上昇させることだ。

炭素税で得た収入を市民に戻すというこのアプローチは、米国では「炭素料金と配当のスキーム」と呼ばれ、カナダやフランスでは「炭素小切手（カーボンチェック）」と呼ばれている。[25]そして、裕福な人ほど大量の炭素を消費する傾向があるため、この種の、貧困層がじっさいに得をする枠組みを考案するのは可能なはずだ。たとえば米国向けの試算によれば、炭素1トン当たり49ドルという比較的穏当な税金を課することによって、人口の中で貧しいほうから10パーセントの人々の暮らし向きが改善され、いちばんトップの富裕層以外のすべての人々が純受益者になれる。

フランスでの調査によれば、農村部と都市部で異なる炭素小切手をつくることで、所得分布の下半分のすべての人々の暮らし向きが良くなる可能性があるという。[26]歳入を増やす必要があり、それゆえ炭素税の収入すべてを還元しないことを選んだ国も、社会契約の財政を賄う非常に大きな財源を得ることになる。たとえば、ある見積もりによれば米国は、炭素1トンにつき115ドルの税金を課せば、国民所得を3パーセントも増加させることができるという。[27]

最後に、博愛的で信念にもとづいた組織や慈善活動は昨今、社会契約の財政面および供給面で大切な役目を担い、国の政策を補完する重要な役目を果たすようになっている。慈善そのものは大昔から世界中に存在しており、そこには「恵まれた人は困っている人を支えたり、病気の人を助けたりして、公共生活の向上に貢献するべきだ」という共通認識があった。そうした財団や慈善団体の資産は昨今、一部には富裕層の成長ゆえに、大きく増加している。地球全体ではそうした財団の資産は1・5兆ドルを超えており、その主たる用途は教育（35パーセント）、社会福祉（21パーセント）、医療（20パーセント）に集中している。[28]多くの国において、社会契約の一部はボランティアや、自分の時間を無償で地域の利益のために提供する個人によって供給されている。こうした活動は補足的なものとして推奨されたり称えられたりするべきではあるが、より良い社会契約の代替にはならないことを覚えておくべきだろう。

産業界との新しい契約

これまでの章で論じてきた政策の多くは、ビジネスと国がそれぞれの役目を果たすことを必要としている。1980年代以来、政府の政策の多くは、貿易の自由化や民営化、そして労働市場の規制緩和などを通じて効率を最大化することに焦点をあててきた。企業はコストカットや福利厚生の削減、サプライチェーンの外部委託などに成功し、消費者はそれによっておおむね利益を得てきた。

だが、一部の労働者は賃金の伸び悩みに苦しめられ、そして今、増しゆく生活不安に直面している。理論的には、これらの改革によって不利益を被った者は、個人であれ地域社会であれ、経済成長率の促進によって補償を受けてしかるべきだし、究極的には恩恵を得るべきだろう。だがじっさいには、そうしたことはほぼ起きたことがない。必要とされる程度まで補償が達したことがないのは確かだろう。

それよりも重要なのは、よしんば補償されるにしても、だれも落伍者《ルーザー》になどなりたくはないという点だ。ビジネスをも巻き込んだ新しい社会契約は、教育やスキルに投資をしたり、貧困地域により良いインフラ

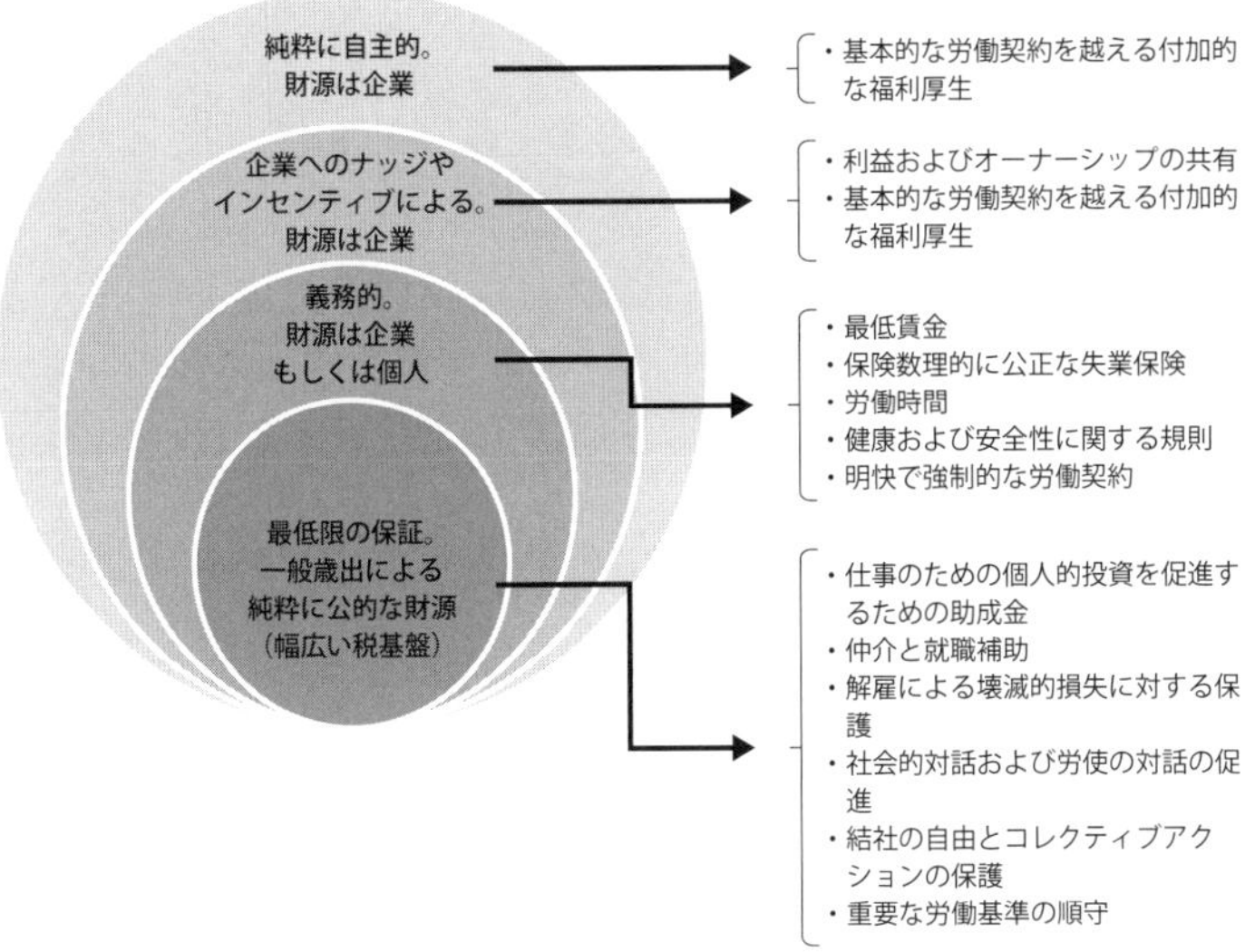

図18　雇用主と労働者との新しい取引の構造の可能性

をつくったり、イノベーションや生産性の向上を後押ししたりすることによって、富の再分配や補償の必要性を減らし、より多くの勝者をつくり出すことに焦点をあわせるべきだろう。新しい社会契約の一部は公共支出や規制を通して達成されるべきだが、民間部門に期待されるものを変えることで実現しなければならない部分もある。図18は新しい社会契約の構造を、そしてそれぞれの財源がどう賄われるかを示したものだ[29]。

この新しい取引の根幹にあるのは、巨大な損失が起きたときにも全員に最低限の守りを、総合課税を財源にして与えることだ。大きな経済的打撃がもとで失職した労働者を公金で支えたり、次の仕事に移る支援をしたりすることもここに含まれる。育児休業手当の給付や、柔軟な就労で復職を促すのに必要な財源も、政府が賄うことが可能だろう。そうした措置は、労働市場における男女の機会格差是正という利益ももたらす。図18の中心から2番目の円には、最低賃金、労働時間の制限と保証、失業手当などについての強制的規制を通じて達成される施策が含まれる。さらに、年金の増額や従業員への付加的訓練、利潤分配計画などの任意の施策がある。それらは、生産性向上への意欲を労働者の中にかきたて、雇用主と従業員の利益をより良く調和させるとりわけ強力な手段になるはずだ。

就労形態がより柔軟な方向に向かえば、税の負担についてもまた、資本（投資をする人）と労働者（雇用される人）のあいだで条件を公平に変化させる必要がある。[30] ２０００年から２０１５年のあいだに、先進国における平均的な法人税率は32パーセントから25パーセントに引き下げられ、会社のオーナーや投資家が利益を得た。[31] いっぽう、雇用主と被雇用者の双方が支払う給与税は引き上げられた。給与税は失業保険や年金や、時には健康保険の財源としても用いられるものだ。このモデルの土台にあるのは、「雇用主は社会保険の提供者だが、社会保険の財源は雇用主と被雇用者によって担われる」という考えだ。だが、日本やラテンアメリカの大半の国をはじめ多くの国ではすでに、給与税からの歳入だけでは、たとえば年金債務のコストを賄うこともできなくなっている。

私たちの税制度には、資本を優遇し、労働を冷遇する傾向がある。それはまた、企業が従業員の教育には投資を控え、オートメーションには過剰なほどの投資を行うことをも意味する。それがことに顕著なのは、社会の高齢化が急速に進んでいるドイツや韓国などで、そうした国々ではオートメーション技術が他国よりも高速で取り入れられている。それは、縮小傾向にある労働人口が高齢者を支えるうえで、生産性の大幅な向上が必要だという事実に対処するためだ。[32]

米国での試算によれば、現在の税制は労働に25・5－33・5パーセントの税をかけるが、資本に対する実質的な税はわずか5パーセント程度で、２０１０年代と比べると10パーセント低下している。そして

1990年代や21世紀初頭と比べると20パーセントも低下しているという。[33] 労働にかかる税率と資本にかかる税率をもう少し近づければ、結果的に雇用主は、どのくらいの労働力を雇い入れるかについて良い判断を下せるようになるだろう。資本にかかる税と比較して労働にかかる税を減らすことはまた、雇用を全般的に増加させ、労働分配率を向上させる。

税制のモデルをさらに改善するには、ビジネスへの課税を変える必要がある。なにも、ビジネスへの課税をすべて引き上げろと言っているのではない。法人税を引き上げるいっぽうで給与税を引き下げるのは可能なはずだ。そのためには、失業手当の主要部分や最低限の年金や社員教育や育児休暇のための基本的財源を、総合課税から賄う必要がある。たとえばオーストラリアやニュージーランドではすでに、年金制度の主たる財源を給与税に頼る方式から、総合課税を使う方式に切り替える選択をしている。そしてバングラデシュ、レソト、ナミビア、スーダンをはじめとする多くの開発途上国は今、総合課税をもとに高齢者のための社会基礎年金を賄うモデルを採用しはじめている。[34]

すべての種類の——つまり、フルタイムもパートタイムも自営のフリーランサーも含めた——従業員に利益の分配を命じる法があれば、仕事や働き方の種類にかかわらず安定がもたらされる。さらに、社会保険の支払いを回避するために非正規部門の雇用を増やすというインセンティブを減らすことにもつながる。また、企業に社員教育のためのさらなるインセンティブを与えるというやり方もある。多くの国は、研究やイノベーションを促進しようとするときに、そうした措置をとっている。[35] オーストリアなどの国は教育のための費用について、企業や個人に寛大な税額控除を行っている。そうした税額控除は、低いスキルや中程度のスキルしかもたない人に適用される場合もあれば、教育費用の捻出が難しい小規模企業が対象になる場合もある。米国では、コネチカット州やジョージア州、ケンタッキー州、ミシシッピ州、ロードアイランド州、ヴァージニア州がそうしたアプローチを実験している。

企業と政府で負担をうまく分けあうこととあわせて必要なのは、企業の税金逃れにメスを入れることだ。特に問題なのは現在、税率の低い地域で租税回避ができるグローバル企業だ。毎年、そうした多国籍企業の地球規模の利益の40パーセントはいわゆるタックスヘイブンに移される。昨今のイギリスでは外国の多国籍企業の系列会社のうち50パーセント以上が、課税対象利益の申告をしていない[36]。２０１８年、『フォーチュン』誌が選ぶ５００企業のうち91社（アマゾン、シェブロン、ＩＢＭなどもそこに含まれる）の、米国での実効税率はゼロだった[37]。

こうした状況は、国税の支払いを回避できない国内企業に対してフェアではない。また、前述のような多国籍企業が操業する国の人々にとっても、それで彼らが利潤を得るわけではまったくなく、フェアな話ではない。現在のこうした状況は、20世紀の遺産と言っていい。20世紀には企業の租税債務の評価は、法人組織が物理的にどこに置かれているかをもとに行われていた。これは、地球規模のサプライチェーンが整ったデジタルな世界においては、時代遅れなやり方だ。企業は税負担を軽減するために、さまざまな場所に合法的に拠点を置くよう帳簿を操作できるからだ。

ＩＭＦの見積もりによれば、こうした仕組みのせいで毎年、５０００–６０００億ドルもの収入が法人税から失われているという[38]。開発途上国は税基盤が小さいことを考えると、相対的にとりわけ大きな打撃を受けている。個人がタックスヘイブンにどれだけの資産を隠しているかの見積もりは、８・７兆ドルから36兆ドルまでさまざまだ。言いかえればそれは、毎年本来の税収から約２０００億ドルが失われているという意味だ[39]。

ＯＥＣＤが１３７カ国との交渉を通じて考えた提案にもとづけば、もっと公正な解決策も可能になる。

第一に政府に、法人がどこに置かれているかにかかわらず、自身の領土内での販売にもとづいて企業に課税する権利を与える。第二に、すべての多国籍企業が必ず支払わなければならない最低限の税率を設ける。そうすれば政府は、企業を誘致するために法人税の引き下げ競争を行わなくてすむようになる。

欧州にとってこれは、米国のテック・ジャイアントの利益からより大きな分け前をとれることを意味し、米国にとっては同国で売れた欧州の製品の利益から大きな分け前を得られることを意味する。[40]どちらのケースでも、企業の株主の取り分はおそらく少なくなる。開発途上国は、国際課税におけるこうした抜け穴を利用できる多国籍企業を少ししか持たないため、改革による純利益者になる見込みが高い。ＯＥＣＤの試算によれば、これらの2つの改革によって法人税からの収入を世界全体で4パーセント上げることができる。これは金額にして、年間1000－2400億ドルに相当する。[41]

ビジネスリーダーたちは徐々に、短期的な株主価値ばかりを注視するのは結果的に、不平等や生産性の停滞、貧弱なイノベーション、環境悪化などにつながることに気づいてきている。[42]ビジネスとの新しい社会契約は企業に対して、より高い法人税の支払いやすべての労働者への利益供与などを求める。いっぽうで社会は、最低賃金や育児休暇や年金や新しいスキル習得などのリスク方面をおおむね担当する。そうなればビジネスリーダーたちもビジネスの目的および、より幅広い利害関係者への義務について、もっとよく考えざるを得なくなる。[43]それは、ビジネスにも良い影響をもたらすはずだ。

スキルのある労働者や質の高いインフラ、そしてすぐれたセーフティネットが揃っており、それに頼ることができれば、コストの削減につながるうえ、社員は柔軟に改革に取り組むようになる。消費者や新しい世代の労働者らはもうすでに、責任ある行動をとる雇用者を高く評価するようになっている。だが、ビジネスとの新しい社会契約を現実のものにするには、単なる美辞麗句だけでなく、協力的な良き市民の存在が必要だ。課税や規制やコーポレートガバナンスに関して、この先私たちは具体的な変化を起こしていかなければならないだろう。

目標を達成する——新しい社会契約の政策

社会契約は政治に深く関係している。そこには、国の歴史や価値観や環境が反映されている。過去において社会契約は宗教的伝統の産物として、そして家族の義務や男女の役割をつかさどる文化的規範として発達し、のちには労使の関係や労使交渉を通じて形成されてきた。今日のほとんどの国では社会契約の進化を左右しているのは、政治システムの構造や、責任を問うメカニズムの有効性、政治的連合の出現、さらには危機がもたらしたチャンスなどだ。

社会契約を行う能力がより優れている政治形態はある。民主主義そのものは、特にその点で優れているわけではない。だが、高い投票率の公正な自由選挙によってトップの人間の行動が抑制され、メディアも自由である民主主義の社会は、国民がより長い人生を送れるようにしたり、より良い経済的成果を出したりするのに長けている傾向がある。[44] リーダー個人が強大な権力をもち、それを抑制する人がほとんどいない独裁制は、そうした面はうまくいきにくい。民主主義ではなくても、政策決定者の責任を問う効果的な「選択民」（たとえば中国の共産党のような）を有する国は、効果的な結果を市民にもたらせる可能性がある。[45]

トップの人間を抑制し、その責任を問うことは、市民の収入の激減や場合によっては市民戦争にさえつながりかねない悪い決断を避けるうえで、ことさら重要だ。アマルティア・センはかつてこう言った。「民主主義が機能している世界の歴史においては、かつて一度も飢饉は起きたことがない[46]」。なぜならば民主主義の政府は選挙に勝たなければならず、世間の批判に直面しなくてはならない。それゆえ彼らは、破滅を避けたり（あるいは少なくともそうしているように見せたり）、市民の生活を向上させたりすることへの強いインセンティブをもっている。立法府、司法、そしてメディアから、より大きな説明責任の圧力を受ける政府は、ごく狭い集団の個人的利益のために尽くすのではなく、公益に焦点を合わせた社会契約を果たす可能性が高い。

民主主義の政治家は、経済で良い成果をあげれば有権者の票を集めやすいことをよく自覚している。だが、市民の収入を向上させるより、市民の幸福度を上げるほうが、選挙の票を倍も多く集められることを理解している政治家はごくわずかだ。国民がだれに投票するかをより良く占うのは、ＧＤＰの成長率や失業率やインフレなどの伝統的な経済の指標ではなく、国民が自分の生活にどのくらい満足を感じているかという主観についての研究からは、１９７０年代以来、欧州の各地で行われてきた１５３の国会選挙だった。[47]主観的幸福度を決定するのは、健康や有意義な仕事など、社会契約のカギとなる要素だ。

より良い社会契約を提供できるのは、どんな種類の政治システムなのだろう？　大統領方式に近い、勝者がすべてを獲得する政治システムは、傾向的には小さな国家に多く、そうした国の社会契約は寛大なものになりにくい。米国やイギリスで行われている多数決主義の政治システムでは、少数派に尽くすというインセンティブが芽生えにくく、政治家は、大多数を占める中流階級の利益に焦点を合わせがちになる。比例代表制をとる国では、おそらく政治的コンセンサスを達成するのに幅広い連立が必要なため、市民により多くの支援を提供する傾向がある。独裁主義体制は責任を求められることがほとんどないため、社会契約実行への圧力も少なく、逆に為政者は自分自身や取り巻きを豊かにするために国を利用さえする。脆弱な国家では、社会契約はもっとも貧弱になりがちだ。貧しい国家はだいたいが歳入を増やすのに苦労しており、法的能力や政策的能力も低く、公共サービスを提供する能力は限定的だからだ。
じっさい多くの国において、社会契約にとっていちばん大きな障害は政府の意思ではなく、人々の期待に応える能力が政府にどれだけあるかだ。これはアフリカ、ラテンアメリカ、中東、南アジアなどの開発途上国のおおかたに通じることで、それらの国で問題なのは、政府が歳入をかき集められるかどうか、そして人々が求めている教育や医療やインフラなどの基本的な公益を与えられるかどうかだ。これらの比較的人口の若い、そして彼らに投票権を与えている国では、市民は少なくとも政党や指導者を選ぶ力をもっており、どんな政党や指導者が自分たちの期待に応えてくれそうかを選ぶことができる。民主主義でない国の人々は、国を支配するエリートたちに圧力を与えるために別のメカニズムを見つけなければならないという厳しい課題がある。

先進国においては、問題は国家の能力というより、さまざまな利益集団のあいだで政治的な行き詰まりが起きていることのほうが大きい。一部の人々が、社会契約の中で自分たちの得になる部分（たとえば、早い定年など）に固執するいっぽうで、その他の人々（若者や障がい者など）は自分たちの利益を守るために投票に行くことが不可能だったり、実行していなかったりする。投票者への抑圧、選挙区の区割り操作、ロビー活動、あからさまな賄賂などはすべて、改革の妨げになりうる。

おそらく、そうした場所にいちばん必要とされている重要な介入は、万人が容易に投票できるようにすること。そうして、もっとも不利な状況にある人も、社会契約を形成する声を手に入れることだ。投票のための確実なデジタルオプションを見つけることは、民主主義国家にとっては次の重要なステップになるだろう。[48] 歴史を通じて、より包括的な政治システムは、より寛大な社会契約をもたらす傾向にある。

このグローバル化した資本移動の世界において、国家はもっと寛大な社会契約を築くことができるのだろうか？　あるいは他国と競争する必要性は、値引き合戦が不可避であることを意味するのだろうか？　答えは、どちらとも言えない。グローバル化を成功させた国でも社会契約のあり方はさまざまであり、非常に寛大な場合もあれば、そうでない場合もある。経済の開放度と、再分配政策の寛大さの度合いには、どうやら有意の関係は存在しない[49]。だがじっさい、開放的な貿易政策をとる国ほど、世界経済からの衝撃をやわらげる一方策として、労働者の再訓練に多額の公的支出をする傾向がある[50]。コロナウィルス流行への対応としてこの先、多くの企業がサプライチェーンを単純化し、生産地をローカルマーケットに近づけるようにするかもしれない。そうなったら政府は、さらにもっと独立的に政策を選び取ることができるようになるだろう。

変化を起こすうえで政治的な構造や国の能力が重要であるのはもちろんだが、変化は危機からも生まれるし、危機の結果として発生した新しい協力関係から生まれることもある。14世紀に腺ペストは、イギリスの人口の半分を奪った。その結果、労働力が不足し、労働者はより高い賃金を求めて交渉する力を得た。それが封建制度の終わりの始まりになった。東欧では腺ペストは逆の効果をもった。地主らが農場領主制〔訳注　地主貴族である領主が自由農民を農奴化した〕と呼ばれる体制の中で自分たちの権力を合併し、無償の労働力をそれまで以上に使ったり、より収奪的な制度をつくったりするようになったからだ[51]。

歴史の変わり目になる重大な時期には、人々がより多くを社会に求めるようになり、それにつれて、より包括的な経済上の仕組みがつくられる可能性がある[52]。20世紀の米国では、大恐慌が結果的にニューディール政策をもたらした。第二次世界大戦は、イギリスにおいては現代的な福祉国家の形成につながり、欧州にはマーシャル・プランをもたらした。

今世界を襲っているパンデミックは、そうした変化のチャンスでもある。現在、もっとも苦しんでいるのはもっとも弱い立場の人々であり、コロナウィルスの悲劇は医療制度の脆弱さやセーフティネットの欠陥を、そして高齢者の介護システムの不備を浮き彫りにした。若い世代の人々は教育の主要な部分を享受できなくなったり、収入面でも最大級の損失をこうむったりしている。[53] 女性はコロナウィルス自体による被害は男性より少ないものの、解雇や無償労働の増加やロックダウン中の家庭内暴力の増加などを通じて、経済的・社会的コストの矛先を向けられている。[54] いっぽうで、政府は膨大な借金を重ねており、それはいずれ、将来の生産性の増加によって返済されなければならない。多くの国において人々はこの先、より良いリスク管理や、弱者を守るためのより良い社会保障を必ず要求するようになるだろう。

社会や政府は、これほど多くの大きな問題に一度に対応することができるのだろうか？ 数十年にわたって交渉に携わってきて私が学んだひとつは、時には問題を大きくすることが、その解決を容易にするということだ。より多くの問題を議論に盛り込むことでコストと利益のトレードオフができたり、変化のための提携を築いたりもできる。

仮に私が定年を楽しみにしている50代後半の会社員だったら、自分の子どもが生涯教育を受けられるようになると知っていれば、喜んでもっと長く働くだろう。同様に若者は、自分たちの教育に社会が寛大な投資をしてくれていると感じられれば、そして自分たちが新しいスキルを学ぶのを社会が支え、老後の安心も与えてくれると感じられれば、喜んで税金を納めてくれるだろう。

新しい社会契約のための連帯は、巨大で多様なものになる潜在性がある。若い人々はすでに、環境のための行動を求めて動き出している。同様の行動はじきに、若者らが失ったものを補うための生涯学習の権利についても行われるかもしれない。不安定な仕事に就いている人々、ことに仕事におけるキャリアが男性と比べて途切れやすい女性は、柔軟な就労形態でもより良い利益を得られるように、そして教育への投資を拡大し、再訓練の政策を改善するように、強く要求するようになるだろう。またパンデミックは、国民皆保険の重要性や、マスク装着の義務付けや健康な体重維持の推奨など公衆衛生への介入の正しさを示したと言える。高齢者にとっては、年金の最低額や介護についての新しい解決が、定年にまつわる改革の痛みを補ってくれるかもしれない。

より良い社会契約の達成は、突き詰めれば、政治的システムの責任をいかに増すかという問題だ。いかにそれを実現するかは、国によって異なる。民主主義において何より必要になるのは選挙への参加や、本書で概説したような問題をメディアが報道すること、公の議論を盛んにすること、そして、権力をもっている人々へ立法的・司法的に圧力をかけ、社会のすべての人の期待に応えるよう求めることなどだ。民主主義でない国においては、不満を抱いた国民がリーダーに変化を求めるための別の――おそらくあまり平和的でない――手段を見つけるだろう。だが、どんなケースにおいても、集団的利益が公正に、効率的に、効果的に供給されるのを確実にしてくれるのは、責任の拡大なのだ。

21世紀の新しい社会契約に向けて

私たちはたがいに支えあって生きている。より寛大でより包括的な社会契約は、私たちの相互依存性を認め、すべての人に最低限の保護を与え、リスクを集団で分担するいっぽうで、万人に、できるかぎり、そして可能なかぎり長いあいだ、社会に貢献してもらうことを求める。これは社会保障制度の増強というより、人間に投資をし、全体の幸福を増すためにリスクを分担する新しい制度を打ち立てようという話だ。

変化は避けようもなく訪れる。なぜなら、テクノロジーの力や、人口構成や環境がもたらす圧力が変化を推進するからだ。問題となるのは、変化に対応する準備が私たちにあるのか、それとも過去数十年にわたってそうであったように、この先もずっとこの強大な力に社会が揺さぶられるままにするのかということだ。本書は、私たちが直面する問題を概説し、家族や教育や医療や仕事や老後や世代間の問題をめぐる、より良い社会契約をつくるための一連の代案を紹介してきた。青写真と呼べるものではないが、この先向かうべき――そして経済的に実現可能な――方向性が本書には示されている。ただ、これは固定されたメニューではない。それぞれの国は自国の価値観や優先順位にもとづいて、どの要素を実行し、どの要素を実行しないかを選択すればいい。じっさいおおかたの社会契約は、社会からの絶えざる圧力を受けた結果、数十年かけて段階的に改革されてきたのだ。

エイブラハム・リンカーンは、「未来を予測する最良の方法は、未来をつくることだ」と述べた。市民はこれまで、何世紀もかけてそれぞれの社会の中で機会の構造をつくりあげてきた。そしてそうした選択が、私たちの生活を形成してきた。私たちはいま歴史の中で、新しい選択がなされるべき瞬間にいる。私たち自身に、そして後に来る人々により良い未来をもたらす社会契約は、私たちの権限で形成される。

ベヴァリッジ報告書の最後には、次のような記述がある。「欠乏からの解放は、民主主義に強制することも、民主主義に与えることもできない。それは、自分自身で勝ち取らなければならない。それを勝ち取るためには勇気と信頼と、国としての一体感が必要だ。必要なのは、事実や困難と向き合い、それを乗り越える勇気。未来を信じ、私たちの祖先が何世紀もかけ、死と引き換えにしてでも勝ちとろうとしてきた自由や公正という理想を信じる気持ち。そして、あらゆる階層や部門の利益を凌駕《りょうが》する国としての一体感だ」[55]。そうした勇気を奮い起こし、一体感を築くのは、おたがいに対する――そして自分自身に対する――義務なのだ。

謝辞

驚くべきことではないが、この本は大勢の人の助けがあって生まれた。

本を書くというアイデアをくれたのは、ルパート・ランカスターだ。２０１８年にリーヴァーヒューム財団で私が講演を行い、彼がそれを聴きに来てくれたあとのことだった。ＬＳＥでは管理委員会や評議会の同僚をはじめ、たいへん興味深く好奇心豊かな人々に囲まれ、多大な恩恵を得た。多くの同僚がこの本のアイデアを共有し、初期の草稿について積極的に意見を述べてくれた。とりわけ感謝を伝えたいのは次の人々だ。オリアナ・バンディーラ、ニック・バー、ティム・ベズリー、タニア・ブルヒアルト、デイリー・ファン、ジョン・ヒルズ、エミリー・ジャクソン、ジュリアン・ルグラン、スティーブ・マシャン、ニック・スターン、アンドリュー・サマーズ、アンドレス・ヴェラスコ、そしてアレックス・ボールヘイブ。何人かの友人や昔の同僚は、関連書籍を教えてくれたり、有益な助言をしてくれたり、切望していた励ましの言葉をくれたりした。パトリシア・アロンゾ＝ガモー、ソニア・ブランチ、エリザベス・コーリー、ダイアナ・ゲラルド、アントニオ・エスターシュ、ヒラリー・レオーネ、ガス・オドネル、セバスチャン・マラバイ、トルーマン・パッカード、マイケル・サンデル、そしてアリソン・ウルフ。彼らのすばらしいアイデアに感謝する。本書の中に誤りがあれば、それはすべて私の責任である。

調査の助手として活躍してくれたマックス・キーフェルは、パンデミックのおかげで実際にはたった一度しか会えなかったにもかかわらず、興味深い資料を見つけ、有益な提案をしてくれた。出版エージェントのワイリーにおける私の代理人、ジェームズ・ピューレンは、私が出版の世界を渡るのに手を貸し、つねに良き助言をしてくれた。ペンギン・ランダムハウスでの担当編集者ウィル・ハモンドは、学術用語に頼るのを避けるよう私を促し、テキストをはるかに読みやすいものにしてくれた。プリンストン大学出版局のジョー・ジャクソンもまた、有益なフィードバックをしてくれた。

幼いころ私をあちこちの図書館に車で送り、いつも私を支えてくれた母マイッサにも、大きな感謝を。それから忘れてはいけないのは、妹のナズリと姪のレイラ。そして、万人に可能性を与える寛大な社会契約についてのすばらしい例を示してくれた、私の家族にも感謝を送る。夫ラファエルには、私に勇気をくれたことに、そしてより大きな困難に取り組むよう背中を押してくれたことに礼を述べたい。私たちの子ども――アダム、ハンナ、ハンス＝サイラス、ノラ、そしてオリヴィア――は、世代間の社会契約についての章を執筆しているとき、いつもいちばんに私の頭の中に浮かんでいた。彼らのために、そしてすべての子どもと未来の孫のために私が希望するのは、みなが栄えるためのより良い社会契約をなんとかしてつくりあげることだ。

索　引

【A～Z】

【ア行】

【カ行】

【サ行】

【タ行】

【ナ行】

【ハ行】

【マ行】

【ヤ行】

【ラ・ワ行】

原　註

はじめに

1　メディアデータベース「ファクティバ」の過去30年間のデータにもとづいている。コメンテーターは、フランスのテロリストによる暴力の増加や、イギリスのEU離脱（ブレグジット）を巡る国民投票、そしてドナルド・トランプを選んだ米国の大統領選について言及するときに特にこの「ものごとは崩れていき」という語句を用いた。Fintan O'Toole, 'Yeats Test Criteria Reveal We Are Doomed', *Irish Times*, 28 July 2018.

2　『国家はなぜ衰退するのか』の中でアセモグルとロビンソンは「重大な分岐点」について語っている。それは、きわめて不安定な時期から、明確な結果もわからないまま、すべてを一掃する制度的変化のチャンスが生まれることを意味する。Daron Acemoglu and James A. Robinson, *Why Nations Fail*, Crown Publishing Group, 2012.［『国家はなぜ衰退するのか――権力・繁栄・貧困の起源（上・下）』ダロン・アセモグル／ジェイムズ・A・ロビンソン著、鬼澤忍訳、ハヤカワ文庫、2016年］

3　ミルトン・フリードマンは次のように述べたことで有名だ。「じっさいの、もしくは認識された危機だけが、真の変化を生み出す。その危機が発生したときどんな行動がとられるかは、そのときに流布している考え方に左右される。私はそれこそが、人間の基本的機能だと信じる。既存の政策に替わるものを開発し、政治的に不可能なことが政治的に不可避なことになるまで、それを生かし続け、手放さないでいることだ」。Milton Friedman, *Capitalism and Freedom*, University of Chicago Press, 1962.［『資本主義と自由』ミルトン・フリードマン著、村井章子訳、日経BP、2008年］

4　Carole Seymour-Jones, *Beatrice Webb: Woman of Conflict*, Allison and Busby, 1992.

5　植民地時代以降の多くの指導者は、フェビアン派の影響を受けている。インドのジャワハルラール・ネルー、ナイジェリアのオバフェミ・アウォロウォ、パキスタンのムハンマド・アリ＝ジンナー、シンガポールのリー・クアンユー、アラブ世界のミシェル・アフラクなどだ。

6　マーガレット・サッチャーが1975年夏に保守党の調査部を訪れたときの、興味深い逸話がある。より多くの政治的支援を党が得るためには、実利的な「中道」政策を選ぶべきだという理由を事例とともに提示されたとき、サッチャーはブリーフケースに手を伸ばし、ハイエクの『自由の条件』を取り出し、「これが私たちの信じているものだ」と述べ、本を机の上にたたきつけたのだ。John Ranelagh, *Thatcher's People: An Insider's Account of the Politics, the Power, and the Personalities*, Fontana, 1992. ロナルド・レーガンは、ハイエクが自身の考えに与えた影響を認め、ホワイトハウスでハイエクを称えた。

7　Anthony Giddens, *The Third Way: The Renewal of Social Democracy*, Polity Press, 1998.［『第三の道――効率と公正の新たな同盟』アンソニー・ギデンズ著、佐和隆光訳、日本経済新聞社、1999年］も参照。Julian LeGrand and Saul Estrin, *Market Socialism*, Oxford University Press, 1989.

第1章　社会契約とは何か？

1　社会構造の哲学的基盤と社会契約理論との関係の有益な説明については、ライフ・ウェナーによるジョン・ロールズの見解の要約を参照。Leif Wenar, 'John Rawls', *The Stanford Encyclopedia of Philosophy*, Spring 2017 edition.

2　Steven Pinker, *Enlightenment Now: The Case for Reason, Science, Humanism, and Progress*, Penguin/Viking, 2020.［『21世紀の啓蒙――理性、科学、ヒューマニズム、進歩（上・下）』スティーブン・ピンカー著、橘明美／坂田雪子訳、草思社、2019年］; Hans Rosling, Ola Rosling and Anna Rosling Rönnlund, *Factfulness: Why Things Are Better Than You Think*, Sceptre, 2018.［『Factfulness――10の思い込みを乗り越え、データを基に世界を正しく見る習慣』ハンス・ロスリング／オーラ・ロスリング／アンナ・ロスリング・ロンランド著、上杉周作／関美和訳、日経BP、2019年］

3　Edelman 2019 Trust Barometer Global Report: https://www.edelman.com/sites/g/files/aatuss191/files/201902/2019_Edelman_Trust_Barometer_Global_Report.pdf.

4　国家の形成において歳入徴収が果たす役割の驚くべき歴史については次を参照。Margaret Levi, *Of Rule and Revenue*, University of California Press, 1989.

5　社会契約の概念は紀元前400年のプラトンの『クリトン』や『国家』からすでに見られ、法制度は個人と国家のあいだの一種の契約であると述べられている。その後、アウグスティヌスやトマス・アクィナスら中世の著述家は、

善良な市民であるとはいかなることかを、そして集合的利益と比較して個人の自律性はどの程度であるべきかを探究した。

6 Thomas Hobbes, *Leviathan*, Penguin Classics, 1651/2017.［『リヴァイアサン（1・2）』ホッブズ著、角田安正訳、光文社古典新訳文庫、2014–2018年］

7 John Locke, *Two Treatises of Government*, J. M. Dent, 1689/1993.［『市民政府論』ロック著、角田安正訳、光文社古典新訳文庫、2011年］君主への反抗が合法となるのはいかなるときかについてのロックの見解は、合衆国建国の父たちおよび合衆国憲法の作者らに大きな影響を与えた。

8 Jean-Jacques Rousseau, *The Social Contract*, Penguin Classics, 1762/1968.［『社会契約論／ジュネーヴ草稿』ルソー著、中山元訳、光文社古典新訳文庫、2008年］

9 Adam Smith, *The Theory of Moral Sentiments*, Cambridge University Press, 1759/2002.［『道徳感情論』アダム・スミス著、村井章子／北川知子訳、日経BP、2014年］現代的な解釈については次を参照。Jesse Norman, *Adam Smith: Father of Economics*, Penguin, 2018.

10 Howard Glennerster, *Richard Titmus: Forty Years On*, Centre for Analysis of Social Exclusion, LSE, 2014.

11 あるいは、マイケル・サンデルが言うように「民主主義は完全な平等を必要としないが、市民がふつうの生活を共有することを必要とする」。Michael Sandel, *What Money Can't Buy: The Moral Limits of Markets*, Penguin, 2012, p. 203.［『それをお金で買いますか――市場主義の限界』マイケル・サンデル著、鬼澤忍訳、ハヤカワ・ノンフィクション文庫、2014年］

12 John Rawls, *A Theory of Justice*, Belknap, 1971.［『正義論』ジョン・ロールズ著、川本隆史／福間聡／神島裕子訳、紀伊國屋書店、2010年］

13 上掲書 p. 73。ロールズの正義の理論にはその他に2つの原理があった。それは自由の原理（私たちはみな、言論の自由、結社や良心の自由など、一連の平等で根源的な自由に可能なかぎり手を伸ばすことができなくてはならない）と、格差の原理（収入、富、そして個人の尊厳を守るための社会的基盤は、社会の中でもっとも窮乏している人々に最大の利益がもたらされるように分配されるべきである）というものだ。

14 Gary Solon, 'What Do We Know So Far About Intergenerational Mobility?', *Economic Journal*, 2018; Michael Amior and Alan Manning, 'The Persistence of Local Joblessness', *American Economic Review*, 2018.

15 当時のバイエルンの平均寿命は、主に乳幼児死亡率の高さゆえ、男性が

37.7歳、女性が41.4歳だった。ドイツの定年は1916年に65歳に引き下げられた。これは今日で言うなら、国家が約20年間年金を支払うことを意味する。Martin Kohl, 'Retirement and the Moral Economy: An Historical Interpretation of the German Case', *Journal of Ageing Studies* 1:2, 1987, pp. 125–44.

16 ベヴァリッジの業績については次の資料を参照。Nicholas Timmins, *The Five Giants: A Biography of the Welfare State*, Harper Collins, 2017.

17 OECD, *OECD Employment Outlook 2018*, OECD Publishing, 2018.

18 World Bank Group, 'Closing the Gap: The State of Social Safety Nets 2017', World Bank, 2017.

19 Francesca Bastagli, Jessica Hagen-Zanker, Luke Harman, Valentina Barca, Georgina Sturge and Tanja Schmidt, with Luca Pellerano, 'Cash transfers: what does the evidence say? A rigorous review of programme impact and of the role of design and implementation features', Overseas Development Institute, July 2016.

20 Ugo Gentilini, Mohamed Bubaker Alsafi Almenfi, Pamela Dale, Ana Veronica Lopez, Canas Mujica, Veronica Ingrid, Rodrigo Cordero, Ernesto Quintana and Usama Zafar, 'Social Protection and Jobs Responses to COVID-19: A Real-Time Review of Country Measures', World Bank, 12 June 2020.

21 Alberto Alesina and Edward Glaeser, *Fighting Poverty in the U.S. and in Europe: A World of Difference*, Oxford University Press, 2004.

22 Holger Stichnoth and Karine Van der Straeten, 'Ethnic Diversity, Public Spending and Individual Support for the Welfare State: A Review of the Empirical Literature', *Journal of Economic Surveys* 27:2, 2013, pp. 364–89; Stuart Soroka, Richard Johnston, Anthony Kevins, Keith Banting and Will Kymlicka, 'Migration and Welfare Spending', *European Political Science Review* 8:2, 2016, pp. 173–94.

23 Nicholas Barr, *The Economics of the Welfare State*, 5th edition, Oxford University Press, 2012, p. 174.

24 John Hills, *Good Times, Bad Times: The Welfare Myth of Them and Us*, Policy Press, 2014.

25 バーはリスク共有の最適の手段としての福祉国家について、次のように語っている。(1) 未知の将来の結果に対して出生時に保険をかけ、貧困の緩和に役立てる。(2) 市場の失敗に対応し、とりわけ、失業や医療的リスクや社会的ケアにまつわる民間保険の技術的問題に取り組む。(3) 人的資本を培い、リスクテイキングを促すような経済成長への寄与をする。次の文献を参照。

Nicholas Barr, 'Shifting Tides: Dramatic Social Changes Mean the Welfare State is More Necessary than Ever', *Finance and Development* 55:4, December 2018, pp. 16–19.

26 Amartya Sen, *Commodities and Capabilities*, North Holland, 1985. [『福祉の経済学――財と潜在能力』アマルティア・セン著、鈴村興太郎訳、岩波書店、1988年]; Amartya Sen, 'Development as Capability Expansion', *Journal of Development Planning* 19, 1989, pp. 41–58; Amartya Sen, *Development as Freedom*, Oxford University Press, 1999. [『自由と経済開発』アマルティア・セン著、石塚雅彦訳、日本経済新聞社、2000年]

27 ダグラス・キーによるマーガレット・サッチャーのインタビュー。'Aids, education and the year 2000', *Women's Own*, 31 October 1987, pp. 8–10.

28 Franklin Delano Roosevelt, 'Second Inaugural Address', 20 January 1937.

29 Milton Friedman, 'The Social Responsibility of Business is to Increase its Profits', *New York Times Magazine*, 13 September 1970.

30 コリン・メイヤーが率いる企業の将来に関する研究プログラムの結論は、「ビジネスの目的は、人と地球の問題に対して有益な解決策を生み出すことであり、その過程において企業は利益を生み出す」というものだった。Colin Mayer, *Prosperity: Better Business Makes the Greater Good*, Oxford University Press, 2018. [『株式会社規範のコペルニクス的転回――脱・株主ファーストの生存戦略』コリン・メイヤー著、宮島英昭監訳、清水真人／河西卓弥訳、東洋経済新報社、2021年]を参照。

31 Barr, *The Economics*, Box 10.2, p. 274.

32 グローバリゼーションは、低スキルの労働者の賃金低下の原因として責められることがしばしばあるが、エビデンスによれば、最大の要因はテクノロジーだ。ある試算によると、貿易は賃金の変化の10–20パーセントにしか関係せず、移民労働者が関係する割合はさらに少ない。最大の要因は、テクノロジーの発達が労働需要を高スキルの労働者にシフトさせたことにある。Phillip Swagel and Matthew Slaughter, 'The Effects of Globalisation on Wages in Advanced Economies', IMF Working Paper, 1997.

33 先進国の労働市場にグローバル化が与えた影響の経済的分析については、以下の文献を参照。Joseph Stiglitz, *Globalization and Its Discontents*, W. W. Norton, 2002. [『世界を不幸にしたグローバリズムの正体』ジョセフ・E・スティグリッツ著、鈴木主税訳、徳間書店、2002年]; Paul Krugman and Anthony Venables, 'Globalization and the Inequality of Nations', *Quarterly*

Journal of Economics 110:4, 1995, pp. 857–80; Paul Collier, *The Future of Capitalism: Facing the New Anxieties*, Penguin Random House, 2018.［『新・資本主義論――「見捨てない社会」を取り戻すために』ポール・コリアー著、伊藤真訳、白水社、2020年］; Raghuram Rajan, *The Third Pillar: The Revival of Community in a Polarized World*, William Collings, 2019.［『第三の支柱――コミュニティ再生の経済学』ラグラム・ラジャン著、月谷真紀訳、みすず書房、2021年］; David Autor and David Dorn, 'The Growth of Low Skill Service Jobs and the Polarization of the U.S. Labor Market', *American Economic Review* 103:5, 2013, pp. 1553–97. 自動車工場閉鎖の衝撃に対処しようとしたデトロイト近郊の工業都市ジェインズヴィルのような話は典型的だ。そこには経済的混乱の人的コストが鋭く説明されている。Amy Goldstein, *Janesville: An American Story*, Simon and Schuster, 2018.［『ジェインズヴィルの悲劇――ゼネラルモーターズ倒産と企業城下町の崩壊』エイミー・ゴールドスタイン著、松田和也訳、創元社、2019年］対照的な見方としてアイヴァーセンとソスキスは、資本は都市部に集中する高技能な労働者を追いかけているのであり、じっさいには各国政府は政策上の自律性をかなりもちあわせていると主張する。Torben Iversen and David Soskice, *Democracy and Prosperity: Re-inventing Capitalism Through a Turbulent Century*, Princeton University Press, 2019を参照。

34 David H. Autor, David Dorn and Gordon H. Hanson, 'The China Shock: Learning from Labor-Market Adjustment to Large Changes in Trade', *Annual Review of Economics* 8, 2016, pp. 205–40; Mark Muro and Joseph Parilla, 'Maladjusted: It's Time to Reimagine Economic Adjustment Programs', Brookings, 10 January 2017.

35 学術的な文献の中には、女性の労働力参加はU字を描いており、非常に貧しい国（女性が農業に携わっている国）と非常に豊かな国で高いレベルにあるという見解がある。最近のデータによれば、このパターンは不均質になってきている。Stephan Klasen, 'What Explains Uneven Female Labour Force Participation Levels and Trends in Developing Countries?', *World Bank Research Observer* 34:2, August 2019, pp. 161–97.

36 Naila Kabir, Ashwini Deshpande and Ragui Assaad, 'Women's Access to Market Opportunities in South Asia and the Middle East and North Africa', Working Paper, Department of International Development, London School of Economics in collaboration with Ahoka University and the Economic Research Forum, 2020.

37 Esteban Ortiz-Ospina and Sandra Tzvetkova, 'Working Women: Key Facts and Trends in Female Labour Force Participation', *Our World in Data*, Oxford University Press, 2017.

38 Jonathan Ostry, Jorge Alvarez, Raphael Espinoza and Chris Papgeorgiou, 'Economic Gains from Gender Inclusion: New Mechanisms, New Evidence', IMF Staff Discussion Paper, 2018.

39 Richard Susskind and Daniel Susskind, *The Future of the Professions: How Technology Will Transform the World of Human Experts*, Oxford University Press, 2015.［『プロフェッショナルの未来――AI、IoT時代に専門家が生き残る方法』リチャード・サスカインド／ダニエル・サスカインド著、小林啓倫訳、朝日新聞出版、2017年］

40 Andrew McAfee and Erik Brynjolfsson, *The Second Machine Age*, W. W. Norton, 2014.［『ザ・セカンド・マシン・エイジ』アンドリュー・マカフィー／エリック・ブリニョルフソン著、村井章子訳、日経BP、2015年］

41 IPCC, *Special Report Global Warming of 1.5 degrees*, Intergovernmental Panel on Climate Change, 2018.

42 Rattan Lal and B. A. Stewart (editors), *Soil Degradation*, Volume 11 of *Advances in Soil Science*, Springer-Verlag, 1990; Sara J. Scherr, 'Soil degradation: a threat to developing country food security by 2020?', International Food Policy Research Institute, 1999.

43 Gerardo Ceballos, Anne H. Ehrlich and Paul R. Ehrlich, *The Annihilation of Nature: Human Extinction of Birds and Mammals*, Johns Hopkins University Press, 2015, p. 135.

44 FAO, *The State of World Fisheries and Aquaculture 2018 – Meeting the Sustainable Development Goals*, United Nations Food and Agriculture Organization, 2018.

第2章　子どもの養育はだれが担うべきか？

1 Adalbert Evers and Birgit Riedel, *Changing Family Structures and Social Policy: Child Care Services in Europe and Social Cohesion*, University of Gießen, 2002, p. 11.

2 権限移譲の原則は、ワイマール帝国の1922年の青年福祉法で最初に制定され、その後の同法の改正で再確認された。Margitta Mätzke, 'Comparative

Perspectives on Childcare Expansion in Germany: Explaining the Persistent East-West Divide', *Journal of Comparative Policy Analysis: Research and Practice* 21:1, 2019, pp. 47–64; Juliane F. Stahl and Pia S. Schober, 'Convergence or Divergence? Educational Discrepancies in Work-Care Arrangements of Mothers with Young Children in Germany', *Work, Employment and Society* 32:4, 2018, pp. 629–49.

3　米国における1960年から2010年までの職業分布における集中度からは、才能をより良く配置することで1人当たりの総生産量が20–40パーセントも増加したことが説明される。Chang-Tai Hsieh, Erik Hurst, Charles I. Jones and Peter J. Klenow, 'The Allocation of Talent and U.S. Economic Growth', *Econometrica* 87:5, September 2019, pp. 1439–74を参照。

4　才能ある女性が平凡な男性に取ってかわるという現象は、政治の分野でも起きている。Timothy Besley, Olle Folke, Torsten Persson and Johanna Rickne, 'Gender Quotas and the Crisis of the Mediocre Man: Theory and Evidence from Sweden', *American Economic Review* 107:8, 2017, pp. 2204–42を参照。

5　Columbia Law School, 'A Brief Biography of Justice Ginsburg', Columbia Law School web archive. 最高裁判所で彼女の同年配だったサンドラ・デイ・オコナー裁判官は、スタンフォードのロースクールのクラスで3位の成績をとったにもかかわらず、1952年になってようやく弁護士秘書の仕事を見つけることができた。

6　Rhea E. Steinpreis, Katie A. Anders and Dawn Ritzke, 'The Impact of Gender on the Review of the Curriculum Vitae of Job Applicants and Tenure Candidates: A National Empirical Study', *Sex Roles* 41, 1999, pp. 509–28; Shelley J. Correll, Stephen Benard and In Paik, 'Getting a Job: Is there a Motherhood Penalty?', *American Journal of Sociology* 112:5, March 2007, pp. 1297–1338; Kathleen Feugen, Monica Biernat, Elizabeth Haines and Kay Deaux, 'Mothers and Fathers in the Workplace: How Gender and Parental Status Influence Judgements of Job-Related Competence', *Journal of Social Issues* 60:4, December 2004, pp. 737–54.

7　Arlie Russell Hochschild and Anne Machung, *The Second Shift: Working Parents and the Revolution at Home*, Viking, 1989.

8　Cristian Alonso, Mariya Brussevich, Era Dabla-Norris, Yuko Kinoshita and Kalpana Kochar, 'Reducing and Redistributing Unpaid Work: Stronger Policies to Support Gender Equality', IMF Working Paper, October 2019: https://www.imf.org/~/media/Files/Publications/WP/2019/wpiea2019225-print-pdf.ashx.

9　Alonso et al., 'Reducing and Redistributing Unpaid Work', p. 13.

10　Emma Samman, Elizabeth Presler-Marshall and Nicola Jones with Tanvi Bhaktal, Claire Melamed, Maria Stavropoulou and John Wallace, *Women's Work: Mothers, Children and the Global Childcare Crisis*, Overseas Development Institute, March 2016.

11　最近の記事でメリンダ・ゲイツは次のように述べている。「米国では75パーセントの母親が育児を担うために、仕事の機会を逃したり、仕事を替えたり、離職したりしている。母親は父親の3倍の確率で、子どもや他の家族の世話をするために仕事を辞める。失業中の女性の60パーセント以上が、働いていない理由として家族の世話をあげている。ベビーブーマーの女性の3分の1は高齢の親を介護しており、11パーセントはフルタイムで介護をするために仕事を辞めている」Melinda Gates, 'Gender Equality Is Within Our Reach', *Harvard Business Review*, October 2019を参照。

12　イギリスからのエビデンスについては次の文献を参照。Monica Costa Rias, Robert Joyce and Francesca Parodi, 'The Gender Pay Gap in the UK: Children and Experience in Work', Institute for Fiscal Studies, February 2018.

13　Jonathan D. Ostrey, Jorge Alvarez, Rafael A. Espinosa and Chris Papageorgiou, 'Economic Gains from Gender Inclusion: New Mechanisms, New Evidence', IMF Staff Discussion Note, October 2018.

14　家族型モデルと非家族型モデルのあいだの議論の詳細については、次の文献を参照。Ruth Lister, '"She has other duties": Women, citizenship and social security', Sally Baldwin and Jane Falkingham (editors), *Social Security and Social Change: New Challenges*, Harvester Wheatsheaf, 1994; Gøsta Esping-Andersen, *Social Foundations of Post-industrial Economies*, Oxford University Press, 1999.［『ポスト工業経済の社会的基礎――市場・福祉国家・家族の政治経済学』G・エスピン-アンデルセン著、渡辺雅男／渡辺景子訳、桜井書店、2000年］; Roger Goodman and Ito Peng, 'The East Asian welfare states: peripatetic learning, adaptive change, and nation-building', Gøsta Esping-Andersen (editor), *Welfare States in Transition: National Adaptations in Global Economies*, Sage, 1996, pp. 192–224.［『転換期の福祉国家――グローバル経済下の適応戦略』G・エスピン-アンデルセン編、埋橋孝文監訳、早稲田大学出版部、2003年］; Huck-Ju Kwon, 'Beyond European Welfare Regimes: Comparative Perspectives on East Asian Welfare Systems', *Journal of Social Policy* 26:4, October 1997, pp. 467–84; Ito Peng and Joseph Wong, 'East Asia', Francis G. Castles, Stephan Leibfried,

Jane Lewis, Herbert Obinger and Christopher Pierson (editors), *The Oxford Handbook of the Welfare State*, Oxford University Press, 2010; Mi Young An and Ito Peng, 'Diverging Paths? A Comparative Look at Childcare Policies in Japan, South Korea and Taiwan', *Social Policy and Administration* 50:5, September 2016, pp. 540–55.

15 Emma Samman, Elizabeth Presler-Marshall and Nicola Jones with Tanvi Bhatkal, Claire Melamed, Maria Stavropoulou and John Wallace, 'Women's Work: Mothers, Children and the Global Childcare Crisis', Overseas Development Institute, March 2016, p. 34.

16 上掲書 p.34。

17 中国では政府による育児の提供が減少し、祖母への依存度が高まったため、都市部における女性の労働力参加が減少した。だが、祖母の退職年齢が上がると、無償の育児を提供する能力は少なくなる。ゆえに政府は将来、公的な選択肢を復活させる必要が生じるかもしれない。Yunrong Li, 'The effects of formal and informal childcare on the Mother's labor supply – Evidence from Urban China', *China Economic Review* 44, July 2017, pp. 227–40を参照。

18 Daniela Del Boca, Daniela Piazzalunga and Chiara Pronzato, 'The role of grandparenting in early childcare and child outcomes', *Review of Economics of the Household* 16, 2018, pp. 477–512.

19 2016年のOECDの平均的教育支出は5.0パーセントだった（https://data.worldbank.org/indicator/SE.XPD.TOTL.GD.ZS）。2017年のOECDの平均的医療支出は12.55パーセントだった（https://data.worldbank.org/indicator/SH.XPD.CHEX.GD.ZS）。

20 Chris M. Herbst, 'The Rising Cost of Child Care in the United States: A Reassessment of the Evidence', IZA Discussion Paper 9072, 2015. 次に引用。Samman et al., *Women's Work*, p. 33.

21 Daniela Del Boca, Silvia Pasqua and Chiara Pronzato, 'Motherhood and market work decisions in institutional context: a European perspective', *Oxford Economic Papers* 61, April 2009, pp. i147–i171; Joya Misra, Michelle J. Budig and Stephanie Moller, 'Reconciliation policies and the effects of motherhood on employment, earnings and poverty', *Journal of Comparative Policy Analysis: Research and Practice* 9:2, 2007, pp. 135–55.

22 Gøsta Esping-Andersen, *Why We Need a New Welfare State*, Oxford University Press, 2002; Olivier Thévenon, 'Family Policies in OECD Countries: A

Comparative Analysis', *Population and Development Review* 37:1, March 2011, pp. 57–87; Paolo Barbieri and Rossella Bozzon, 'Welfare labour market deregulation and households' poverty risks: An analysis of the risk of entering poverty at childbirth in different European welfare clusters', *Journal of European Social Policy* 26:2, 2016, pp. 99–123.

23 Giulia Maria Dotti Sani, 'The Economic Crisis and Changes in Work–Family Arrangements in Six European Countries', *Journal of European Social Policy* 28:2, 2018, pp. 177–93; Anne Gauthier, 'Family Policies in Industrialized Countries: Is there Convergence?', *Population* 57:3, 2002, pp. 447–74; Misra et al., 'Reconciliation policies'; Joya Misra, Stephanie Moller, Eiko Strader and Elizabeth Wemlinger, 'Family Policies, Employment and Poverty among Partnered and Single Mothers', *Research in Social Stratification and Mobility* 30:1, 2012, pp. 113–28; Thévenon, 'Family Policies'.

24 ILO, *Maternity and paternity at work: law and practice across the world*, International Labour Organisation, 2014. 以下に引用。Samman et al., *Women's Work*, p. 47.

25 開発途上国53カ国の3万3302社のサンプルの企業レベルのデータを用いた分析によると、民間企業の女性の雇用は、育児休暇を義務付けている国のほうがそうでない国よりも大幅に高いことがわかる。ある控えめな試算でも、育児休暇を義務化すると女性労働者の割合が6.8パーセント増加することが示唆されている。Mohammad Amin, Asif Islam and Alena Sakhonchik, 'Does paternity leave matter for female employment in developing economies? Evidence from firm-level data', *Applied Economics Letters* 23:16, 2016, pp. 1145–48を参照。

26 ODI, *Women's Work: Mothers, Children and the Global Childcare Crisis*, Overseas Development Institute, 2016.

27 文献の重要な部分は、育児のコストと女性の労働力参加との関係に焦点をあてている。検証されている仮説は、サービスは手ごろな価格であるほど多く利用され、女性が労働市場に参加する可能性が高まるというものだ。アンダーソンとレヴァイン、ブラウとカリーは、米国の保育コストに関連して女性の労働供給がどう伸縮するかの見積もりについて、詳細な批評を提供している。調査結果のほとんどは、保育コストが下がるにつれて母親の労働力参加が増加することを示唆している。ただし、数値にはかなりのばらつきがある。Patricia Anderson and Philip Levine, 'Child Care and Mother's Employment Decisions', in David Card and Rebecca Blank (editors), *Finding Jobs: Work and*

Welfare Reform, Russell Sage, 2000; David Blau and Janet Currie, 'Pre-School, Day Care, and After-School Care: Who's Minding the Kids?', *Handbook of the Economics of Education* 2, 2006, pp. 1163–1278; Mercedes Mateo Diaz and Lourdes Rodriguez-Chamussy, 'Childcare and Women's Labor Participation: Evidence for Latin America and the Caribbean', Technical Note IDB-TN-586, Inter-American Development Bank, 2013.

28 開発途上国21カ国の約13万人の女性を対象とした世帯調査にもとづくと、開発途上国におけるチャイルド・ペナルティは約22パーセントと見積もられ、年齢、教育、結婚状況などの要因を考慮すると7パーセントまで低下する。ペナルティは子どもの成長とともに低下し、家事を分担できる年上の娘がいる女性に関してはペナルティが逆転さえし、母親はより多くの収入を得ることができるようになる。Jorge M. Agüeroa, Mindy Marksb and Neha Raykarc, 'The Wage Penalty for Motherhood in Developing Countries', Working Paper, University of California Riverside, May 2012.

29 Henrik Kleven, Camille Landais, Johanna Posch, Andreas Steinhauer and Josef Zweimuller, 'Child Penalties across Countries: Evidence and Explanations', *American Economic Association Papers and Proceedings* 2019. チャイルド・ペナルティは育児における女性の生物学的比較優位の結果だというエビデンスも存在しない。Henrik Kleven, Camille Landais and Jakob Egholt Sogaard, 'Does Biology Drive Child Penalties? Evidence from Biological and Adoptive Families', Working Paper, London School of Economics, May 2020を参照。

30 3カ国すべてが2000年代の最初の10年間に、育児への財政支援を増やした。日本では増加分の多くは、家族が子どもの世話をするための経済的支援という形をとり、韓国では保育サービスの利用を支援する政策が強化され、台湾では主に休暇提供において経済的支援がなされた。

31 Takeru Miyajima and Hiroyuki Yamaguchi, 'I Want to, but I Won't: Pluralistic Ignorance', *Frontiers in Psychology* 20, September 2017: doi:10.3389/fpsyg.2017.01508.

32 Ingólfur V. Gíslason, 'Parental Leave in Iceland Gives Dad a Strong Position', *Nordic Labour Journal*, April 2019.

33 Rachel G. Lucas-Thompson, Wendy Goldberg and JoAnn Prause, 'Maternal work early in the lives of children and its distal associations with achievement and behavior problems: a meta-analysis', *Psychological Bulletin* 136:6, 2010, pp. 915–42.

34 Charles L. Baum, 'Does early maternal employment harm child development? An analysis of the potential benefits of leave taking', *Journal of Labor Economics* 21:2, 2003, pp. 409–448; David Blau and Adam Grossberg, 'Maternal Labor Supply and Children's Cognitive Development', *Review of Economics and Statistics* 74:3, August 1992, pp. 474–81.

35 Committee on Family and Work Policies, *Working Families and Growing Kids: Caring for Children and Adolescents*, National Academies Press, 2003.

36 Jane Waldfogel, Wen-Jui Han and Jeanne Brooks-Gunn, 'The effects of early maternal employment on child cognitive development', *Demography* 39:2, May 2002, pp. 369–92.

37 Lucas-Thompson et al., 'Maternal work early in the lives of children', pp. 915–42.

38 Ellen S. Peisner-Feinberg, Margaret R. Burchinal, Richard M. Clifford, Mary L. Culkin, Carollee Howes, Sharon Lynn Kagan and Noreen Yazejian, 'The relation of preschool childcare quality to children's cognitive and social developmental trajectories through second grade', *Child Development* 72:5, 2001, pp. 1534–53.

39 Eric Bettinger, Torbjørn Hægeland and Mari Rege, 'Home with mom: the effects of stay-at-home parents on children's long-run educational outcomes', *Journal of Labor Economics* 32:3, July 2014, pp. 443–67.

40 Michael Baker and Kevin Milligan, 'Maternal employment, breastfeeding, and health: Evidence from maternity leave mandates', *Journal of Labor Economics* 26, 2008, pp. 655–92; Michael Baker and Kevin Milligan, 'Evidence from maternity leave expansions of the impact of maternal care on early child development', *Journal of Human Resources* 45:1, 2010, pp. 1–32; Astrid Würtz-Rasmussen, 'Increasing the length of parents' birth-related leave: The effect on children's long-term educational outcomes', *Labour Economics* 17:1, 2010, pp. 91–100; Christopher J. Ruhm, 'Are Recessions Good for Your Health?', *Quarterly Journal of Economics* 115:2, May 2000, pp. 617–50; Sakiko Tanaka, 'Parental leave and child health across OECD countries', *Economic Journal* 115:501, February 2005, F7–F28.

41 Maya Rossin, 'The effects of maternity leave on children's birth and infant health outcomes in the United States', *Journal of Health Economics* 30:2, March 2011, pp. 221–39.

42 Lucas-Thompson et al., ‘Maternal work early in the lives of children’.
43 Kathleen McGinn, Mayra Ruiz Castro and Elizabeth Long Lingo, ‘Learning from Mum: Cross-National Evidence Linking Maternal Employment and Adult Children’s Outcomes’, *Work, Employment and Society* 33:3, 2019, pp. 374–400.
44 Susan Kromelow, Carol Harding and Margot Touris, ‘The role of the father in the development of stranger sociability in the second year’, *American Journal of Orthopsychiatry* 60:4, October 1990, pp. 521–30.
45 Vaheshta Sethna, Emily Perry, Jill Domoney, Jane Iles, Lamprini Psychogiou, Natasha Rowbotham, Alan Stein, Lynne Murray and Paul Ramchandani, ‘Father–Child Interactions at 3 months and 24 months: Contributions to Child Cognitive Development at 24 months’, *Infant Mental Health Journal* 38:3, 2017, pp. 378–90.
46 J. Kevin Nugent, ‘Cultural and psychological influences on the father’s role in infant development’, *Journal of Marriage and the Family* 53:2, 1991, pp. 475–85.
47 Alonso et al., *Reducing and Redistributing*, p. 21.

第3章　幼児教育と生涯学習

1 Max Roser and Esteban Ortiz-Ospina, ‘Primary and Secondary Education’, *Our World in Data*, 2020.
2 World Bank, ‘World Bank Development Report 2018: Learning to Realize Education’s Promise’, World Bank Group, 2018, p. 4.
3 World Bank, ‘World Bank Education Overview: Higher Education (English)’, World Bank Group, 2018.
4 教育に投資した場合のリターンも、男子より女子のほうが2パーセント高い。George Psacharopoulos and Harry Patrinos, ‘Returns to Investment in Education: A Decennial Review of the Global Literature’, Policy Research Working Paper 8402, World Bank, 2018を参照。
5 Jack B. Maverick, ‘What is the Average Annual Return on the S&P 500?’, *Investopedia*, May 2019.
6 UK Government, ‘Future of Skills and Lifelong Learning’, Foresight Report, UK Government Office for Science, 2017.
7 Richard Layard and George Psacharopoulos, ‘The Screening Hypothesis and the Returns to Education’, *Journal of Political Economy* 82:5, September–October

1974, pp. 985–98; David Card and Alan B. Krueger, 'Does School Quality Matter? Returns to Education and the Characteristics of Public Schools in the United States', *Journal of Political Economy* 100:1, February 1992, pp. 1–40; Damon Clark and Paco Martorell, 'The signalling value of a high school diploma', *Journal of Political Economy* 122:2, April 2014, pp. 282–318.

8 Daron Acemoglu, 'Technical Change, Inequality, and the Labor Market', *Journal of Economic Literature* 40:1, March 2002, pp. 7–22.

9 Claudia Goldin and Lawrence F. Katz, *The Race between Education and Technology*, Harvard University Press, 2008.

10 World Bank, 'World Bank Development Report: The Changing Nature of Work', World Bank Group, 2019, p. 71.

11 複雑な問題解決スキルの1標準偏差分の増加は、10–20パーセントの賃金上昇に関連する。Peer Ederer, Ljubica Nedelkoska, Alexander Patt and Sylvia Castellazzi, 'How much do employers pay for employees' complex problem solving skills?', *International Journal of Lifelong Learning* 34:4, 2015, pp. 430–47を参照。

12 Lynda Gratton and Andrew Scott, *The 100 Year Life: Living and Working in an Age of Longevity*, Bloomsbury, 2016.［『LIFE SHIFT（ライフ・シフト）——100年時代の人生戦略』リンダ・グラットン／アンドリュー・スコット著、池村千秋訳、東洋経済新報社、2016年］

13 上掲書 p. 110。

14 OECD, *OECD Employment Outlook 2019: The Future of Work*, Organisation for Economic Cooperation and Development, 2019, Chapter 3.

15 William Johnson (*later* Cory), king's scholar 1832–41, master 1845–72, 発言はウィリアム・コーリーの"*Eton Reform II*"より。ジョージ・リテルトンからルパート・ハート＝デーヴィスへの書簡にも、この言葉が登場する。

16 Fraser Mustard, 'Early Brain Development and Human Development', R. E. Tremblay, M. Boivin and R. De V. Peters (editors), *Encyclopedia on Early Childhood Development*, 2010: http://www.child-encyclopedia.com/importance-early-childhood-development/according-experts/early-brain-development-and-human.

17 Arthur J. Reynolds, Judy A. Temple, Suh-Ruu Ou, Irma A. Arteaga and Barry A. B. White, 'School-Based Early Childhood Education and Age-28 Well-Being: Effects by Timing, Dosage, and Subgroups', *Science* 333, 15 July 2011, pp. 360–

64.

18 Rebecca Sayre, Amanda E. Devercelli, Michelle J. Neuman and Quentin Wodon, 'Investing in Early Childhood Development: Review of the World Bank's Recent Experience', World Bank Group, 2014.

19 Paul Glewwe, Hanan G. Jacoby and Elizabeth M. King, 'Early childhood nutrition and academic achievement: A longitudinal analysis', *Journal of Public Economics* 81:3, 2001, pp. 345–68; Emiliana Vegas and Lucrecia Santibáñez, 'The Promise of Early Childhood Development in Latin America and the Caribbean', Latin American Development Forum, World Bank, 2010.

20 国レベルの広大なエビデンスに加えて、彼らが作成したあるシミュレーションによれば、すべての国で就学前プログラムへの参加率を25パーセントまで増やすことで106億ドルの、50パーセント増やすことで337億ドルの利益があることが示された。対コスト比は、17.6対1にもなる。Patrice L. Engle, Maureen M. Black, Jere R. Behrman, Meena Cabral de Mello, Paul J. Gertler, Lydia Kapiriri, Reynaldo Martorell, Mary Eming Young and the International Child Development Steering Group, 'Child development in developing countries 3: Strategies to avoid the loss of developmental potential in more than 200 million children in the developing world', *Lancet* 369, January 2007, p. 229–42; Patrice Engle, Lia Fernald, Harold Alderman, Jere Behrman, Chloe O'Gara, Aisha Yousafzai, Meena Cabral de Mello, Melissa Hidrobo, Nurper Ulkuer, Ilgi Ertem and Selim Iltus, 'Strategies for Reducing Inequalities and Improving Developmental Outcomes for Young Children in Low and Middle Income Countries', *Lancet* 378, November 2011, pp. 1339–53を参照。

21 Engle et al., 'Child development'.

22 Paul Gertler, James Heckman, Rodrigo Pinto, Arianna Zanolini, Christel Vermeersch, Susan Walker, Susan M. Chang and Sally Grantham-McGregor, 'Labor market returns to an early childhood stimulation intervention in Jamaica', *Science* 344, 30 May 2014, pp. 998–1001.

23 蓄積されたエビデンスからは、さまざまな就学前プログラムへの参加の効用が、入学準備や初期の学業成績向上につながるだけにとどまらず（Lynn A. Karoly, Peter W. Greenwood, Susan S. Everingham, Jill Houbé, M. Rebecca Kilburn, C. Peter Rydell, Matthew Sanders and James Chiesa, 'Investing in Our Children: What We Know and Don't Know About the Costs and Benefits of Early Childhood Interventions', RAND Corporation, 1998; Crag T. Ramey and

Sharon Landesman Ramey, 'Early intervention and early experience', *American Psychologist* 53:2, 1998, pp. 109–20; Karl R. White, 'Efficacy of Early Intervention', *The Journal of Special Education* 19:4（1985）, pp. 401–16)、数年後に補習教育の必要が少なくなることに関連していたり（W. Steven Barnett, 'Long-Term Effects of Early Childhood Programs on Cognitive and School Outcomes', *The Future of Children* 5:3, 1995, pp. 25–50; Karoly et al., 'Investing'; Jack P. Shonkoff and Deborah A. Phillips（editors）, *From neurons to neighborhoods: The science of early childhood development*, National Academy Press, 2000）非行を防いだり（Eliana Garces, Duncan Thomas and Janet Currie, 'Longer-Term Effects of Head Start', *American Economic Review* 92:4, 2002, pp. 999–1012; Arthur J. Reynolds, Judy A. Temple, Dylan L. Robertson and Emily A. Mann, 'Long-term Effects of an Early Childhood Intervention on Educational Achievement and Juvenile Arrest: A 15-Year Follow-up of Low-Income Children in Public Schools', *Journal of the American Medical Association* 285:18, 2001, pp. 2339–46; L. J. Schweinhart, H.V. Barnes and D. P. Weikart, 'Significant Benefits: The High/Scope Perry Preschool Study through Age 27', Monographs of the High/Scope Educational Research Foundation 10, High/Scope Press, 1993; Karoly et al., 'Investing')、より高レベルな学業の達成にも関連していることが示されている。Frances A. Campbell, Craig T. Ramey, Elizabeth Pungello, Joseph Sparling and Shari Miller-Johnson, 'Early Childhood Education: Young Adult Outcomes From the Abecedarian Project', *Applied Developmental Science* 6:1, 2002, pp. 42–57; Consortium for Longitudinal Studies（Ed.）, *As the twig is bent: Lasting effects of preschool programs*, Erlbaum, 1983; Reynolds et al, 'Long-term Effects'; Schweinhart et al., 'Significant Benefits'; Ramey and Ramey, 'Early Intervention'; Barnett, 'Long-Term Effects'; Shonkoff and Phillips, *From neurons to neighborhoods*; Garces, Thomas and Currie, 'Longer-Term Effects'; Reynolds et al., 'Long-term Effects'; Schweinhart et al., 'Significant Benefits'; Campbell et al., 'Early Childhood Education'.

24 Reynolds et al., 'School-Based Early Childhood Education', pp. 360–64. 興味深いことに他の研究からは、幼児教育が男子よりも女子にとって有益であることがわかっている。ノースカロライナでの調査によると男子の初期状態は、父親がそばにいればいるほど、また利用可能な財源が多いほど向上する傾向があるという。Jorge Luis Garcia, James J. Heckman and Anna L. Ziff, 'Gender differences in the benefits of an influential early childhood program', *European*

Economic Review 109, 2018, p. 9–22を参照。

25 World Bank, 'World Bank Development Report 2019', p. 75.

26 上掲書。

27 OECD, 'OECD Family database', Organisation for Economic Cooperation and Development, 2019: http://www.oecd.org/els/family/database.htm.

28 World Bank, 'World Bank Development Report 2019', pp. 74–75.

29 Joseph Fishkin, *Bottlenecks: A New Theory of Equal Opportunity*, Oxford University Press, 2014.

30 Canadian Literacy and Learning Network, 'Seven Principles of Adult Learning', 2014: website, Office of Literacy and Essential Skills, Government of Canada.

31 Malcolm S. Knowles, Elwood F. Holton III and Richard A. Swanson, *The adult learner: The definitive classic in adult education and human resource development*, Elsevier, 2005.

32 World Bank, 'World Bank Development Report 2019'.

33 A. D. Ho, J. Reich, S. Nesterko, D. T. Seaton, T. Mullane, J. Waldo and I. Chuang, 'HarvardX and MITx: The first year of open online courses, Fall 2012–Summer 2013', 2014.

34 David Card, Jochen Kluve and Andrea Weber, 'What Works? A Meta-Analysis of Recent Active Labor Market Program Evaluations', *Journal of the European Economic Association* 16:3, June 2018, pp. 894–93.

35 OECD, *Getting Skills Right: Future Ready Adult Learning Systems*, OECD Publishing, 2019.

36 上掲書。

37 各国が成人教育の費用をどのように分割しているかの例については、上掲書を参照。

38 上掲書 p. 96。

39 中小企業がスタッフを育てる能力を構築する良い例が、韓国での、あるプログラムだ。雇用主はこのプログラムを通じて、外部のコンサルタントを雇うための財政支援などの補助金を獲得できる。外部コンサルタントはそうした企業に必要なトレーニングを分析し、CEOや管理職の能力を高め、「学習する組織」になるための過程に寄り添う。学習グループを設立し、それらのグループの管理を担当するスタッフに資金を提供するためにも、さらなる助成金を利用できる。CEOや、学習活動に責任をもつスタッフに訓練を施すために資金を用いることもできる。ピアラーニング活動への参加や、学習組織

の設立経験を共有したりするためにも助成金を利用もできる。OECD, '*Getting Skills Right: Engaging low-skilled adults in learning*', OECD Publishing, 2019, p. 20を参照。

40 Archie Hall, 'Shares in Students: Nifty Finance or Indentured Servitude?', *Financial Times*, 12 November 2019.

41 Thomas Piketty, *Capital and Ideology*, Harvard University Press, 2020.

42 ローン利用者が返済不能になるリスクを管理し、管理のコストを捻出するために、追加料金が課されることもある。だが、スキームを十分魅力的なものにし、機能させるためには、返済開始は特定の所得基準が達成されたあとにするべきだろう。

第4章　健康であるための負担と責任

1 Daniel R. Hogan, Gretchen A. Stevens, Ahmad Reza Hosseinpoor and Ties Boerma, 'Monitoring universal health coverage within the Sustainable Development Goals: development and baseline data for an index of essential health services', *Lancet Global Health* 6, 2018, pp. e152–68.

2 他の見積もりによれば、GDPの最低5パーセントに加えて、最低でも1人当たり86ドルを低所得国のすべての人々に基本的なプライマリ・ケアのために支給するべきだという。 Di Mcintyre, Filip Meheus and John-Arne Røttingen, 'What Level of Domestic Government Health Expenditure Should We Aspire to for Universal Health Coverage', *Health Econ Policy Law* 12:2, 2017, pp. 125–37を参照。

3 WHO, *Global Spending on Health: A World in Transition*, World Health Organization, 2019.

4 ILO, 'World Social Protection Report 2014/15: Building economic recovery, inclusive development and social justice', International Labour Organisation, 2014.

5 世界保健総会は、医療従事者の国際採用に関するWHOのグローバルな行動規範を総意により採択した。だが、この規範の実施に関する最初の報告は肯定的な内容ではなかった。Allyn L. Taylor and Ibadat S. Dhillon, 'The WHO Global Code of Practice on the International Recruitment of Health Personnel: The Evolution of Global Health Diplomacy', *Global Health Governance* V:1, Fall 2011; Amani Siyam, Pascal Zurn, Otto Christian Rø, Gulin Gedik, Kenneth

Ronquillo, Christine Joan Co, Catherine Vaillancourt-Laflamme, Jennifer dela Rosa, Galina Perfilieva and Mario Roberto Dal Poz, 'Monitoring the implementation of the WHO Global Code of Practice on the International Recruitment of Health Personnel', *Bulletin of World Health Organization* 91:11, 2013, pp. 816–23を参照。

6　Kenneth Arrow, 'Uncertainty and the Welfare Economics of Medical Care', *American Economic Review* 53:5, 1963, pp. 941–73.

7　Ruud Ter Meulen and Hans Maarse, 'Increasing Individual Responsibility in Dutch Health Care: Is Solidarity Losing Ground?', *Journal of Medicine and Philosophy: A Forum for Bioethics and Philosophy of Medicine* 33:3, June 2008, pp. 262–79.

8　公衆衛生上の介入を正当化するためにしばしば引用される5つの基準は以下の通り。（1）有効性、（2）目的適合性、（3）必要性、（4）侵害の最小化、（5）公的正当化。James F. Childress, Ruth R. Faden, Ruth D. Gaare, Lawrence O. Gostin, Jeffrey Kahn, Richard J. Bonnie, Nancy E. Kass, Anna C. Mastroianni, Jonathan D. Moreno and Phillip Nieburg, 'Public health ethics: mapping the terrain', *Journal of Law Medical Ethics* 30:2, June 2002, pp. 170–78.

9　Ruben Durante, Luigi Guiso and Giorgio Gulino, 'Asocial capital: Culture and Social Distancing during Covid-19', Centre for Economic Policy Research Discussion Paper DP14820, June 2020; John Barrios, Efraim Benmelech, Yael V. Hochberg, Paola Sapienza and Luigi Zingales,'Civic Capital and Social Distancing during the Covid-19 Pandemic', National Bureau of Economic Research Working Paper 27320, June 2020; Francesca Borgonovi and Elodie Andrieu, 'The Role of Social Capital in Promoting Social Distancing During the Covid-19 Pandemic in the US', *Vox*, June 2020.

10　マロニーとタスキンはグーグルのモビリティデータを用いて、政府がロックダウンを課す前でさえ、米国のレストランの予約が大幅に減少していたことを発見した。 William Maloney and Temel Taskin, 'Determinants of Social Distancing and Economic Activity During Covid-19: A Global View', World Bank Policy Research Working Paper 9242, World Bank, May 2020. イギリスについては、スリコ他の調査（2020）から、消費の減少の大部分が全国規模のロックダウンの実施前に発生していたことが確認された。Paolo Surico, Diego Kanzig and Sinem Hacioglu, 'Consumption in the Time of Covid-19: Evidence from UK Transaction Data', Centre for Economic Policy Research Discussion

Paper DP14733, May 2020. ボーン他の調査（2020）からは、スウェーデンにおける移動性が、ロックダウンが行われた国々と同程度は低下したことが確認された。Benjamin Born, Alexander Dietrich and Gernot Muller, 'The Lockdown Effect: A Counterfactual for Sweden'. Centre for Economic Policy Research Discussion Paper DP 14744, July 2020.

11 医療制度がどのように組織されているかについては、膨大な文献がある。システムが公的なものか民間のものかよりも、医療サービスの提供になんらかの選択肢と競争があるか否かのほうが重要だと主張する人々もいる。Julian LeGrand, *The Other Invisible Hand: Delivering Public Services Through Choice and Competition*, Princeton University Press, 2007. ［『準市場 もう一つの見えざる手——選択と競争による公共サービス』ジュリアン・ルグラン著、後房雄訳、法律文化社、2010年］

12 Viroj Tangcharoensathien, Anne Mills and Toomas Palu, 'Accelerating health equity: the key role of universal health coverage in the Sustainable Development Goals', *BMC Medicine*, 2015, pp. 1–5.

13 Marc J. Epstein and Eric G. Bing, 'Delivering Health Care to the Global Poor: Solving the Accessibility Problem', *Innovations: Technology, Governance, Globalization* 6:2, 2011.

14 Reuters, 'Ant Financial Amasses 50 Million Users, Mostly Low Income, in New Health Plan', *Reuters: Technology News*, 12 April 2019. 私がこの例に着目したのはロジャー・マウントフォートのおかげである。

15 OECDは米国について「現在の平均寿命はOECDの平均である80.1を1年以上下回っているが、1970年にはOECDの平均を1年上回っていた」と指摘している。OECD, 'Life expectancy in the US rising slower than elsewhere, says OECD', Organisation for Economic Cooperation and Development, 2013, p. 1. 米国の平均寿命の短縮については、次を参照。Ann Case and Angus Deaton, *Deaths of Despair and the Future of Capitalism*, Princeton University Press, 2020. ［『絶望死のアメリカ——資本主義がめざすべきもの』アン・ケース／アンガス・ディートン著、松本裕訳、みすず書房、2021年］

16 Luca Lorenzoni, Alberto Marino, David Morgan and Chris James, 'Health Spending Projections to 2030: New results based on a revised OECD methodology', OECD Health Working Paper 110, 23 May 2019.

17 Aaron Reeves, Yannis Gourtsoyannis, Sanjay Basu, David McCoy, Martin McKee and David Suckler, 'Financing universal health coverage: effects of

alternative tax structures on public health systems: cross-national modelling in 89 low-income and middle-income countries', *Lancet* 386:9990, July 2015, pp. 274–80.

18 Claudine de Meijer, Bram Wouterse, Johan Polder and Marc Koopmanschap, 'The effect of population aging on health expenditure growth: a critical review', *European Journal of Ageing* 10:4, 2013, pp. 353–61.

19 Irene Papanicolas, Alberto Marino, Luca Lorenzoni and Ashish Jha, 'Comparison of Health Care Spending by Age in 8 High-Income Countries', JAMA Network Open, 2020.

20 ニェムとコネリーは、一般的な認識とは裏腹に、医療費の増加の大部分は人口の高齢化自体によるのではなく、新しい医療技術に対する需要の増加によるものであることを発見した。1人当たりのGDPが1パーセント増加すると、それに関連して、1人当たりの医療費は0.9パーセント増加している。医療費を押し上げている主たる要因は技術の進歩であり、年間で4パーセントを占めている。そしてその増加の速度は、調査期間10年ごとに加速している。Son Hong Nghiem and Luke Brian Connelly, 'Convergence and determinants of health expenditures in OECD countries', *Health Economics Review* 7:1, 2017, p. 29. テクノロジーと比較して収入や保険の増加がどんな影響をもたらしているかの評価については、次を参照。Sheila Smith, Joseph P. Newhouse and Mark S. Freeland, 'Income, Insurance, and Technology: Why Does Health Spending Outpace Economic Growth?', *Health Affairs* 28:5, 2009, pp. 1276–84を参照。

21 Lorenzoni et al., 'Health Spending Projections to 2020'.

22 これはジェネリック薬品が同等の健康増進をもたらす場合のみ機能する。貧弱な規制ゆえ、ジェネリック薬品の品質についてはいくつかの論争があった。Karen Eban, *Bottle of Lies: The Inside Story of the Generic Drug Boom*, Ecco Press, 2020.

23 価格設定が医療制度の有効性にどのように影響するかという徹底した分析については、次を参照。Sarah L. Barber, Luca Lorenzoni and Paul Ong, 'Price setting and price regulation in health care: lessons for advancing Universal Health Coverage', World Health Organization and the Organisation for Economic Co-operation and Development, 2019.

24 Alex Voorhoeve, Trygve Ottersen and Ole F. Norheim, 'Making fair choices on the path to universal health coverage: a précis', *Health Economics, Policy and Law,*

2016.

25 McKinsey, *The Social Contract in the 21st Century*, McKinsey Global Institute, 2020.

26 先進国については次を参照。V. G. Paris, G. De Lagasnarie, R. Fujisawa et al., 'How do OECD countries define the basket of goods and services financed collectively', OECD Unpublished Document, 2014. 開発途上国における医療技術アセスメントの使用については次を参照。Corinna Sorenson, 'The role of HTA in coverage and pricing decisions', *Euro Observer* 11:1, 2009, pp. 1–4; Leon Bijlmakers, Debjani Mueller, Rabia Kahveci, Yingyao Chen and Gert Jan van der Wilt, 'Integrate HTA – A low and middle income perspective', *International Journal of Technology Assessment in Health Care* 33:5, 2017, pp. 599–604.

27 いくつかの医療コストにおける個人の責任の評価の枠組みについては、次を参照。Gustav Tinghog, Per Carlsson and Carl Lyttkens, 'Individual responsibility for what? – A conceptual framework for exploring the suitability of private financing in a publicly funded health-care system', *Health Economics Policy and Law Journal* 5:2, 2010, pp. 201–23.

28 クオリーに対する賛成意見と反対意見の要約は、次を参照。Emily Jackson, *Medical Law*, Oxford University Press, 2019.

29 Melanie Bertram, Jeremy Lauer, Kees De Joncheere, Tessa Edejer, Raymond Hutubessy, Marie-Paule Kieny and Suzanne Hill, 'Cost–Effectiveness Thresholds: Pros and Cons', *Bulletin of the World Health Organization*, 2016.

30 たとえばイギリスでは国立医療技術評価機構が、購入可能な価格の指標として「クオリー当たり2万ポンド」を用いている。クオリー当たり2万ポンドから3万ポンドかかる治療が考慮されるのは、患者グループのニーズなど特別な状況があるときだ。クオリー当たり3万ポンドを超える治療は受け入れがたいと考えられているが、じっさいには、拒否される可能性が50パーセントを超える閾値は4万ポンドである。Jackson, *Medical Law*を参照。

31 Karl Claxton quoted in Robin McKie, 'David Cameron's Flagship Cancer Drugs Fund is a Waste of NHS Cash', *Guardian*, 10 January 2015.

32 John Harris, *The Value of Life*, Routledge, 1985, p. 93; Alan Williams, 'Intergenerational Equity: An Exploration of the "Fair Innings' Argument"', *Health Economics* 6:2, March 1997, pp. 117–32.

33 Norman Daniels, *Just Health Care*, Cambridge University Press, 1985; Ronald Dworkin, *Sovereign Virtue: The Theory and Practice of Equality*, Harvard

University Press, 2002.［『平等とは何か』ロナルド・ドゥウォーキン著、小林公ほか訳、木鐸社、2002年］
34 Gwyn Bevan and Lawrence D. Brown, 'The political economy of rationing health care in England and the US: the "accidental logics" of political settlements', *Health Economics, Policy and Law* 9:3, 2014, pp. 273–94.
35 Henry J. Aaron and William B. Schwartz, *The Painful Prescription*, Brookings Institution, 1984.
36 Nina Bernstein, 'With Medicaid, Long-Term Care of Elderly Looms as Rising Cost', *New York Times*, 7 September 2012.
37 Marc Mitchell and Lena Kan, 'Digital Technology and the Future of Health Systems', *Health Systems and Reform* 5:2, pp. 112–20.
38 R. L. Cutler, F. Fernandez-Llimos, M. Frommer et al., 'Economic impact of medication non-adherence by disease groups: a systematic review', *British Medical Journal Open*, 2018.
39 たとえば、急性腎障害の診断と検出のシステムをテストするためにグーグルのディープマインドとロイヤル・フリー・ロンドン・NHS財団トラストで共同研究が行われたところ、データがテストの一部として使用されることを患者に通知する機能が不十分であったことが判明した。Information Commissioner's Office, 'Royal Free-Google Deep Mind Trial Failed to Comply with Data Protection Law', UK Government Information Commissioner, 3 July 2017.
40 たとえば「ウェブのための契約書」は、デジタル世界を安全に、有用に、そして万人が真にアクセスできるものにするために、世界中の専門家や市民によって作成された。主導したのはティム・バーナーズ＝リーで、この契約書には、政府、企業、市民社会組織、および個人がデータのプライバシー保持を約束するという原則が定められている。contractfortheweb.orgを参照。
41 Rebecca Masters, Elspeth Anwar, Brendan Collins, Richard Cookson and Simon Capewell, 'Return on investment of public health interventions: a systematic review', *Journal of Epidemiology and Community Health, British Medical Journals*, 2017.
42 David J. Hunter, *Desperately Seeking Solutions: Rationing Health Care*, Longman, 1997.
43 M. Ezzati, S. Vander Hoorn, C. M. M. Lawes, R. Leach, W. P. T. James, A. D. Lopez et al., 'Rethinking the "Diseases of Affluence" Paradigm: Global Patterns of

Nutritional Risks in Relation to Economic Development', *PLoS Medicine*, 2005.
44 P. H. M. van Baal, J. J. Polder, G. A. de Wit, R. T. Hoogenveen, T. L. Feenstra, H. C. Boshuizen et al., 'Lifetime Medical Costs of Obesity: Prevention No Cure for Increasing Health Expenditure', *PLoS Medicine*, 2008.
45 Mark Goodchild, Nigar Nargis and Tursan d'Espaignet, 'Global economic cost of smoking-attributable diseases', *Tobacco Control* 27:1, 2018, pp. 58–64.
46 Lord Darzi, 'Better health and care for all: A 10 Point Plan for the 2020s: Final Report of the Lord Darzi Review of Health and Care', Institute for Public Policy Research, 2018.
47 A. W. Cappelen and O. F. Norheim, 'Responsibility in health care: a liberal egalitarian approach', *Journal of Medical Ethics*, 2005.
48 家父長制と公共衛生についての丁寧な分析は、次を参照。L. O. Gostin and K. G. Gostin, 'A broader liberty: J. S. Mill, paternalism and the public's health', *Public Health*, 2009.
49 John Stuart Mill, *On Liberty*, Cambridge University Press, 1859.［『自由論』J・S・ミル著、関口正司訳、岩波文庫、2020年］
50 John Rawls, *A Theory of Justice*, Harvard University Press, 1971.［『正義論』］; Sen, *Development as Freedom*.［『自由と経済開発』］
51 David Buchanan, 'Autonomy, Paternalism, and Justice: Ethical Priorities in Public Health', *American Journal of Public Health*, January 2008.
52 U.S. National Cancer Institute and World Health Organization, *The Economics of Tobacco and Tobacco Control*, National Cancer Institute Tobacco Control Monograph 21, NIH Publication 16–CA-8029A., U.S. Department of Health and Human Services, National Institutes of Health, National Cancer Institute and World Health Organization, 2016.
53 Bundit Sornpaisarn, Kevin Shield, Joanna Cohen, Robert Schwartz and Jürgen Rehm, 'Elasticity of alcohol consumption, alcohol-related harms, and drinking initiation in low-and middle-income countries: A systematic review and meta-analysis', *International Journal of Drug and Alcohol Research* 2:1, 2013, pp. 45–58.
54 L. M. Powell, J. F. Chriqui, T. Khan, R. Wada and F. J. Chaloupka, 'Assessing the potential effectiveness of food and beverage taxes and subsidies for improving public health: a systematic review of prices, demand, and body weight outcomes', *Obesity Reviews* 14:2, 2013, pp.110–28.
55 Michael W. Long, Steven L. Gortmaker, Zachary J. Ward, Stephen C. Resch,

Marj L. Moodie, Gary Sacks, Boyd A. Swinburn, Rob C. Carter and Y. Claire Wang, 'Cost-effectiveness of a sugar-sweetened beverage excise tax in the U.S.', *American Journal of Preventive Medicine* 49:1, pp. 112–23.

56 Luz Maria Sánchez-Romero, Joanne Penko, Pamela G. Coxson, Alicia Fernández, Antoinette Mason, Andrew E. Moran, Leticia Ávila-Burgos, Michelle Odden, Simón Barquera and Kirsten Bibbins-Domingo, 'Projected Impact of Mexico's Sugar-Sweetened Beverage Tax Policy on Diabetes and Cardiovascular Disease: A Modeling Study', *PLoS Medicine* 13:11, e.1002158; Adam D. M. Briggs, Oliver T. Mytton, Ariane Kehlbacher, Richard Tiffin, Ahmed Elhussein, Mike Rayner, Susan A. Jebb, Tony Blakely and Peter Scarborough, 'Health impact assessment of the UK soft drinks industry levy: a comparative risk assessment modelling study', *Lancet Public Health* 2:1, e.15–22; Ashkan Afshin, Renata Micha, Michael Webb, Simon Capewell, Laurie Whitsel, Adolfo Rubinstein, Dorairaj Prabhakaran, Marc Suhrcke and Dariush Mozaffarian, 'Effectiveness of Dietary Policies to Reduce Noncommunicable Diseases', in Dorairaj Prabhakaran, Shuchi Anand, Thomas A Gaziano, Jean-Claude Mbanya, Yangfeng Wu and Rachel Nugent（editors）, *Disease Control Priorities*, 3rd edition, World Bank, 2017.

57 20兆ドルの追加収益は、割引現在価値で計算されたものである。The Task Force on Fiscal Policy for Health, *Health Taxes to Save Lives: Employing Effective Excise Taxes on Tobacco, Alcohol and Sugary Beverages*, Bloomberg Philanthropies, April 2019.

58 Dawn Wilson, Kate Lorig, William M. P. Klein, William Riley, Allison Sweeney and Alan Christensen, 'Efficacy and Cost-Effectiveness of Behavioral Interventions in Nonclinical Settings for Improving Health Outcomes', *Health Psychology* 38:8, 2019, pp. 689–700.

59 Emma Beard, Robert West, Fabiana Lorencatto, Ben Gardner, Susan Michie, Lesley Owens and Lion Shahab, 'What do cost effective health behaviour-change interventions contain? A comparison of six domains', *PLoS One* 14:4, 2019.

60 この「ナッジ」という用語は、行動変革のための非家父長的アプローチにもとづいた『Nudge』というたいへん影響力のある本に由来する。「ナッジ」とはたとえば、食品の糖分そのものを規制するのではなく、買い物客が選択する可能性がいちばん高い場所に健康的な食品を配置し、アクセスしにくい場所に甘い菓子を置いたりすることだ。同書の著者サンスティーンとセイラ

ーも述べているように「単なるナッジと見なすためには、その介入は簡単で、容易に回避できるものでなくてはならない。ナッジとは命令ではない。果物を目の高さに陳列するのはナッジだが、ジャンクフードを禁止することはナッジではない」Richard Thaler and Cass Sunstein, *Nudge*, Yale University Press, 2008.［『実践 行動経済学――健康、富、幸福への聡明な選択』リチャード・セイラー／キャス・サンスティーン著、遠藤真美訳、日経BP、2009年］を参照。

61 Chris Perry, Krishna Chhatralia, Dom Damesick, Sylvie Hobden and Leanora Volpe, 'Behavioral Insights in Health Care: Nudging to Reduce Inefficiency and Waste', The Health Fund, December 2015.

62 Michael Marmot and Richardson G. Wilkinson, *Social Determinants of Health*, Oxford University Press, 1999.［『社会的健康決定要因――健康政策の新潮流』マイケル・マーモット／リチャード・G・ウィルキンソン編、烏帽子田彰／織田一衛日本語版編集、日本公衆衛生協会、2017年］; Richardson G. Wilkinson, *The Impact of Inequality: How to Make Sick Societies Healthier*, W. W. Norton, 2005.［『格差社会の衝撃――不健康な格差社会を健康にする法』リチャード・G・ウィルキンソン著、池本幸生／片岡洋子／末原睦美訳、書籍工房早山、2009年］

63 Michael Marmot and Jessica Allen, 'Social Determinants of Health Equity', *American Journal of Public Health*, September 2014.

第5章　労働者を守り、育てる

1　工場が閉鎖された後、機会の創出にあまり成功していない地域社会に何が起こるかについてのよく考えられた説明は、次を参照。Goldstein, *Janesville*.［『ジェインズヴィルの悲劇』］

2　Paul Collier, *The Future of Capitalism: Facing the New Anxieties*, Allen Lane, 2018.［『新・資本主義論――「見捨てない社会」を取り戻すために』ポール・コリアー著、伊藤真訳、白水社、2020年］コロナウィルスの流行をきっかけに在宅勤務が増えると、仕事の地理が変わり、どこからでも仕事ができるようになる可能性がある。これにより、一部の国では地域格差が縮小する可能性があるが、それを断言するのは時期尚早だ。

3　サハラ以南のアフリカでは非正式雇用が労働市場の70パーセントを超えている。南アジアでは60パーセント、ラテンアメリカでは50パーセントである。

World Bank, 'World Development Report: The Changing Nature of Work'を参照。

4　パートタイムの有給労働は、2000年から2018年の全体的な雇用増加の主な推進力となった。パートタイムが占める割合は、21カ国中18の国で平均4.1ポイント上昇した。これは2900万人の雇用に相当する。いっぽうで正規雇用の労働者は1.4ポイント減少している。McKinsey, *The Social Contract*を参照。

5　2006年以来、OECD全体で平均的な仕事の安定性（現在の仕事に費やされた時間の長さで測定）は、多くの国で増加している。ただしこれは、在職期間が長い傾向のある高齢労働者の割合が増えていることを含めた結果だ。この労働力構成の変化を考慮に入れると、ほとんどの国で実際には在職期間が減少していた。OECD, *OECD Employment Outlook: The Future of Work*を参照。

6　Franz Eiffe, Agnès Parent-Thirion and Isabella Biletta, *Working Conditions: Does employment status matter for job quality?*, Eurofound, Publications Office of the European Union, 2018.

7　Vinny Kuntz, 'Germany's two-tier labour market', *Handelsblatt Today*, 9 December 2016; Nathan Hudson-Sharp and Johnny Runge, *International trends in insecure work: A report for the Trades Union Congress*, National Institute of Economic and Social Research, May 2017.

8　Nikhil Datta, Giulia Giupponi and Stephen Machin, 'Zero Hours Contracts', *Economic Policy*, July 2019.

9　Lawrence F. Katz and Alan B. Krueger, 'The rise and nature of alternative work arrangements in the United States, 1995–2015', *ILR Review* 72:2, March 2019, pp. 382–416.

10　Tito Boeri, Giulia Giupponi, Alan B. Krueger, and Stephen Machin, 'Solo Self-Employment and Alternative Work Arrangements: A Cross-Country Perspective on the Changing Composition of Jobs', *Journal of Economic Perspectives* 34:1, Winter 2020.

11　Jelle Visser, 'Can Unions Revitalise Themselves?', *International Journal of Labour Research* 9:1–2, 2019, pp. 17–48.

12　International Labour Organization, 'Industrial relations data', *ILOSTAT database*, 2020: https://ilostat.ilo.org/data.

13　Truman Packard, Ugo Gentilini, Margaret Grosh, Philip O'Keefe, Robert Palacios, David Robalino and Indhira Santos, *Protecting All: Risk Sharing for a Diverse and Diversifying World of Work*, Human Development Perspectives,

World Bank, p. 143.

14 コロンビア大学の調査によると、1982年の不況時にドイツで解雇された従業員は、解雇されなかった従業員に比べて15年後の収入が10–15パーセント少なくなっていた。米国ではその規模は15–20パーセントだった。ニューヨーク州立大学の調査によると、解雇された従業員はされない従業員に比べて、解雇からの1年で健康状態が変化する可能性が83パーセントも高いことがわかっている。他の複数の調査によれば、失職した人は平均余命が短くなることも確認されている。マンチェスター大学の調査によると、イギリスでは解雇された労働者はされなかった労働者に比べて、他人を信頼する可能性が4.5パーセント低く、その影響は10年後まで続いた。McKinsey, *The Social Contract*, p. 59に引用。

15 ウィスコンシン大学マディソン校とサウスカロライナ大学の調査によると、従業員の1パーセントに影響を与える一時解雇を行ったところ、最初のダウンサイジング後の自発的離職率が平均で約31パーセント増加した。ストックホルム大学とカンタベリー大学の研究によれば、解雇を免れた人々は仕事の満足度が41パーセント低下し、仕事への意欲も36パーセント低下、そして職務遂行能力は20パーセント低下した。McKinsey, *The Social Contract*, p. 59; Johannes F. Schmieder, Till von Wachter and Stefan Bender, *The long-term impact of job displacement in Germany during the 1982 recession on earnings, income, and employment*, Columbia University Department of Economics Discussion Paper 0910–07, 2010; Kate W. Strully, 'Job loss and health in the US labor market', *Demography* 46:2, May 2009, pp. 221–46; James Lawrence, '(Dis)placing trust: The long-term effects of job displacement on generalized trust over the adult life course', *Social Science Research* 50, March 2015, pp. 46–59; Jena McGregor, 'Getting laid off can make people less trusting for years', *Washington Post*, 19 March 2015; Charlie O. Trevor and Anthony J. Nyberg, 'Keeping your headcount when all about you are losing theirs: Downsizing, voluntary turnover rates, and the moderating role of HR practices', *Academy of Management Journal* 51:2, April 2008, pp. 259–76; Sandra J. Sucher and Shalene Gupta, 'Layoffs that don't break your company', *Harvard Business Review*, May–June 2018を参照。

16 McKinsey, *The Social Contract*.

17 European Commission, 'Study on employment and working conditions of aircrews in the European internal aviation market', European Commission, 2019.

18 Richard Susskind and Daniel Susskind, *The Future of the Professions: How*

Technology Will Transform the World of Human Experts, Oxford University Press, 2015. [『プロフェッショナルの未来――AI、IoT時代に専門家が生き残る方法』リチャード・サスカインド/ダニエル・サスカインド著、小林啓倫訳、朝日新聞出版、2017年]

19 Herbert Simon, 'Automation', *New York Review of Books*, 26 May 1966.

20 Martin Sandbu, *The Economics of Belonging*, Princeton University Press, 2020.

21 国際労働機関の加盟国の90パーセント以上が、法律または組合との交渉を通じて、1つかそれ以上の最低賃金を設定している。ILO, *Minimum Wage Policy Guide*, International Labour Organization, 2016を参照。

22 Frank Pega, Sze Yan Liu, Stefan Walter, Roman Pabayo, Ruhi Saith and Stefan K Lhachimi, 'Unconditional cash transfers for reducing poverty and vulnerabilities: effect on use of health services and health outcomes in low-and middle-income countries', *Cochrane Database of Systematic Reviews* 11, 2017; Independent Commission for Aid Impact, *The Effects of DFID's Cash Transfer Programmes on Poverty and Vulnerability: An Impact Review*, Independent Commission for Aid Impact, 2017; Francesca Bastagli, Jessica Hagen-Zanker, Luke Harman, Valentina Barca, Georgina Sturge and Tanja Schmidt, with Luca Pellerano, 'Cash transfers: what does the evidence say? A rigorous review of programme impact and of the role of design and implementation features', Overseas Development Institute, July 2016.

23 Guy Standing, *Basic Income: And How We Can Make It Happen*, Pelican Books, 2017. [『ベーシックインカムへの道――正義・自由・安全の社会インフラを実現させるには』ガイ・スタンディング著、池村千秋訳、プレジデント社、2018年]

24 Anna Coote and Edanur Yazici, *Universal Basic Income: A Union Perspective*, Public Services International and the New Economics Foundation, April 2019.

25 Sigal Samuel, 'Everywhere Basic Income Has Been Tried in One Map: Which Countries Have Experimented with Basic Income and What were the results?', *Vox*, 19 February 2020.

26 IMFによれば、選ばれた国におけるベーシックインカムのコストはGDPの3–6パーセントと見積もられている。IMF, *Fiscal Monitor: Tackling Inequality*, International Monetary Fund, October 2017を参照。

27 Dominique Guillaume, Roman Zytek and Mohammad Reza Farzin, 'Iran—The Chronicles of the Subsidy Reform', Working Paper, IMF Middle East and

Central Asia Department, July 2011.
28 Thomas Piketty, *Capital and Ideology*, Harvard University Press, 2020. 米国ではアッカーマンとアルストットが、すべての21歳に8万ドルの資本助成金を用意すべきだと主張した。Bruce Ackermann and Anne Alstott, *The Stakeholder Society*, Yale University Press, 1999を参照。
29 O. Bandiera, R. Burgess, N. Das, S. Gulesci, I. Rasul and M. Sulaiman, 'Labor Markets and Poverty in Village Economies', *Quarterly Journal of Economics* 132:2, 2017, pp. 811–70.
30 Mosely B. Ingham, 'The Fundamental Cure for Poverty Is Not Money But Knowledge: Lewis's Legacy', in *Sir Arthur Lewis*, Great Thinkers in Economics Series, Macmillan, 2013.
31 Brian Bell, Mihai Codreanu and Stephen Machin, 'What can previous recessions tell us about the Covid-19 downturn?' Paper 007, Centre for Economic Performance, London School of Economics, August 2020; Shania Bhalotia, Swati Dhingra and Fjolla Kondirolli, 'City of Dreams No More: The Impact of Covid-19 on Urban Workers in India', Centre for Economic Performance, London School of Economics, September 2020; Jack Blundell and Stephen Machin, 'Self-employment in the Covid-19 crisis', Centre for Economic Performance, London School of Economics, May 2020.
32 'Why so Many Dutch People World Part-time', *The Economist*, 11 May 2015.
33 Matthew Taylor, Greg Marsh, Diane Nicol and Paul Broadbent, *Good Work: The Taylor Review of Modern Working Practices*, Department for Business, Energy and Industrial Strategy, 2018, p. 72.
34 McKinsey, *The Social Contract*.
35 Nikhil Datta, Giulia Giupponi and Stephen Machin, 'Zero Hours Contracts and Labour Market Policy', *Economic Policy* 34:99, July 2019, pp. 369–427.
36 Tito Boeri, Giulia Giupponi, Alan B. Krueger and Stephen Machin, 'Solo Self-Employment and Alternative Work Arrangements: A Cross-Country Perspective on the Changing Composition of Jobs', *Journal of Economic Perspectives*, Winter 2020.
37 Taylor et al., *Good Work*.
38 Larry Fink, 'Profit & Purpose: Larry Fink's 2019 Letter to CEOs', *BlackRock*, 2019; Colin Mayer, *Principles for Purposeful Business*, British Academy, 2019.
39 Dani Rodrik and Charles Sabel, 'Building a Good Jobs Economy', HKS

Working Paper RWP20–001, November 2019; Paul Osterman, 'In Search of the High Road: Meaning and Evidence', *International Labour Review* 71:1, 2018, pp. 3–34.

40 Kurt Vandaele, 'Will trade unions survive in the platform economy? Emerging patterns of platform workers' collective voice and representation in Europe', ETUI Working Paper 2018/5, European Trade Union Institute, 2018.

41 David Card, Jochen Kluve and Andrea Weber, 'What Works? A Meta-Analysis of Recent Active Labor Market Program Evaluations', *Journal of the European Economic Association* 16:3, June 2018, pp. 894–931; John P. Martin, 'Activation and active labour market policies in OECD countries: stylised facts and evidence on their effectiveness', IZA Policy Paper 84, June 2014; Gordon Betcherman, Karina Olivas and Amit Dar, 'Impacts of Active Labour Market Programs: New Evidence from Evaluations', Social Protection Discussion Paper 0402, World Bank, 2004; Amit Dar and Zafiris Tsannatos, 'Active Labour Market Programmes: A Review of the Evidence from Evaluations', Social Protection Discussion Paper 9901, World Bank, 1999.

42 Verónica Escudero, 'Are active labour market policies effective in activating and integrating low-skilled individuals? An international comparison', *IZA Journal of Labour Policy* 7:4, 2018.

43 Thomas Kochan and William Kimball, 'Unions, Worker Voice, and Management Practices: Implications for a High-Productivity, High-Wage Economy', *RSF: The Russell Sage Foundation Journal of the Social Sciences* 5:5, December 2019.

44 OECD, 'Back to Work: Sweden: Improving the Re-employment Prospects of Displaced Workers', Organisation for Economic Cooperation and Development, 2015. 成功したプログラムのもうひとつの例は、1992年にテキサス大学サンアントニオ校で始まったプロジェクト・クエスト（QUEST: Quality Employment through Skills Training）だ。1980年代後半にサンアントニオは工場閉鎖の波に襲われた。それは、のちに起きる大規模な混乱の先触れでもあった。職を追われた労働者は、医療やIT産業やその他のセクターで創出された新しい仕事に必要なスキルをもっておらず、彼らにできるサービス業の収入では中流階級の家計を養うことができなかった。信仰にもとづく2つの組織が地域の主にヒスパニック系の人々に働きかけを行い、地域のコミュニティカレッジや雇用主も、強力な管理情報システムによって可能になった集中的なカウ

ンセリングやトレーニングや財政支援プログラムなどを用いて協力した。9年後に行われた評価によると、プログラムに参加した人々は対照群に比べて収入が約10パーセント多く、もっとも困窮していた人々がもっとも多くの利益を得たこともわかった。Anne Roder and Mark Elliott, *Nine Year Gains: Project QUEST's Continuing Impact*, Economic Mobility Corporation, 2019; Dani Rodrik and Charles Sabel, 'Building a Good Jobs Economy'; Ida Rademacher, Marshall Bear and Maureen Conway, 'Project QUEST: a case study of a sectoral employment development approach', Sectoral Employment Development Learning Project Case Studies Series, Economic Opportunities Program, Aspen Institute, 2001を参照。

45 OECD, 'Getting Skills Right: Engaging low skilled adults in learning', Organisation for Economic Cooperation and Development, 2019; OECD, 'Back to Work: Sweden'; Eurofound, *Working Conditions: Does employment status matter for job quality?*

46 Danish Government, *Prepared for the future of work: Follow-up on the Danish Disruption Council*, Danish Government, February 2019.

47 OECD, Back to Work: Improving the Reemployment Prospects of Displaced Workers, OECD, 2016.

48 Erik Brynjolfsson and Paul Milgrom, 'Complementarity in Organizations', in Robert Gibbons and John Roberts (editors), *The Handbook of Organizational Economics*, Princeton University Press, 2012.

49 Lorin Hitt and Prasanna Tambe, 'Health Care Information Technology, Work Organisation and Nursing Home Performance', *ILR Review* 69:4, March 2016, pp. 834–59.

50 WEF, *Towards a Reskilling Revolution: A Future of Jobs for All*, World Economic Forum, 2019.

第6章　高齢者の暮らし

1 政策の変更がなければ、高齢化の圧力により、今後30年間の公的債務負担はG20の先進国の場合、GDPの平均180パーセント増に、G20新興国の場合、GDPの平均130パーセント増になる可能性がある。あるいはG20諸国は、公的債務とGDPの比率を現在のレベルで安定させるためには、2060年までに税収をGDPの4.5–11.5パーセント増加させる必要がある。Dorothée Rouzet,

Aida Caldera Sánchez, Théodore Renault and Oliver Roehn, 'Fiscal Challenges and Inclusive Growth in Ageing Societies', OECD Economic Policy Paper 27, September 2019を参照。

2　1981年のチリや1997年のメキシコなどの国は、従来の公的な賦課方式の確定給付制度を、民間資金による義務的な確定拠出制度に置き換えた。最近ではエストニア、ハンガリー、ポーランド、スロバキア、スウェーデンが、公的年金制度を補完するものとして、民間資金による義務的な確定拠出制度を導入したり、それらへの資金拠出率を引き上げたりした。オランダは年金の規則の継続的な調整により、確定給付制度をよりハイブリッドなシステムにした。米国をはじめとする他の国々では、確定給付制度が職業年金に占める割合は徐々に低減し、確定拠出制度が支持されるようになってきている。OECD, *Pensions at a Glance 2019: OECD and G20 Indicators*, Organisation for Economic Cooperation and Development, 2019.

3　たとえば、改革には拠出率の引き上げが含まれることもあるし（カナダ、イギリス）、給付の削減または物価スライドの制限（アルゼンチン、ギリシャ）、受給開始年齢に応じた年金額の調整（日本）、定年の引き上げ（インドネシア、ロシア、イギリス）、早期退職の選択肢の削減などが含まれることもある。もっと多くの例は次の文献を参照。Rouzet et al., 'Fiscal Challenges'.

4　Friedrich Breyer and Ben Craig, 'Voting on Social Security: Evidence from OECD Countries', *European Journal of Political Economy* 13:4, 1997, pp. 705–24.

5　Box 2 in Rouzet et al., 'Fiscal Challenges', p. 29を参照。

6　Rouzet et al., 'Fiscal Challenges'.

7　OECDは2015年から2060年の間に定年が3年延びた場合、65歳での平均余命が平均で4.2年増加すると推定している。低学歴の退職者の年金給付の合計は、高学歴のグループと比べて2.2パーセント減少すると見込まれる。OECD, *Preventing Ageing Unequally*, Organisation for Economic Cooperation and Development, 2017, p.41を参照。

8　OECDは次のように述べている。「平均余命の社会経済的差異を考慮に入れた年金政策の措置は、給付方式（ポルトガルで行われているように、低所得者への付与率を高くする）や、拠出率レベル（ブラジルで行われているように、所得とともに増加する）に的を絞ったりするほか、年金受給資格のためよりも拠出金のために賃金の上限をより高くすることなどを目ざす可能性がある。確定拠出年金のスキームでは、資金を年金給付に変換する年金係数は、年金所得が低い人（平均的に早く死亡する）の給付を増やすいっぽう、

年金所得が高い人（平均して遅く死亡する）の給付を減らす方向で設定できる。イギリスは、民間の「弱体者年金」を通じてこの稀な例を導入した。これは、同じだけの年金を積み立てても、喫煙や肥満や心血管系の病気など、平均余命の低下に関連する特定の健康要因もしくは行動要因をもつ、そして社会経済的には下位の集団に多く属する人々に、より高い年金を支払うシステムだ。OECDは、より高い健康リスクをもつ人々により高い利益を提供できるように、社会経済的な集団ごとのより正確な死亡率のデータを求めている。ただし、リスクのある行動に「報奨する」スキームは、慎重に設計する必要がある。OECD, *Preventing Ageing Unequally*, p. 59を参照。

9 Nicholas Barr, 'Gender and Family: Conceptual Overview', World Bank Discussion Paper 1916, April 2019.

10 Richard H. Thaler and Shlomo Benartzi, 'Save More Tomorrow™: Using Behavioral Economics to Increase Employee Saving', *Journal of Political Economy* 112:S1, 2004, S164–S187.

11 これらについての詳細なレビューは次を参照。OECD, *Preventing Ageing Unequally*.

12 日本には、所得税制度に配偶者控除があり、女性の就労意欲を削いでいる。Randall S. Jones and Haruki Seitani, 'Labour Market Reform in Japan to Cope with a Shrinking and Ageing Population', Economics Department Working Paper 1568, Organisation for Economic Cooperation and Development, 2019; 'Japan: Selected Issues', IMF Country Report 17/243, IMF Asia Pacific Department, 2017, IMF International Monetary Fund, Organisation for Economic Co-operation and Developmentを参照。

13 Rouzet et al., 'Fiscal Challenges'.

14 Asli Demirguc-Kunt, Leora Klapper, Dorothe Singer, Saniya Ansar and Richard Jake Hess, *The Global Findex Database 2017: Measuring Financial Inclusion and the Fintech Revolution*, World Bank Group, 2018.

15 Merve Akbas, Dan Ariely, David A. Robalino and Michael Weber, 'How to Help the Poor to Save a Bit: Evidence from a Field Experiment in Kenya', IZA Discussion Paper 10024, IZA, 2016.

16 Kevin Wesbroom, David Hardern, Matthew Arends and Andy Harding, 'The Case for Collective DC: A new opportunity for UK pensions', White Paper, Aon Hewitt, November 2013.

17 米国では雇用主の40パーセントのみが時間的にフレキシブルな勤務体制を

提供している。いっぽう欧州では55歳以上の80パーセント近い人々が、完全に仕事を辞める重要な理由として、時間を短縮しながら徐々に退職する機会がないことを挙げている。Rouzet et al., 'Fiscal Challenges', p. 49を参照。

18 たとえばドイツは賃金と訓練の費用に補助金を提供し、企業が低スキルの労働者と45歳以上の労働者を訓練することを奨励している。オーストラリアは50歳以上の労働者の技能評価とガイダンスを拡大している。韓国は40歳以上の労働者や非正規労働者に、そして自発的な訓練を行うのに積極的な中小企業に、承認ずみのトレーニングコースに参加するためのクーポン券を提供している。Rouzet et al., 'Fiscal Challenges', p. 42を参照。

19 Lindsay Flynn and Herman Mark Schwartz, 'No Exit: Social Reproduction in an Era of Rising Income Inequality,' *Politics & Society* 45:4, 2017, pp. 471–503.

20 OECD, *Preventing Ageing Unequally.*

21 Kaare Christensen, Gabriele Doblhammer, Roland Rau and James W. Vaupel, 'Ageing Populations: The Challenges Ahead', *Lancet* 374:9696, 2009, pp. 1196–208.

22 この動的平衡仮説はマントンが提唱したもので、平均余命の増加は、障がいや健康状態の悪化のない数年間に等しいと仮定されている。Kenneth G. Manton, 'Changing Concepts of Morbidity and Mortality in the Elderly Population', *Milbank Memorial Fund Quarterly, Health and Society* 60:2, 1982, pp. 183–244を参照。リンドレンによる批評からは、高所得な国々における経験は「健康的に老いる」という仮説を支持する傾向にあることが示された。Bjorn Lindgren, 'The Rise in Life Expectancy, Health Trends among the Elderly, and the Demand for Care – A Selected Literature Review', NBER Working Papers 22521, National Bureau of Economic Research, 2016を参照。

23 介護の提供は、需要度が低い人々に対してさえ、年金受給者の可処分所得に比して高額である可能性がある。データが入手可能なOECDの13カ国においては、週に6.5時間の専門的介護を受けると、65歳以上の人々の可処分所得の中央値の、平均で半分の費用がかかってしまう。需要度が高い場合——週に40時間以上の介護が必要になる場合——平均で高齢者の可処分所得における中央値の3倍の金額が必要になる。こうした重篤なケースでは、施設での介護のほうが安あがりになるかもしれないが、それでも高齢者の可処分所得の中央値の2倍以上の費用がかかる。もっとも裕福な高齢者だけが、中程度の介護のニーズにかかる費用を自身の収入から賄うことができる。週22.5時間の専門的介護を在宅で受ける費用は、所得分布の80パーセンタイルの人々の可

処分所得の96パーセントに相当するが、20パーセンタイルの人々においては可処分所得の2倍以上になる。OECD, *Preventing Ageing Unequally*, p. 239.

24 イギリスにおける、医療からソーシャルケアを分離する非効率性についての説明は、次を参照。Ruth Thorlby, Anna Starling, Catherine Broadbent and Toby Watt, 'What's the Problem with Social Care and Why Do We Need to Do Better?', Health Foundation, Institute for Fiscal Studies, King's Fund and Nuffield Trust, 2018.

25 Du Peng, 'Long-term Care of Older Persons in China', SDD-SPPS Project Working Paper Series, United Nations Economic and Social Commission for Asia and the Pacific, 2015.

26 Tineke Fokkema, Jenny De Jong Gierveld and Peal A. Dykstra, 'Cross-national Differences in Older Adult Loneliness', *Journal of Psychology* 146:1–2, 2012, pp. 201–28.

27 2013年の調査によると、社会的保護のレベルが低い国（長期介護への公的支出がGDPの1パーセント未満の国）における50歳以上の女性は、50歳以上の男性より41パーセントも多く毎日の非公式な介護の仕事を行っていた。社会的保護のレベルが高い国（長期介護への公的支出がGDPの2パーセントを超える国）では、その割合はわずか23パーセントだった。OECD, *Preventing Ageing Unequally*, p. 246.

28 非公式な介護者は他の人々よりも20パーセント多くメンタルヘルスの問題を抱えており、仕事を辞めたり、勤務時間を減らしたりする可能性が高い。OECD, *Help Wanted? Providing and Paying for Long-Term Care*, OECD Publishing, 2011を参照。これらの負担はOECD諸国の非公式な介護者の55–70パーセントを占める女性に、不釣り合いなほど多くのしかかっている。OECD, *Health at a Glance 2015: OECD Indicators*, OECD Publishing, 2015.［『図表でみる世界の保健医療——OECDインディケータ（2015年版）』OECD編著、鐘ヶ江葉子訳、明石書店、2017年］を参照。

29 Duncan Jeffries, 'Are Carebots the solution to the Elderly Care Crisis?', *Hack and Craft*, 13 February 2019.

30 Junko Saito, Maho Haseda, Airi Amemiya, Daisuke Takagi, Katsunori Kondo and Naoki Kondo, 'Community-based care for healthy ageing: lessons from Japan', *Bulletin of the World Health Organization* 97:8, 2019, pp. 570–74.

31 Claire McNeil and Jack Hunter, *The Generation Strain: Collective Solutions to Care in an Ageing Society*, Institute for Public Policy Research, April 2014.

32　このテーマについての議論は次を参照。Atul Gawande, *Being Mortal: Illness, Medicine and What Matters in the End*, Profile Books, 2015.［『死すべき定め——死にゆく人に何ができるか』アトゥール・ガワンデ著、原井宏明訳、みすず書房、2016年］

33　Eric B. French, Jeremy McCauley, Maria Aragon, Pieter Bakx, Martin Chalkley, Stacey H. Chen, Bent J. Christensen, Hongwei Chuang, Aurelie Côté-Sergent, Mariacristina De Nardi, Elliott Fan, Damien Échevin, Pierre-Yves Geoffard, Christelle Gastaldi-Ménager, Mette Gørtz, Yoko Ibuka, John B. Jones, Malene Kallestrup-Lamb, Martin Karlsson, Tobias J. Klein, Grégoire de Lagasnerie, Pierre-Carl Michaud, Owen O'Donnell, Nigel Rice, Jonathan S. Skinner, Eddy van Doorslaer, Nicolas R. Ziebarth and Elaine Kelly, 'End-Of-Life Medical Spending In Last Twelve Months Of Life Is Lower Than Previously Reported', *Health Affairs* 36:7, 2017, pp. 1211–21.

34　Deborah Carr and Elizabeth A. Luth, 'Well-Being at the End of Life', *Annual Review of Sociology* 45, 2019, pp. 515–34.

35　2011年から2016年の間に発表された約80万人の被験者をもとにした150の研究のレビューでは、米国の成人のわずか37パーセントが事前の指示を完了したと報告されている。Kuldeep N. Yadav, Nicole B. Gabler, Elizabeth Cooney, Saida Kent, Jennifer Kim, Nicole Herbst, Adjoa Mante, Scott D. Halpern and Katherine R. Courtright, 'Approximately One in Three US Adults Completes Any Type of Advance Directive For End-Of-Life-Care', *Health Affairs* (*Milwood*) 36:7, 2017, pp. 1244–51を参照。しかしながら、65歳以上の人、末期的疾患の人、いちばん最近亡くなった人については、その割合は70パーセントに達している。Deborah Carr and Sara M. Moorman, 'End-of-Life Treatment Preferences Among Older Adults: An Assessment of Psychosocial Influences', *Sociological Forum* 24:4, December 2009, pp. 754–78; Maria J. Silveira, Scott Y. H. Kim and Kenneth M. Langa, 'Advance Directives and Outcomes of Surrogate Decision Making before Death', *New England Journal of Medicine* 362, 2010, pp. 1211–18を参照。

36　Benedict Clements, Kamil Dybczak, Vitor Gaspar, Sanjeev Gupta and Mauricio Soto, 'The Fiscal Consequences of Shrinking Populations', IMF Staff Discussion Note, October 2015.

37　Noëmie Lisack, Rana Sajedi and Gregory Thwaites, 'Demographic trends and the real interest rate', Staff Working Paper 701, Bank of England, December

2017; Carlos Carvalho, Andrea Ferrero and Fernanda Nechio, 'Demographics and real interest rates: Inspecting the mechanism', *European Economic Review* 88, September 2016, pp. 208–26.

38 Takako Tsutsui and Naoko Muramatsu, 'Care-Needs Certification in the Long-Term Care Insurance System of Japan', *Journal of American Geriatrics Society* 53:3, 2005, pp. 522–27.

39 OECD, *Preventing Ageing Unequally*.

40 この問題についての説明は次を参照。Andrew Dilnot, 'Final Report on the Commission on Funding of Care and Support', UK Government, 2010.

第7章　次世代への正負の遺産

1 世代間の社会契約にはもうひとつの側面がある。過去の過ちと、その子孫に対する償いの必要性ゆえ、私たちはそれ以前の世代にも何かを負っているのだ。植民地主義のもとで行われた奴隷制の補償や、戦争のときに略奪した物品の返還に対する議論は、この問題の一例である。本書では扱うことができなかったが、これらの問題には透明でオープンな対応をすることが重要だという合意が高まりつつある。

2 古代メソポタミアのハンムラビ法典は、債務者が債務解決のために家族の一員を最大3年間働かせると誓約することを認めており、封建時代のイングランドのマグナカルタは親の債務が子どもに相続される可能性があることを示唆している。南アジアの一部では、違法ではあるが、債務を解決するための児童労働が依然として行われている。

3 OECD諸国全体で平均して、60–64歳の高齢者の収入は、30–34歳のグループの収入より累積で13パーセント増加している。貧困リスクは1980年代半ば以降、ほとんどのOECD諸国で年配のグループから若いグループに移行している。2008年の金融危機の影響をもっとも受けた国を除いて、年金受給者は比較的保護されてきた。にもかかわらず、75歳以上の人々は依然、貧困に対してもっとも脆弱である。OECD, *Preventing Ageing Unequally*.

4 Fahmida Rahman and Daniel Tomlinson, *Cross Countries: International Comparisons of Intergeneration Trends*, Intergenerational Commission Report, Resolution Foundation, 2018. イギリスにおける世代間の問題についてのもっと広範な議論については、次を参照。David Willets, *The Pinch: How the Baby Boomers Took Their Children's Future – And Why They Should Give It Back*,

Atlantic Books, 2010.

5　私が政府の債務に焦点をあてるのは、それが社会で共有されるものであり、将来の税金で返済されなければならないものだからだ。家計や企業や金融セクターの債務は個人や企業が負担するものであり、(少なくとも理論的には)彼らの責任だ。もちろん、公的な救済が行われる場合は、そうした私的債務も社会の負担になる可能性がある。

6　Intergovernmental Panel on Climate Change, *Special Report: Global Warming of 1.5°C*, United Nations, 2018.

7　Partha Dasgupta, *The Dasgupta Review: Independent Review of the Economics of Biodiversity*, Interim Report, Her Majesty's Treasury, UK Government, April 2020.

8　Shunsuke Managi and Pushpam Kumar, *Inclusive Wealth Report 2018: Measuring Progress Towards Sustainability*, Routledge, 2018.

9　Dasgupta, *The Dasgupta Review*, Box 2A.

10　World Commission on Environment and Development, *Our Common Future*, Oxford University Press, 1987.［『地球の未来を守るために』環境と開発に関する世界委員会編、大来佐武郎監修、福武書店、1987年］

11　Robert M. Solow, 'Sustainability: An Economist's Perspective', J. Seward Johnson Lecture, Woods Hole Oceanographic Institution, 1991.

12　この議論の要約については、次を参照。Chapter 6 in Nicholas Stern, *Why are We Waiting? The Logic, Urgency, and Promise of Tackling Climate Change*, MIT Press, 2015. 次も参照。Axel Gosseries, 'Theories of intergenerational justice: a synopsis', *Surveys and Perspectives Integrating Environment and Society* 1:1, May 2008.

13　この議論がどれほど論議を呼んでいるかを知るには、次を参照。William D. Nordhaus, 'A Review of the Stern Review on the Economics of Climate Change', *Journal of Economic Literature* 45:3, September 2007, pp. 686–702; Graciela Chichilnisky, Peter J. Hammond and Nicholas Stern, 'Fundamental utilitarianism and intergenerational equity with extinction discounting', *Social Choice and Welfare* 54, 2020, pp. 397–427. 絶滅リスクを考慮に入れるためには、時間選好率があるプラスの値でなければならないというコンセンサスがある。

14　Walter Mischel and Ebbe B. Ebbesen, 'Attention In Delay Of Gratification', *Journal of Personality and Social Psychology* 16:2, 1970, pp. 329–37. その後、家族の収入など、子どもたちの行動の違いを決定する他の要因があるかどうか

について、多くの議論が行われた。

15 Lewis Carroll, *Through the Looking Glass*, Macmillan, 1871.[『鏡の国のアリス』ルイス・キャロル著、河合祥一郎訳、角川文庫、2010年]

16 J. M. Keynes, 'Economic Possibilities for Our Grandchildren', in J. M. Keynes, *Essays in Persuasion*, Palgrave Macmillan, 2010.［『ケインズ説得論集』J・M・ケインズ著、山岡洋一訳、日本経済新聞出版社、2010年］

17 Tjalling Koopmans, 'Stationary Ordinary Utility and Impatience', *Econometrica* 28:7, 1960, pp. 287–309; Tjalling Koopmans, 'On the Concept of Optimal Economic Growth', *Pontificiae Academiae Scientiarum Scipta Varia* 28, reprinted in Tjalling Koopmans, *The Econometric Approach to Development Planning*, North Holland, 1966; Tjalling Koopmans, 'Objectives, Constraints, and Outcomes in Optimal Growth Models', *Econometrica* 35:1, 1967, pp. 1–15; Tjalling Koopmans, 'Representation of Preference Orderings over Time', in C. B. McGuire and R. Radner (editors), *Decision and Organization*, North Holland, 1972.

18 地球規模の気候取引がいかに組織されうるかについての包括的な議論は、次を参照。Nicholas Stern, *Why are We Waiting?,* MIT Press, 2015.

19 Ishac Diwan and Nemat Shafik, 'Investment, Technology and the Global Environment: Towards International Agreement in a World of Disparities', in Patrick Low (editor), *International Trade and the Environment*, World Bank, 1992.

20 OECD, 'Reforming agricultural subsidies to support biodiversity in Switzerland', OECD Environment Policy Paper 9, OECD Publishing, 2017; Andres A. Luis, Michael Thibert, Camilo Lombana Cordoba, Alexander V. Danilenko, George Joseph and Christian Borga-Vega, 'Doing More with Less: Smarter Subsidies for Water Supply and Sanitation', World Bank, 2019; David Coady, Ian Parry, Nghia-Piort Le and Baoping Shang, 'Global fossil fuel subsidies remain large. An update based on country-level estimates', IMF Working Paper 19:89, International Monetary Fund, 2019.

21 Raffael Jovine, *Light to Life: How Photosynthesis Made and Can Save the World*, Octopus Publishing Group, 2021.

22 この試算は、生物多様性関連活動のための国内財政（2015年から2017年まで平均で年間678億ドル）と生物多様性を促進するためのより広範な資金フロー（経済的手段、慈善活動、インパクト投資など）の見積もり（年間102

億ドルから232億ドル）を組み合わせたものを土台にしている。OECD, 'A Comprehensive Overview of Global Biodiversity Finance', OECD Publishing, 2020を参照。

23 Peter Kareiva, Heather Tallis, Taylor H. Ricketts, Gretchen C. Daily and Stephen Polaski, *Natural Capital: The Theory and Practice of Mapping Ecosystem Services*, Oxford University Press, 2011.

24 Ralph Chami, Thomas Cosimano, Connel Fullenkamp and Sena Oztosun, 'Nature's Solution to Climate Change', *Finance and Development* 56:4, December 2019, pp. 34–38.

25 Oliver Balch, 'Meet the world's first "minister for future generations"', *Guardian*, 2 March 2019. 次で参照可能。https://www.theguardian.com/world/2019/mar/02/meet-the-worlds-first-future-generations-commissioner.

26 'Nicholas Stern urges world leaders to invest in sustainable infrastructure during signing ceremony for Paris Agreement on climate change', Press Release, Grantham Research Institute, 22 April 2016.

27 Cevat Giray Aksoy, Barry Eichengreen and Orkun Saka, 'The Political Scar of Epidemics', *Vox*, 15 June 2020.

28 Achim Goerres, 'Why are older people more likely to vote? The impact of ageing on electoral turnout in Europe', *British Journal of Politics and International Relations* 9:1, 2007, pp. 90–121; Julia Lynch and Mikko Myrskylä, 'Always the third rail? Pension income and policy preferences in European democracies', *Comparative Political Studies* 42:8, 2009, pp. 1068–109; Clara Sabbagh and Pieter Vanhuysse, 'Exploring attitudes towards the welfare state: Students' views in eight democracies', *Journal of Social Policy* 35:4, October 2006, pp. 607–28; Vincenzo Galasso and Paola Profeta, 'How does ageing affect the welfare state?', *European Journal of Political Economy* 23:2, June 2007, pp. 554–63; Deborah Fletcher and Lawrence W. Kenny, 'The influence of the elderly on school spending in a median voter framework', *Education Finance and Policy* 3:3, 2008, pp. 283–315.

29 Tim Vlandas, 'Grey power and the Economy: Aging and Inflation Across Advanced Economies', *Comparative Political Studies* 51:4, 2018, pp. 514–52.

30 この議論に気づかせてくれたダニエル・ピックに感謝する。Matthew Weaver, 'Lower voting age to six to tackle bias against the young', *Guardian*, 6 December 2018.

31 YouTube, 'Dianne Feinstein rebuffs young climate activists' call for Green New Deal', 23 February 2019.

第8章 新しい社会契約

1 John F. Kennedy, Address at Independence Hall, Philadelphia, 4 July 1962. 引用は次で参照可能。John F. Kennedy Presidential Library and Museum: https://www.jfklibrary.org/learn/about-jfk/historic-speeches/address-at-independence-hall.

2 もっと最近では、2020年9月に世界相互依存サミットが、オンラインで100カ国から100万人の参加者を集めて開催され、共通の課題の解決について話し合った。www.oneshered.worldを参照。

3 マーティン・ルーサー・キング牧師による「平和についてのクリスマスの説教」。カナダ放送協会のマッジー・レクチャーシリーズより。1967年。「あなたはこれまでに一度でも立ち止まって考えたことがあるだろうか？ 自分が世界のほとんどに依存せずには朝仕事に出ることもできないのだと。あなたは朝起きて洗面所に行き、スポンジを手にするだろう。そのスポンジは太平洋の島の人々から来たものだ。あなたは石鹸に手を伸ばす。それはフランスの人々から来たものだ。それからあなたは朝のコーヒーを飲むために台所に行く。カップに注がれるそのコーヒーは、南アメリカの人々から来たものだ。お茶を飲む人なら、そのカップに注がれるお茶は中国の人々から来たものだ。朝食にココアを飲む人なら、カップに注がれるココアは西アフリカの人々から来たものかもしれない。そしてあなたはトーストに手を伸ばす。そのパンは、英語を話す農夫の手を経て、そして言うまでもなくパン屋を経て、あなたにもたらされたものだ。朝食を食べ終えるまでに、あなたは世界の半分以上に依存してきたことになる。これが私たちの世界の構造だ。私たちの世界は相互に関連しあっている。相互に関連する構造がすべての現実の中に存在するという基本的事実を認めるまで、私たちが地球上で平和を得ることはないだろう」

4 Eric Lonergan and Mark Blyth, *Angrynomics*, Agenda Publishing, 2020; Anne Case and Angus Deaton, *Deaths of Despair and the Future of Capitalism*, Princeton University Press, 2020.［『絶望死のアメリカ――資本主義がめざすべきもの』アン・ケース／アンガス・ディートン著、松本裕訳、みすず書房、2021年］

5 米国における1960年から2010年までの職業分布の集中度は、才能の配置を

改善することで1人当たりの総生産量が20パーセントから40パーセント成長したことを説明している。Chang-Tai Hsieh, Erik Hurst, Charles I. Jones and Peter J. Klenow, 'The Allocation of Talent and U.S. Economic Growth', *Econometrica* 87:5, September 2019, pp. 1439–74を参照。

6　Alex Bell, Raj Chetty, Xavier Jaravel, Neviana Petkova and John Van Reenen, 'Who Becomes an Inventor in America? The Importance of Exposure to Innovation', CEP Discussion Paper 1519, London School of Economics, 2017.

7　ひとつの例は国際労働機関の「仕事の未来世界委員会」であり、同委員会は、労働の世界における未曽有の変化が引き起こした課題に対処するために一連の措置を引き受けることを政府に求めた。10の推奨事項には次のようなものが含まれる。（1）労働者の基本的な権利や適切な生活資金、労働時間の制限、安全で健康的な職場などを保証する共通の労働保証の確立（2）誕生から老後まで、ライフサイクル全体にわたって人々のニーズを支える社会的保護（3）人々に生涯学ぶ権利を与え、スキルの習得や再習得やスキルアップをサポートすること（4）デジタル労働プラットフォームの国際ガバナンスシステムを含む、ディーセントワーク促進のための技術的変化の管理（5）介護、緑化、農村経済へのより大きな投資（6）ジェンダーの平等のための変革的で測定可能なアジェンダの作成（7）長期投資を奨励するためのビジネスインセンティブの再形成。ILO, *Work for a Brighter Future: Global Commission on the Future of Work*, International Labour Organization, 2019.

8　この現象を人類学者がどう見ているかについては、次を参照。David Graeber, *BullshitJobs: A Theory*, Allen Lane, 2018.［『ブルシット・ジョブ――クソどうでもいい仕事の理論』デヴィッド・グレーバー著、酒井隆史／芳賀達彦／森田和樹訳、岩波書店、2020年］

9　Martin Sandbhu, *The Economics of Belonging*, Princeton University Press, 2020, p. 96.

10　Jaana Remes, James Manyika, Jacques Bughin, Jonathan Woetzel, Jan Mischke and Mekala Krishnan, *Solving the Productivity Puzzle: The role of demand and the promise of digitization*, McKinsey Global Institute, 2018.

11　Robert Gordon, 'US data: Why Has Economic Growth Slowed When Innovation Appears to Be Accelerating?', NBER Working Paper 24554, National Bureau of Economic Research, April 2018.

12　Remes et al., *Solving the Productivity Puzzle*.

13　Jonathan Tepper with Denise Hearn, *The Myth of Capitalism: Monopolies and

the Death of Competition, Wiley, 2018.
14 Thomas Philippon, *The Great Reversal: How America Gave Up on Free Markets*, Belknap Press, 2019.
15 Esteban Ortiz-Ospina, 'Taxation'. オンラインでの公開は次を参照。OurWorldInData.org, 2016.
16 Timothy Besley and Torsten Persson, 'Why Do Developing Countries Tax So Little?', *Journal of Economic Perspectives*, 28:4, 2014, pp. 99–120.
17 World Bank, 'World Development Report: The Changing Nature of Work', pp. 130–36.
18 各国は規制と支出の間でそれぞれ異なるバランスをとっている。マッキンゼーによれば、次の3つの大きなグループがある。(1) オーストリア、ベルギー、フランス、スカンジナビア諸国など、市場への規制的介入度が高く、公共支出も高い国、(2) ドイツやオランダなど、介入が多く、公共支出は中程度な国、(3) 日本、韓国、スイス、イギリス、米国など、市場介入が少なく、公共支出も比較的少ない国。第5章で述べたように、時間の経過とともに、より柔軟な労働市場で働く労働者への規制介入は緩和され、退職金給付は減少する傾向が見られた。McKinsey, *The Social Contract*.
19 普遍的もしくは対象を絞った給付について、その再分配をどのように最適に組織化できるかに関して、膨大な文献が存在する。要約は次を参照。D. Gugushvili and T. Laenen, 'Twenty years after Korpi and Palme's "paradox of redistribution": What have we learned so far, and where should we take it from here?', SPSW Working Paper 5, Centre for Sociological Research, KU Leuven, 2019.
20 最高所得税率は、所得者の上位1パーセントが税引き前所得の20パーセント（1970年には10パーセント）を獲得している米国のような国で、もっとも低下している。欧州と日本では、所得者の上位1パーセントにそこまで富が集中していない。ピケティやサエズやスタンチェバの主張によれば、最高税率は80パーセントを超すことも可能であり、富裕層への税率を下げることが生産性と成長を高めるという証拠はない。Thomas Piketty, Emmanuel Saez and Stefanie Stantcheva, 'Taxing the 1 per cent: Why the Top Tax Rate May be Over 80 percent', *Vox*, Centre for Economic Policy Research, 8 December 2011.
21 Arun Advani, Emma Chamberlain and Andy Summers, 'Is It Time for a UK Wealth Tax?', Institute for International Inequality, London School of Economics, and Centre for Competitive Advantage in the Global Economy, Warwick

University, 2020.
22 Anthony Atkinson, *Inequality*, Harvard University Press, 2015.［『21世紀の不平等』アンソニー・アトキンソン著、山形浩生訳、森本正史訳、東洋経済新報社、2015年］. じっさい、トニー・ブレア政権が2005年に「チャイルド・トラスト・ファンド」を創設したとき、土台にあったのはこの考えだった。しかし、子ども1人につき政府が250ポンドを供与するというのは、当初考えられていた案よりだいぶつつましいものだった。
23 Piketty, *Capital and Ideology*.
24 Fatih Guvenen, Gueorgui Kambourov, Burhanettin Kuruscu, Sergio Ocampo-Diaz and Daphne Chen, 'Use It or Lose It: Efficiency Gains from Wealth Taxation', NBER Working Paper 26284, National Bureau of Economic Research, 2019. 彼らの主張はこうだ。「いっぽう富裕税のもとでは、富裕資産のレベルが類似する起業家は、生産性にかかわらず同じような率の税金を支払う。これにより課税のベースが拡大し、税負担は非生産的な起業家にシフトする。さらに富裕税では、生産性の高い起業家の税引き後のリターンは、生産性の低い起業家よりも目減りが少なくなり、それが貯蓄反応を生み、富の分配を生産性の高い者にさらにシフトさせる。さらに言えば、富裕税に対する価格の一般的な均衡反応は総貯蓄インセンティブを弱める可能性があるものの、再配分にもたらされる影響は、前述の効果と同じ方向性にある。結果として生じる再割り当てにより、総生産性と生産高は向上するのだ」。
25 James Hansen, 'Environment and Development Challenges: The Imperative of a Carbon Fee and Dividend', in *Oxford Handbook of the Macroeconomics of Global Warming*, Lucas Bernard and Willi Semmler (editors), Oxford University Press, 2015.
26 Sandbhu, *The Economics of Belonging*, p. 186.
27 Hansen, 'Environment and Development Challenges'.
28 Hauser Institute for Civil Society, *The global philanthropy report: Perspectives on the global foundation sector*, Harvard University and UBS, 2014.
29 Truman Packard, Ugo Gentillini, Margaret Grosh, Philip O'Keefe, Robert Palacios, David Robalino and Indhira Santos, *Protecting All: Risk Sharing for a Diverse and Diversifying World of Work*, World Bank, 2019, pp. 180–82.
30 Andrew Summers, 'Taxing wealth: an overview', in *Let's Talk about Tax*, Jonathan Bradshaw (editor), Institute for Fiscal Studies, 2020.
31 OECD, 'Tax Policy Reforms in the OECD', OECD, 2016.

32 Daron Acemoglu and Pascual Restrepo, 'Secular Stagnation? The Effect of Aging on Economic Growth in the Age of Automation', *American Economic Review*, 107: 5, May 2017, pp. 174–79; Ana Lucia Abeliansky and Klaus Prettner, 'Automation and Demographic Change', GLO Discussion Paper, no. 518, Global Labor Organization, 2020.

33 Daron Acemoglu, Andrea Manera and Pascual Restrepo, 'Does the US Tax Code Favor Automation?'. 次のために準備された。Brookings Institution Spring Conference of 2020, 6 April 2020.

34 Packard et al., *Protecting All*, pp. 209–10.

35 Rui Costa, Nikhil Datta, Stephen Machin and Sandra McNally, 'Investing in People: The Case for Human Capital Tax Credits', CEP Industrial Strategy Working Paper, London School of Economics, February 2018.

36 Katarzyna Bilicka, 'Comparing UK Tax Returns of Foreign Multinationals to Matched Domestic Firms', *American Economic Review*, August 2019.

37 Tabby Kinder and Emma Agyemang, 'It is a matter of fairness: Squeezing more tax from multinationals', *Financial Times*, 8 July 2020.

38 Ernesto Crivelli, Ruud A. de Mooij and Michael Keen, 'Base Erosion, Profit Shifting and Developing Countries', IMF Working Paper 15/118, International Monetary Fund, 2015.

39 8.7兆ドルの見積もりと36兆ドルの見積もりは、いずれもガブリエル・ズックマンのものである。'How Corporations and the Wealthy Evade Taxes', *New York Times*, 10 November 2017; James S. Henry, 'Taxing Tax Havens', *Foreign Affairs*, 12 April 2016.

40 潜在的な利益の見積もりは膨大だ。法人税収入は、欧州の最大の国では18–28パーセント、米国では14パーセント（GDPの約0.5パーセント）増加する可能性がある。Thomas R. Tørsløv, Ludvig S. Wier and Gabriel Zucman, 'The Missing Profits of Nations', NBER Working Paper 24701, National Bureau of Economic Research, August 2018.

41 OECD, 'OECD Presents outputs of OECD/G20 BEPS Project for discussion at G20 Finance Ministers meeting', OECD, 2015: www.oecd.org/tax/beps-2015-final-reports.htm.

42 例として、米国の主要企業のCEOのグループであるビジネス・ラウンドテーブルが2019年8月に出したコーポレートガバナンスについての声明を参照。

43 Colin Mayer, *Prosperity: Better Business Makes the Greater Good*, Oxford

University Press, 2019.［『株式会社規範のコペルニクス的転回——脱・株主ファーストの生存戦略』コリン・メイヤー著、宮島英昭監訳、清水真人／河西卓弥訳、東洋経済新報社、2021年］

44 民主主義と独裁主義の国家の相対的な能力については、膨大な文献がある。Acemoglu et al., Survey performance on a range of redistributive policies（Daron Acemoglu, Georgy Egorov and Konstantin Sonin, 'Political Economy in a Changing World', *Journal of Political Economy* 123:5, July 2015）. ハーディングとスタサヴェージはアフリカ中の幅広い公共サービスの提供を視野に入れている（Robin Harding and David Stasavage, 'What Democracy Does（and Doesn't Do）for Basic Services: School Fees, School Inputs, and African Elections', *Journal of Politics* 76:1, January 2014）。ベズリーと下松真之は、平均寿命と乳児死亡率と民主主義との間の強い相関関係を見つけた（Timothy J. Besley and Masayuki Kudamatsu, 'Making Democracy Work', CEPR Discussion Paper DP6371, 2008）。これらの文献は次に要約されている。Tim Besley, 'State Capacity, Reciprocity and the Social Contract', *Econometrica* 88:4, July 2020.

45 Besley and Kudamatsu, 'Making Democracy Work'.

46 Amartya Sen, *Development as Freedom*.［『自由と経済開発』］

47 ジョージ・ウォードによる分析は、主観的幸福度が選挙結果を占う強力な予測因子であることを示している。マクロ経済的指標や、個人の生活満足度を決定するさまざまな人口統計学的要因や党派的要因を加味し、別の仕様を用いたとしても、それには変わりがない。主観的幸福度と選挙結果の関係はかなり大きい。自己申告による幸福度の1標準偏差の変化は、連立政権が享受する投票数の割合の約8.5パーセントの変動に関連している。これに対して、選挙の年の経済成長率の1標準偏差の変化は、投票数の割合の4.5パーセントの変動に関連し、失業率の1標準偏差の変化は約3.5パーセントの変動に関連すると予測される。George Ward, 'Is Happiness a Predictor of Election Results?', London School of Economics Centre for Economic Performance Discussion Paper 1343, April 2015.

48 エストニアは2005年からインターネット投票を採用しており、投票率およびオンライン投票を選択する割合は着実に増加している。もちろん、詐欺や不正操作のリスクについては多くの議論があるが、システムは時間とともに改善されつつある。European Commission, 'Estonian Internet Voting: https://ec.europa.eu/cefdigital/wiki/display/CEFDIGITAL/2019/07/29/Estonian+Internet+voting, 29 July 2019. 批判的な視点については次を参照。

Travis Finkenauer, Zakir Durumeric, Jason Kitcat, Harri Hursti, Margaret MacAlpine and J. Alex Halderman, 'Security Analysis of the Estonian Internet Voting System', University of Michigan and Open Rights Group, November 2014.

49 Torben Iversen and David Soskice, 'Democratic limits to redistribution Inclusionary versus Exclusionary Coalitions in the Knowledge Economy', *World Politics* 67:2, April 2015, pp. 185–225.

50 Luis Catao and Maurice Obstfeld (editors), *Meeting Globalization's Challenges: Policies to Make Trade Work for All*, Princeton University Press, 2019, p. 21. 政治的イデオロギーと貿易政策についての興味深い議論については次を参照。pp. 30–34.

51 Acemoglu and Robinson, *Why Nations Fail*, pp. 96–101.［『国家はなぜ衰退するのか』］

52 上掲書 pp. 96–123。

53 Michèle Belot, Syngjoo Choi, Egon Tripodi, Eline van den Broek Altenburg, Julian C. Jamison and Nicholas W. Papageorge, 'Unequal consequences of Covid-19 across age and income: Representative evidence from six countries', *Covid Economics* 38, 16 July 2020, pp. 196–217.

54 Alison Andrew, Sarah Cattan, Monica Costa Dias, Christine Farquharson, Lucy Kraftman, Sonya Krutikova, Angus Phimister and Almudena Sevilla, 'The gendered division of paid and domestic work under lockdown', *Covid Economics* 39, 23 July 2020, pp. 109–38.

55 William Beveridge, *Social Insurance and Allied Services*, His Majesty's Stationary Office, 1942.［『ベヴァリッジ報告――社会保険および関連サービス』ウィリアム・ベヴァリッジ著、一圓光彌監訳、森田慎二郎ほか訳、法律文化社、2014年］

図版出典

図1　「低所得」とは、所得分布の下位10パーセントにあたる家庭をさす。OECDの平均は、24の加盟国をもとにしている。Dorothée Rouzet, Aida Caldera Sánchez, Théodore Renault and Oliver Roehn, 'Fiscal Challenges and Inclusive Growth in Ageing Societies', OECD Economic Policy Paper 27, September 2019: https://doi.org/10.1787/c553d8d2-en

図2　Office for Budget Responsibility (OBR), 'Fiscal Sustainability Report', 2018: https://cdn.obr.uk/FSR-July-2018-1.pdf

図3　示されている収入は、購買力平価をベースにしている。Christoph Lakner and Branko Milanovic, 'Global Income Distribution: From the Fall of the Berlin Wall to the Great Recession', *World Bank Economic Review* 30:2, 2016, pp. 203–32.

図4　Cristian Alonso, Mariya Brussevich, Era Dabla-Norris, Yuko Kinoshita and Kalpana Kochar, 'Reducing and Redistributing Unpaid Work: Stronger Policies to Support Gender Equality', IMF Working Paper, October 2019: https://www.imf.org/~/media/Files/Publications/WP/2019/wpiea2019225-print-pdf.ashx

図5　横軸は女性の就業率をあらわしている。これは、各国の15歳以上の女性が雇用されている割合を示したものだ。縦軸は、家族給付への公的支出がGDPに占める率をあらわしている。Sandra Tzvetkova and Esteban Ortiz-Ospina, 'Working women: What determines female labor force participation?', 2017: https://ourworldindata.org/women-in-the-labor-force-determinants. データはOECDより。*Society at a Glance*, OECD Publishing, 2019: https://data.oecd.org/socialexp/family-benefits-public-spending.htm; International Labour Organization, ILOSTATデータベース。データは2018年9月より。Gapminder, HYDE, 2016, and United Nations Population Division, 2019: https://www.gapminder.org/data/documentation/gd003/

表1　初等教育がもたらす個人的リターンが高所得国において「高く」なっているのは、現在1人当たりの所得分類システム下で高所得国に分類されているプエルトリコにおいて、1959年に推定値65パーセントという外れ値が出ているためである。George Psacharopoulos and Harry Patrinos, 'Returns to Investment in Education: A Decennial Review of the Global Literature', Policy Research Working Paper 8402, World Bank, 2018.

図6　OECD, *Getting Skills Right: Future Ready Adult Learning Systems*, OECD Publishing, 2019: https://doi.org/10.1787/9789264311756-en

図7　OECD, *Getting Skills Right: Future Ready Adult Learning Systems*, OECD Publishing, 2019: https://doi.org/10.1787/9789264311756-en

図8　OECD, *Health at a Glance 2015: OECD Indicators*, OECD Publishing, 2015: https://doi.org/10.1787/4dd50c09-en

図9　Irene Papanicolas, Alberto Marino, Luca Lorenzoni and Ashish Jha, 'Comparison of Health Care Spending by Age in 8 High-Income Countries', JAMA Network Open, 2020, e2014688: https://doi:10.1001/jamanetworkopen.2020.14688

表2　WEF, *The Future of Jobs Report 2018*, World Economic Forum, 2018.

図10　Truman Packard, Ugo Gentillini, Margaret Grosh, Philip O'Keefe, Robert Palacios, David Robalino and Indhira Santos, *Protecting All: Risk Sharing for a Diverse and Diversifying World of Work*, World Bank, 2019: https://doi:10.1596/978-1-4648-1427-3. Used under CC BY 3.0 IGO.

図11　OECD, *Health at a Glance 2019: OECD Indicators*, OECD Publishing, 2019: https://doi.org/10.1787/4dd50c09-en

図12　OECD, *Health at a Glance 2019: OECD Indicators*, OECD Publishing, 2019: https://doi.org/10.1787/4dd50c09-en

図13　Dorothée Rouzet, Aida Caldera Sánchez, Théodore Renault and Oliver Roehn, 'Fiscal Challenges and Inclusive Growth in Ageing Societies', OECD Economic Policy Paper 27, September 2019: https://doi.org/10.1787/c553d8d2-en

図14　22カ国の16歳以上の大人1万8810人をもとにした、2016年9–10月に行われたフィールドワーク。Fahmida Rahman and Daniel Tomlinson, *Cross Countries: International Comparisons of Intergeneration Trends*, Intergenerational Commission Report, Resolution Foundation, 2018.

図15　IMF, *Fiscal Monitor: Policies for the Recovery*, International Monetary Fund, October 2020.

図16　Shunsuke Managi and Pushpam Kumar, *Inclusive Wealth Report* 2018, © 2018 UN Environment, Routledge, 2018. Reproduced by permission of Taylor & Francis Group.

図17　Esteban Ortiz-Ospina, 'Taxation', 2016: https://ourworldindata.org/taxation. データは次より取得。Alan Reynolds, 'Marginal Tax Rates', *The Concise Encyclopedia of Economics*, Library of Economics and Liberty, 2008. データは2016年9月22日に取得。http://www.econlib.org/library/Enc/MarginalTaxRates.html; Gapminder, HYDE, 2016. および United Nations Population Division, 2019: https://www.gapminder.org/data/documentation/gd003/

図18　Truman Packard, Ugo Gentillini, Margaret Grosh, Philip O'Keefe, Robert Palacios, David Robalino and Indhira Santos, *Protecting All: Risk Sharing for a Diverse and Diversifying World of Work*, World Bank, 2019: https://doi:10.1596/978-1-4648-1427-3. Used under CC BY 3.0 IGO.

【著者・訳者紹介】

ネマト（ミノーシュ）・シャフィク
Nemat (Minouche) Shafik
ロンドン・スクール・オブ・エコノミクス・アンド・ポリティカル・サイエンス学長。エジプトに生まれ、幼少時にアメリカに移住。イギリスの大学院で経済学を修める。36歳のときに最年少で世界銀行の副総裁に就任し、イギリス国際開発省の事務次官や国際通貨基金（IMF）の副専務理事、イングランド銀行の副総裁を歴任。そのキャリアにおいて、ベルリンの壁の崩壊やアラブの春、2008年の金融危機やユーロ圏危機などに対応してきた。2017年から現職に就任し、21世紀の福祉国家について再考するための研究プログラム「ベヴァリッジ2.0」を立ち上げる。2015年の女王誕生記念叙勲においてデイムを受勲し、2020年に貴族院の中立議員に任命される。

森内　薫（もりうち　かおる）
英語・ドイツ語翻訳家。上智大学外国語学部フランス語学科卒業。主な訳書に、セドラチェク&タンツァー『続・善と悪の経済学 資本主義の精神分析』（共訳）、ラケット&ケーシー『ソーシャルメディアの生態系』、ウィリンク『ネイビーシールズ（米海軍特殊部隊）・リーダーズ・マニュアル』（以上、東洋経済新報社）、ブラックバーン&エペル『細胞から若返る！テロメア・エフェクト——健康長寿のための最強プログラム』、バーナム&フェラン『いじわるな遺伝子——SEX、お金、食べ物の誘惑に勝てないわけ』（以上、NHK出版）、フォックス『脳科学は人格を変えられるか？』（文藝春秋）、ヴェルメシュ『帰ってきたヒトラー』、クリング『クオリティランド』（以上、河出書房新社）ほか多数。

21世紀の社会契約

2022年4月21日発行

著　者——ミノーシュ・シャフィク
訳　者——森内　薫
発行者——駒橋憲一
発行所——東洋経済新報社
〒103-8345　東京都中央区日本橋本石町1-2-1
電話＝東洋経済コールセンター　03(6386)1040
https://toyokeizai.net/

ＤＴＰ………アイランドコレクション
装　丁………橋爪朋世
印　刷………図書印刷
編集担当……九法　崇
Printed in Japan　　ISBN 978-4-492-31541-5